Bauwelt Fundamente 147

Herausgegeben von
Ulrich Conrads und Peter Neitzke

Beirat:
Gerd Albers
Hildegard Barz-Malfatti
Elisabeth Blum
Eduard Führ
Werner Sewing
Thomas Sieverts
Jörn Walter

André Bideau

Architektur und symbolisches Kapital

Bilderzählungen und Identitätsproduktion bei O. M. Ungers

Bauverlag
Gütersloh · Berlin

Birkhäuser
Basel

Umschlagvorderseite: O. M. Ungers, Städtebaulicher Ideenwettbewerb Tiergartenviertel, 1973, Ausschnitt, aus: Heinrich Klotz (Hg.), O. M. Ungers 1951–1984. Bauten und Projekte, Braunschweig/Wiesbaden 1985

Umschlagrückseite: O. M. Ungers, Deutsches Architektur Museum, 1984, Hof im Erdgeschoß, in: Oswald Mathias Ungers, Fritz Neumeyer, Oswald Mathias Ungers. Architektur 1950–1991, Stuttgart 1991

Publiziert mit Unterstützung des Schweizerischen Nationalfonds zur Förderung der wissenschaftlichen Forschung.

Die vorliegende Arbeit wurde von der Philosophischen Fakultät der Universität Zürich im Herbstsemester 2009 auf Antrag von Prof. Dr. Philip Ursprung und Prof. Dr. Angelus Eisinger als Dissertation angenommen.

Bibliographische Information der Deutschen Nationalbibliothek
Die Deutsche Nationalbibliothek verzeichnet diese Publikation in der Deutschen Nationalbibliographie; detaillierte bibliographische Daten sind im Internet über http://dnb.d-nb.de abrufbar.

Der Vertrieb über den Buchhandel erfolgt ausschließlich über den Birkhäuser Verlag.

© 2011 Birkhäuser GmbH, Postfach, CH-4002 Basel, Schweiz und Bauverlag BV GmbH, Gütersloh, Berlin

bau | | verlag

Gedruckt auf säurefreiem Papier, hergestellt aus chlorfrei gebleichtem Zellstoff. TCF ∞

Printed in Germany
ISBN: 978-3-0346-0779-7

9 8 7 6 5 4 3 2 1   www.birkhauser.com

Inhalt

Vorwort

Dienstleistung oder Autorschaft? In diesem oft spannungsgeladenen Spektrum haben sich Architekten immer wieder neu positioniert. Die Räume, in denen ihre Konzepte, Narrationen und Diskurse entstehen, sind keine abstrakten Gegebenheiten; sie verändern sich mit ihren Kontexten und ihrem Publikum. Oswald Mathias Ungers (1926–2007) hat in seiner langen Karriere eine ganze Reihe von grundlegenden Paradigmenwechseln vollzogen. Über weite Strecken läßt sich seine Arbeit als ein Kommentar zur Stadt der Nachkriegszeit lesen. Der Wiederaufbau und die Expansion westdeutscher Städte durch Großsiedlungen wie etwa das Berliner Märkische Viertel und die Diskreditierung des bis weit in die siebziger Jahre herrschenden technokratischen Planungsverständnisses führen bei Ungers zunächst dazu, eine im Bauwirtschaftsfunktionalismus erstarrte Spätmoderne durch formale Komplexität zu bereichern. Die Nähe zum Team Ten, die Lehrtätigkeit in den USA sowie der Austausch mit einem jungen Rem Koolhaas machen Ungers wie keinen anderen deutschen Architekten seiner Generation zum Vermittler internationaler Entwicklungen. Er greift mit seinen Entwürfen, Bauten und Studien, mit architekturtheoretischen Beiträgen in die politisierte Diskussion über Architektur und Stadt in der Bundesrepublik ein. Im Zentrum meiner Überlegungen steht die Neubewertung der Architektur als einer Strategie zur Produktion von Identität.
Architekten geht es im Zuge der Technokratiekritik darum, eine thematische Diskurshoheit über die Stadtplanung zu erlangen. Ungers kritisiert mit einer aus Archetypen, Fragmenten und Gegensätzen bestehende Stadtvorstellung den ausschließlich am Wachstum orientierten Massenwohnungsbau. Nicht nur Westberlin, das Labor für seine These des „Stadtarchipels", sondern die ganze städtische Gesellschaft erfährt im Jahrzehnt nach 1967 einen tiefgreifenden Wandel. Deindustrialisierung, Schrumpfung, Tertiärisierung, aber auch neue Konsumpraktiken sowie eine allgemeine soziale und ökonomische Ausdifferenzierung verändern die an Architekten und Architektur herangetragenen Themen. Und damit die Beziehung zwischen dem architektonischen Objekt und der Stadt.
Bedauerlicherweise verstellt Ungers' späterer Historismus den Blick auf Arbeiten der siebziger Jahre, mit denen er sich an der Diskussion um gewachsene stadträumliche Zusammenhänge, die Rolle der Denkmal-

pflege und der Erinnerungspolitik beteiligt. Nach einer langen Abwesenheit von der Baupraxis beharrt er auf der thematischen Autonomie der Architektur. Entscheidend für ihre Deterritorialisierung und Repositionierung ist das politische und wirtschaftliche Umfeld, mit dem sich Ungers in Frankfurt auseinandersetzt. Er versteht es hier, für ausgewählte Zielgruppen symbolische Güter bereitzustellen. Seine zunehmend hermetische Artikulation von Bildern und Raumtypen bietet Identifikationspotential für auf Distinktion setzende Teile der städtischen Öffentlichkeit. So werfen Bauten wie das Deutsche Architektur Museum grundsätzliche Fragen zur Produktion und Rezeption von Architektur auf. An der Schwelle zur Global City stehend, bietet Frankfurt mehr als jede andere westdeutsche Stadt Anlaß, die Mediatisierung von Architektur zu analysieren. In diesem Zusammenhang erweist sich die Verschränkung der Urbanitätsdiskussion mit Designstrategemen der architektonischen Postmoderne wegweisend. Latent erscheint hier auch der restaurative Kulturbegriff, der nach der Wende die Architektur der Bundesrepublik lähmen wird.

Angelus Eisinger und Philip Ursprung begegneten meinen Untersuchungen im Stadium der Dissertation mit Neugier und Geduld, Anregungen und methodischer Offenheit. Ihnen sei wie dem Schweizerischen Nationalfonds für seinen Publikationsbeitrag gedankt, Andres Schneeberger, Heide Bideau und Steven Thrasher für ihre strategische Unterstützung in entscheidenden Momenten. Ohne den Aufenthalt am Internationalen Forschungszentrum Kulturwissenschaften Wien (IFK) hätte meine Fragestellung zu einem frühen Stadium einen anderen Verlauf genommen. Ein besonderer Dank gilt Lutz Musner, dem Programmdirektor des IFK, der, wie auch die damalige Stipendiatin Martina Löw, kritisch auf diese Arbeit eingewirkt hat. Durch seine Einladungen an die Cornell University und nach Harvard erlaubte Mohsen Mostafavi mir als Dozent in den USA, die Bedeutung kultureller und institutioneller Faktoren für den Architekturdiskurs nachzuvollziehen. In Cornell ging ich den Spuren von Ungers in Ithaca NY nach, wobei Werner Göhner und Arthur Ovaska Einblick in die thematischen Umbrüche und Kontinuitäten in Ungers' Lehrtätigkeit gewährten. Ein Glücksfall waren schließlich die Diskussionen mit Peter Neitzke, der als Mitherausgeber der Bauwelt Fundamente und Ungers-Schüler der ersten Stunde das Manuskript gründlich und anregend durchleuchtet hat.

Im Mai 2011   André Bideau

8

1 Positionierungen

„...eine Architektur der komplementären Gegensätze, eine Architektur
der geschichtlichen und urbanen Bezüge [...], wie ich meine,
eine humanistische, aus der abendländischen Tradition erwachsene
Architekturauffassung, die sich in der europäischen Stadt manifestiert."
Oswald Mathias Ungers, 1999[1]

Heute gehört Architektur zu den Produkten, über welche sich Städte positionieren. Zwischen architekturtheoretischer Spekulation und Entwurf einerseits, städtischen und sozioökonomischen Wirklichkeiten andererseits besteht eine andere Beziehung als noch in den siebziger Jahren. Für Avantgarden war es damals möglich, über das architektonische Objekt die Verarmung des Stadtraums entweder als politische, gesellschaftliche oder semantische Frage zu konzeptionalisieren.
Um Kritik am städtebaulichen Funktionalismus zu artikulieren, mobilisierte die frühe Postmoderne die Sprengkraft des radikalen Projekts. Das Unbehagen an der offiziellen Planungspraxis und dem damit einhergehenden Berufsbild trat vor allem im westeuropäischen Kontext zutage, wo Praktiker wie Oswald Mathias Ungers mit den Auswirkungen des staatlich geförderten Massenwohnungsbaus konfrontiert waren. Schon vor 1968 postulierte die Avantgarde eine Reprogrammierung der Stadt, die außerhalb des von der Bauwirtschaft ausgehenden Verwertungsdrucks Konzepte der Differenz und des Anderen sowie Dissonanz und Vulgarität zulassen sollte. Für die englische Architektengruppe Archigram hingegen war Reprogrammierung nur über die konsequente Identifikation mit der zeitgenössischen Konsumkultur und der daraus hervorgehenden Subjektivität möglich. Weitere ‚anonyme' Architektengruppen wie Haus Rucker & Co., Superstudio, Archizoom, Office for Metropolitan Architecture setzen in den siebziger Jahren die Kritik am technokratisch verwalteten System Stadt fort. Ihre Manifeste und spekulativen Entwürfe verbindet das radikale Projekt einer Rückeroberung des Stadtraums, das unter Zuhilfenahme von rhetorischen Figuren der Krise betrieben wird.
Der Topos Krise kehrt leitmotivisch in allen maßgeblichen städtebaulichen Diskursen seit dem 19. Jahrhundert wieder. Er bildet auch im Falle der Klassischen Moderne das zentrale Moment für die Erzähltechniken der Avantgarde. Das Identifizieren und Beschwören einer Krise des städ-

1 O. M. Ungers: Torhaus Messe Frankfurt, 1984

11

tischen Raums ist die conditio sine qua non, um das Projekt der Auflösung der Stadt in Angriff zu nehmen. Ins Stocken gerät diese Legitimationspraxis bei der Anwendung nach dem Zweiten Weltkrieg, als im Konzept der nach Funktionen getrennten Stadt schwere Defizite zutage treten. Weitere Einbußen entstehen dadurch, dass Planungsbürokratie und Bauwirtschaft sich die radikalen Anliegen der Avantgarde unvollständig aneignen. Offenkundige Mängel im sozialstaatlich verankerten Massenwohnungsbau sowie – umfassender – das Ende der „großen Erzählungen" der modernen Konsumgesellschaft führen in den sechziger Jahren eine neue Rhetorik der Krise herbei: Das Symptom der Krise ist nun der Zerstörungsprozess am historischen Körper der Stadt. Die Beziehungen von Architektur und Stadt werden politisiert, die Potentiale der Architektur in einem gesellschaftlichen und wirtschaftlichen Kontext neu verortet. Seither bildet die Stadt einen Angelpunkt für die Entstehung einer neuen entwerferischen Subjektivität. Architektur übernimmt neue ikonographische Aufgaben, bei denen das Städtische in Chiffren und Atmosphären gefaßt wird. Diese richten sich an bestimmte Publikumssegmente.

Wie die Brüche in Ungers' Biographie zeigen, ist sein Diskurs zur Stadt weniger das Resultat einer autonomen Grundlagenarbeit denn Ausdruck einer beruflichen Positionierung, die sich mit der Rekonfiguration des Städtischen und mit verlagerten gesellschaftlichen Realitäten aufdrängt. So hat etwa der Konflikt zwischen dem geförderten Wohnungsbau und der sich ausdifferenzierenden Konsumgesellschaft gezeigt, wie sich die Stadt zunehmend dem Zugriff durch Architekten entzieht. Gerade im Fall von Ungers kann die Frage nach der Rolle des Architekten aufgeworfen werden: Ist der Architekt ein souveräner Akteur, ein Manipulator oder vielmehr das *Produkt* des städtischen Raumes, wenn dieser von sich aus für neue Ausdeutungen reif ist?

Architektur im Wohlfahrtsstaat

Um ihre Produkte zu legitimieren, können Architekten sich üblicherweise an einer Vielzahl von Diskursen orientieren. Doch in der Postmoderne vermögen weder Gesellschaft, Ökonomie, Technologie noch Kunst als Bezugssysteme weiterhin eine Hegemonie zu beanspruchen. Statt dessen lassen sich Diskursgemeinschaften beobachten, die sich entweder aufeinanderzubewegen, überlagern oder voneinander abgrenzen können und die ihrerseits in kulturelle Dynamiken eingelassen sind. In dem Maße, wie die Disziplin Architektur auf diese Parameter reagiert, wird sich die berufliche Identität und das von Architekten generierte und institutionalisierte Wissen ändern.

Die Einschreibung der Architektur in die ökonomischen Verwertungspraktiken der postmodernen Stadt hat Allianzen mit sich gebracht, die noch in den siebziger Jahren undenkbar gewesen wären. Mit der Materialität der Städte, in denen Architekten intervenieren, hat sich auch die Signifikanz des architektonischen Objekts im städtischen Raum verändert. Im Zusammenhang mit dieser Materialität hat sich aber auch die Repräsentation von Städten gewandelt und eine neue mediale Logik für die Verbreitung von Architektur hervorgebracht. Diesen Bedeutungswandel, der mehr als alle formalen und ikonographischen Entwicklungen den Übergang zur Postmoderne markiert, kann selbst eine Autonomie beanspruchende Architektur nicht leugnen – weshalb auch Versuche, diese Autonomie wie im Falle von Pier Vittorio Aurelis Schrift *The Project of Autonomy. Politics and Architecture within and against Capitalism* (2008) erneut einzufordern, den Anschein verklärender Wiederbelebung erwecken.[2] Weder Städtebau, Urban Design noch Architektur sind Wissenschaften – trotz wiederholter Bestrebungen der jeweiligen Disziplinen und ihrer Repräsentanten, einen gefestigten Wissenskorpus zu installieren und der Praxis objektive Grundlagen zur Verfügung zu stellen. Heute transportiert das hermetische Objekt ebensowenig eine Kritik wie der Kontextualismus. Als Ikone belegt es vielmehr den Anschluss des Architekturbetriebs an einen zeitgenössischen Systemzusammenhang, in dem der einst radikale Ansatz der Verweigerung erfolgreich assimiliert worden ist.

Die Städtebaugeschichte und die Disziplin Städtebau im Kontext der Ausgleichspraktiken des fordistischen Staates zu untersuchen, ist allgemein üblich. Weniger gebräuchlich sind solche Zuordnungen im Zusammenhang mit der Architekturproduktion. Doch gerade im Fall der Bundesrepublik Deutschland besteht ein struktureller Zusammenhang zwischen den im Prinzip des Wohlfahrtsstaats verankerten Regulativen und dem Architekturdiskurs der Nachkriegszeit.

Die soziale Marktwirtschaft wird in dieser Diskussion des Werkes von Ungers jeweils dort zur Sprache kommen, wo stadträumliche, wirtschaftliche und gesellschaftliche Fragen in die Architekturdiskussion hineinspielen. Dazu wird die These aufgestellt, dass Wandel und Krise des westdeutschen Sozialstaates sowie die Ausdifferenzierung der Leistungsgesellschaft grundlegende Veränderungen im Medium Architektur auslösen. Entscheidende Bedeutung für das Selbstverständnis dieser Gesellschaft hat die historische Klammer, die von den Unruhen an der Freien Universität in Westberlin zum *Heißen Herbst* reicht. Das Jahrzehnt 1967–1977 entspricht für Ungers der Mitte seiner Karriere. Es fällt zugleich mit einer tiefen Krise seiner Disziplin zusammen: „Durch die politischen Ereignisse der späten sechziger Jahre haben sich die Architeken hier derart verängstigen lassen, dass sie sich nicht mehr trauen, überhaupt von Architektur zu reden"[3], behauptet Ungers im Rückblick. Er ist neben Günter Behnisch, Wolfgang Döring, Helmut Hentrich, Hans Kammerer und Frei Otto einer der sechs Gesprächspartner, mit denen sich der Kunst- und Architekturhistoriker Heinrich Klotz 1977 über ihre Arbeit unterhält. Die Interviews erscheinen in *Architektur in der Bundesrepublik* im Jahr des Heißen Herbstes – auf dem Höhepunkt der Versuche eines verzweifelten linksradikalen Untergrunds, die Republik über terroristische Attacken in ihren Grundfesten zu erschüttern.

Frankfurt am Main – ‚heimliche Hauptstadt‘ der Bonner Republik, Schaufenster des Wirtschaftswunders, Zentrale der Alliierten Streitkräfte, aber auch Verkörperung einer sozialdemokratisch geprägten und in der Weimarer Republik wurzelnden Städtebautradition – sieht sich seit den Anschlägen auf zwei innerstädtische Kaufhäuser 1968 der radikalen Kritik am Wohlfahrtsstaat konfrontiert. Ebenfalls 1977 finden in Frankfurt Wahlen statt, die die lokalpolitische Landschaft verändern. Diese Wende schafft die Voraussetzungen dafür, dass Architektur in die Sphäre einer bürgerlich geprägten Hochkultur gelangt.

Derselbe paternalistisch geprägte Wohlfahrtsstaat, der von den Anschlägen der Roten Armee Fraktion herausgefordert wird, setzt nun unter CDU-Oberbürgermeister Walter Wallmann (1977–1986) eine Kulturpolitik um, die auf die Realität einer zunehmend reflexiven und wachstumskritischen Mittelstandsgesellschaft zu reagieren versucht. Diese Politik, zugleich eine frühe Form von Standortpolitik, erteilt der Architektur neue Aufgaben. Nicht mehr an den umstrittenen Komplex Massenwohnungsbau-Infrastrukturpolitik, sondern als strategisches Bindeglied zwischen Konsum und Reflexion, Distinktion und Ausgleich gekoppelt, wird Architektur in Frankfurt als öffentliches Thema neu lanciert. Dem mit „abendländischen Traditionsbezügen" um einen Ausweg aus der beruflichen Krise ringenden Ungers verschafft Frankfurt die lange Zeit versagte Resonanz.

Seine bei keiner Jury Gnade findenden Entwürfe hatten Ungers in den siebziger Jahren unweigerlich zum Vertreter und Vermittler der *Paper architecture* gemacht – wenngleich seine Grundlagenarbeit die konzeptionelle Radikalität seiner amerikanischen Kollegen nie erreichen wird. Der seinerzeit in den Vereinigten Staaten lehrende Ungers richtet sich an ein anderes Publikum als etwa die *New York Five*, die durch analytischen Formalismus eine diskursive Orientierung für das Nicht-Bauen liefern.[4] Gerade im Jahrzehnt seiner Abwesenheit von der Baupraxis hält Ungers, wie seine Wettbewerbsbeiträge zeigen, engen Kontakt zu den Entwicklungen in der Bundesrepublik Deutschland. Trotz seines Ideentransfers von der amerikanischen Ostküste und seiner „Ressentiments gegen vieles, was in Deutschland passiert"[5] wird es ihm letztlich aber nicht gelingen, die Lähmungserscheinungen in der westdeutschen Architektur zu überwinden. Sein folgenreicher Dogmatismus kann sogar als eine der Ursachen dafür gesehen werden, dass Deutschland nicht mehr an die thematische Innovation anzuknüpfen vermag, die seine Architektur vor 1933 auszeichnete. Ungers' Beitrag ist anderer Art.

Urbanität

Die maßgebenden Jahrzehnte in Ungers' Karriere fallen mit dem Strukturwandel zusammen, im Zuge dessen eine neue Raumhierarchie die fordistisch organisierten, national verfaßten Wirtschaftsräume der Nachkriegszeit ablöst. Parameter, die in der Stadt bislang eindeutige Zuordnungen von Räumen zu Klassen oder Funktionen erlaubt hatten, verlieren ihre Gültigkeit. Indem sich in vielen europäischen Metropolitanregionen Ordnung und Stoßrichtung der Raumproduktion sowie die eigentliche Rolle der Stadtzentren verändern, kommt es zu einer Koagulation von neuen Wertigkeiten. Diese treten etwa in Phänomenen wie Gentrifizierung und Musealisierung zutage. Mit zunehmend divergierenden globalen und lokalen Bezugsräumen entwickeln sich bestimmte Räume und Objekte zu Projektionsflächen für eine Ikonographie des Städtischen. Für die nun in unterschiedliche Maßstäbe eingespannte Stadt übernimmt der Urbanitätsbegriff stabilisierende Aufgaben.
Bereits von den Kritikern des Wiederaufbaus mobilisiert, entwickelt sich der Urbanitätsbegriff gerade im Dispositiv der Globalisierung zu einem Korrektiv. Er verweist innerhalb unterschiedlicher Kontexte der Spät- und Postmoderne auf kulturell und sozial spezifisch gelagerte Traditionen der Stadt. So ist seine Konjunktur in der westdeutschen Architekturproduktion seit den siebziger Jahren nicht von den gesellschaftlichen und politischen Entwicklungen der Nachkriegszeit zu trennen. Mit Wurzeln in den Geistes- und Gesellschaftswissenschaften wird der Urbanitätsdis-

kurs später von Politikern, Standortförderern und Investoren instrumentalisiert. Darin kann eine Voraussetzung für den Durchbruch der architektonisch-städtebaulichen Postmoderne in der Bundesrepublik Deutschland gesehen werden. Insofern gibt der Urbanitätsbegriff nicht nur einen Einblick in die Überwindung des Nachkriegsfunktionalismus, sondern auch in den Wandel der städtischen Öffentlichkeit und – damit verbunden – in die Postmodernisierung der Gesellschaft.

Bereits 1975 kommentiert Jean Baudrillard die Auswirkungen, die von der Tertiärisierung auf die Stadt ausgehen. Sein Essay *Aufstand der Zeichen* beschreibt eine neue Beziehung wischen Raum, Produktion und Publikum, welche die während der Moderne gültigen Machtstrukturen ablöst. In der Konsumkultur des Spätkapitalismus sieht Baudrillard ein Hauptmerkmal zeitgenössischer Städte in der Hervorbringung von *Codes*. Diese übernehmen die früher von Klassengrenzen ausgeübten Kontrollfunktionen: „Das Monopol dieses überall im urbanen Gewebe zerstreuten Codes ist die wirkliche Form des gesellschaftlichen Verhältnisses."[6] Infolge des Übergangs von materieller zu immaterieller Wertschöpfung kommt es zu einem Paradigmenwechsel räumlicher Repräsentation: „Die Matrix des Urbanen ist nicht mehr die der Realisierung einer Kraft (der Arbeitskraft), sondern die der Differenz (der Operation des Zeichens)."[7] Während der Postmoderne spielt sich diese Operationalisierung der Stadt mittels Zeichen teils explizit, teils implizit ab. Dabei setzt sich Urbanität als medial griffiger Code durch. Da Baudrillard die Stadt als Ausdruck eines semiologisch-ökonomischen Systems darstellt, äußert er sich nicht über die an der Verbreitung der Codes beteiligten Publiken und Institutionen. Wie jedoch der Fall Frankfurt zeigt, baut sich gerade in der deutschen Global City ein Spannungsfeld zwischen dem Tertiärisierungsprozess und den intellektuellen, gesellschaftlichen und politischen Traditionen auf. Erst dieser Kontext ermöglicht ein Verständnis für die Darstellungsprobleme, die Architekten im deutschen Wohlfahrtsstaat zu lösen haben werden.

Frankfurt bildet seit der Veröffentlichung von Edgar Salins Essay *Urbanität* und Alexander Mitscherlichs *Die Unwirtlichkeit unserer Städte*[8] in der ersten Hälfte der sechziger Jahre die Folie und den Projektionsgegenstand für eine Vielzahl kritischer Reflexionen. Einerseits sind die Stadt und ihr Wiederaufbau Gegenstand kritischer Betrachtung, andererseits – wie im Fall der *Wolfgang Goethe Universität* – ist Frankfurt die Basis einer intellektuellen Elite, die sich mit der Kritischen Theorie als linksliberales Gewissen der jungen Republik profiliert und dabei gerade die traumatischen Auswirkungen des Modernisierungsprozesses untersucht. Diese zuerst aus psychologischer, geistesgeschichtlicher, dann primär aus soziologischer Warte artikulierte Reflexion der städtischen Gesellschaft wird in den Urbanitätsdiskurs münden.

Zentrale Begriffe des Postmoderne-Diskurses wie Technisierung, Inszenierung, Mediatisierung, Ästhetisierung lassen sich in der Bundesrepublik Deutschland schwerlich ohne Bezugnahme auf das ‚Dritte Reich‘ thematisieren. Bei der Verarbeitung dieser Erfahrungen werden während der sechziger Jahre Denkfiguren angelegt, die auch in der Kritik der zeitgenössischen Konsumgesellschaft Anwendung finden.

Insofern lässt sich eine ‚deutsche‘ Ausprägung des Phänomens Postmoderne beschreiben, die von einer Hinterfragung massenkultureller Phänomene sowie von Verdachtsmomenten gegenüber jeglicher Form des Populismus getragen ist.[9] Ihren intellektuellen Hintergrund bildet die Kritische Theorie, deren Diskurshoheit von der Nachkriegszeit in die achtziger Jahre reicht. Eng mit der Universität Frankfurt verbunden, kündigt sich in der Kritischen Theorie eine Ironiefeindlichkeit an[10], die die Architekturdiskussion sowohl seitens der Produktion als auch seitens der Rezeption charakterisieren wird. Diesem Milieu ist das Werk von Ungers in mehrfacher Hinsicht verhaftet. Wenngleich der am Kölner Wiederaufbau Beteiligte sich über die Folgen des Zweiten Weltkriegs weitgehend ausschweigt, sind seine hermetischen Entwürfe – auch – ein Kommentar zu Abwesenheit und Verlust. Sie bieten zumindest Anhaltspunkte für die Auseinandersetzung mit dem Stadtraum als Gegenstand der physischen Vernichtung und Ort der totalitären Instrumentalisierung von Öffentlichkeit.

Eine postmoderne Erinnerungslandschaft

Wenn Ungers eine „humanistische Architekturauffassung anführt, die sich in der europäischen Stadt manifestiert"[11], dann ist diese Vergewisserung nicht ohne die mehrfach gebrochene Erzählung und Reflexivierung der Moderne in Deutschland zu erklären. In der von traumatischen Verlusterfahrungen sowie den Abgründen des Nationalismus geprägten Bundesrepublik entwickelt die Projektionsfläche Europäische Stadt einen besonderen Stellenwert. Von einer Experimentierphase in den späten sechziger und frühen siebziger Jahren abgesehen, ist Ungers' Arbeit von einer tiefen Skepsis gegenüber jeglichem Technizismus geprägt. Ungers dient diese Haltung später als Ausgangspunkt für die Formulierung seiner theoretischen Position. Ungeachtet des zunehmend affirmativen Klassizismus, der sein Spätwerk charakterisiert, lassen seine archetypisch-stummen Kompositionenen auf einen Grundzug schließen.

Mit seiner Auffassung von der Stadt als Erinnerungslandschaft bewegt sich Ungers auf eine allgemeine gesellschaftliche Befindlichkeit zu, derzufolge die Bundesrepublik unter einem Geschichtsdefizit leidet. Diese Einschätzung ist in den siebziger Jahren nicht mehr kritischen Autoren wie Alexander Mitscherlich oder Edgar Salin vorbehalten, sondern inzwischen gesellschaftlich mehrheitsfähig. Auch Politiker, Kulturdezernenten und Stadtplaner beginnen nun „Erinnerungskonstruktionen" und „konsequente Symbolplanung" zu mobilisieren.[12] Der taktische Einsatz von Identitätspolitik verschafft den Christdemokraten regierungsfähige Mehrheiten, indem Wahlen in Bonn (1982), in Westberlin (1981) und in Frankfurt (1977) eine länger von der SPD geprägte Ära beenden.[13] Mehr als in jeder anderen Stadt werden in Frankfurt nach der Kommunalwahl die Themen Identität und Urbanität strategisch besetzt. Obschon die seit dem Wiederaufbau tonangebende SPD in der Koalitionsregierung mit der CDU weiterhin vertreten ist, versteht es Walter Wallmann, die Kontinuitäten zur traditionellen Stadtvorstellung der Sozialdemokraten wirkungsvoll zu kappen, haben doch die autogerechte und nach Funktionen getrennte Stadt sowie der Massenwohnungsbau mit seinem Rückbezug zum Neuen Frankfurt der zwanziger Jahre ihre Legitimation schon lange verloren. Entscheidend für den Paradigmenwechsel nach dem Heißen Herbst sind den Wohnungsbau ablösende Bauaufgaben, mit denen die Suggestion des Urbanen heraufbeschworen wird. Es ist deshalb kein Zufall, dass Ungers in Frankfurt durchwegs Bauaufgaben bearbeitet, die mit Ausstellungsfunktionen zusammenhängen.

Mit einer Serie von Museumsneubauten wird unter Wallmann der Prozeß der stadträumlichen Ausdifferenzierung gefördert. In der im Zweiten Weltkrieg zerstörten Innenstadt werden Voraussetzungen geschaffen, um die als gesichtslos empfundene Finanzmetropole der Wirtschaftswunders in eine Kulturstadt zu verwandeln. Die maßgebende Konsumform sind hier symbolische Güter, die sich – wie zuvor der soziale Wohnungsbau – an bestimmte Zielgruppen richten. Die programmatische Bedeutung, die dabei dem postmodernen Museum zukommt, ist mit jener des Frankfurter Wohnungsbaus während der Weimarer Republik unter Stadtbaurat Ernst May (1886–1970) vergleichbar. Wie in den Stadtrandsiedlungen des Neuen Bauens kristallisiert sich im Erscheinungsbild des Museums das Soziale, doch haben sich Gegenstand und Ort der Reform verändert. In der jeweiligen Fokussierung auf Bauaufgaben führt Frankfurt modellhaft Entwicklungsstadien reformorientierter Stadtentwicklung vor. So kann dem funktionalistisch zonierten Raum des Wohnungsbaus das Museum als singuläres Objekt gegenübergestellt werden. Medial wirkungsvoll wird das Soziale nun an ein Stadt-Image gebunden. An einem prominenten Ort der Stadt, am Museumsufer, wird die Beziehung zwischen Architektur, städtischer Öffentlichkeit und Politik rekonfiguriert.

In der Ära Wallmann wird eine Kombination von Kultur- und Standortpolitik entwickelt, um nach der Rezession der siebziger Jahre auf die zunehmend abstrakten Formen der Produktion und Wertschöpfung zu reagieren. Dieses sozialökonomische Spannungsfeld verändert den Auftritt von Architektur grundlegend und vermag auch die markante Zäsur gegenüber der Ikonographie des Wiederaufbaus zu erklären. Zwar arbeitete die Nachkriegsmoderne ebenfalls mit Symboliken, doch gab es bei der Erneuerung der Innenstadt eine andere Beziehung zwischen architektonischen Botschaften, Zielgruppen und Räumen. Die Interventionen in Frankfurt nach 1977 sind weitaus mehr als Kampagnen zur Rückgängigmachung ungeliebter Zeugen des Wiederaufbaus und zur Wiederherstellung des Lokalen. Sie redefinieren die Inhalte, die durch den Staat über Planung und Architektur artikuliert werden. Hier verspricht Urbanität ein größeres Ausmaß an Identifikationspotential als die an fixen Nutzungen und zweidimensionalen Zonierungen orientierten Schema des Funktionalismus, der den sich individualisierenden Bedürfnissen der Konsumgesellschaft keine adäquaten Antworten mehr bietet.

In seinen entwerferischen Interessen – Typologie, Bild, Identität, Erinnerung – bezieht auch Ungers Stellung gegen die funktionalistische Modellierung der Stadt. Motivierend ist hier jedoch Westberlin, das sich in seinem Werk zu einer Projektionsfläche für Erinnerungen an die bürgerliche Stadt entwickelt.[14] Durch seine Abwesenheit scheint sich diese themengenerierende Funktion zu verstärken, wie der Ideenwettbewerb Tiergartenviertel (1973) zeigt. In seinen Westberliner Projekten vollzieht er einen Bruch mit bisherigen Entwurfsansätzen. Als „Umwelten" und „typologische Collagen" kommunizierte Projekte zeugen wie der „Urbanitätscharakter der Architektur" von einem Wandel in Ungers' Stadtverständnis.[15] Wenngleich die Begriffe Urbanität und Umwelt mobilisiert werden, um den Objektcharakter der Architektur zu relativieren, zeichnet sich bei ihm jetzt eine kulturelle Relegitimation des architektonischen Projekts ab. Die autonome Setzung nimmt in sich städtische Qualitäten auf, wobei er auf das Motiv der strukturalistischen ‚group form' zurückgreift. Über gestrandete Fragmente wird die urbane Umwelt nicht nur reflektiert – die Stadt wird zugleich zum Gegenstand eines neuen interpretatorischen Zugriffs durch den Entwurf, der in diesem Fall dystopische Züge annimmt.

Im Zentrum von Ungers' Untersuchungen zu Westberlin steht die Frage der Morphologie und der Noch-Identität eines Stadtkörpers im Ausnahmezustand, wobei er gegenüber der Planungspolitik des Senats eine zunehmend kritische Haltung einnimmt. Mitte der siebziger Jahre gelangt er zur Umkodierung des an die Figur Hans Scharoun gekoppelten Leitbilds der aufgelockerten und durchgrünten Stadtlandschaft. Der ‚Grüne Archipel' bringt Bildzeichen in Stellung, welche die Teilung der Stadt im Kalten Krieg kommentieren. In einer episodenhaften Struktur stattet der Archipel architektonische Objekte und morphologische Fragmente mit einer mnemonischen Funktion aus. Zweifellos sind innerarchitektonische Bezüge Ungers' erste Motivation, doch versteht er es zugleich, sich als ökologisch sensibilisierten Zeitgenossen in den Kampf um die Erhaltung der historischen Stadt einzubringen. Hier erweist sich der Titel des „Grünen" Archipels (unter welchem der Stadtarchipel ebenfalls figuriert) als taktisch geschickte Vereinnahmung des Organizismus, hat doch dieser mit dem städtebaulichen Funktionalismus seine Legitimation verloren. Demnach steht die Metapher des grünen Meers nicht mehr für die reformatorische Homogenisierung sondern für einen Schrumpfungsprozeß, dessen Anerkennung Ungers erlaubt, neue Figur-Grund-Beziehungen zu untersuchen. Die weitere Durchgrünung der Stadt mag ein politisch attraktiver Nebeneffekt sein, doch geht es im Stadtarchipel primär darum, lokale Eigenschaften an konzentrierten Punkten des Stadtraums herauszuarbeiten.

In einem 1977 erstmals vorgestellten „stadträumlichen Planungskonzept für die zukünftige Entwicklung Berlins"[16] entwickelt sich die Beziehung zwischen Objekt, dem Ganzen der Stadt und Erinnerung buchstäblich zu einem Generator von Differenz. Wenige Jahre später kann Ungers seine in der wirtschaftlichen Off-Situation von Westberlin formulierten Thesen in Frankfurt erproben. Hier führt die Rezeption seiner Arbeit vor, wie sich die Begegnung von architekturtheoretischen Konzepten und Städten nach der Moderne verändert. Vor dem Hintergrund veränderter gesellschaftlicher, wirtschaftlicher und politischer Bedingungen verlagert sich Architektur in Frankfurt während der achtziger Jahre von einer materiellen Notwendigkeit zum symbolischen Kapital. Thematisch ist Ungers' von sämtlichen außerdisziplinären Referenzen gereinigte Architektur zwar von der Einzigartigkeit der geteilten Metropole inspiriert, doch den Ausgangspunkt für die Zuspitzung seiner „Architektur als Architektur" – für das formale Programm, das den weiteren Verlauf seiner Karriere bestimmen wird – bildet das in die globale Wirtschaft eingespannte Frankfurt, wo die Deterritorialisierung von Investitionen ein Bedürfnis nach lokalen Symboliken und historischen Referenzen auslöst.

Retroaktive Theoretisierung

Noch 1977 hatte Ungers im Gespräch mit Heinrich Klotz über die den Ton in der Bundesrepublik Deutschland angebenden „Macher" geklagt, wogegen „Leute, die über Architektur nachdenken", marginalisiert würden.[17] Nun kann er sich in Frankfurt rühmen, Reflexion und Bauproduktion zu versöhnen und über seinen Diskurs erfolgreich neues Terrain zu erschließen. Sein Habitus wird gerade von Gebietsentwicklern und Vertretern der Stadtplanung gewürdigt, wie die Äußerungen des Frankfurter Planungsdezernenten Hans Küppers 1986 belegen: „Professor Ungers, von Hause aus Architekt, behandelt als Stadtplaner einen ganzen Stadtteil wie ein einziges Gebäude und oder eine architektonische Großskulptur."[18] Sein subjektiv-figurativer Zugang zur Gebietsentwicklungsplanung bei den City-West Planungen demonstriert einen Kompetenztransfer von konventionellen Planern zu Architekten. Ungers wird hier als fähig erachtet, die mediatisierbaren Bilder zu entwickeln, die die konventionelle Planung nicht mehr aufzubieten vermag – so auch in der taktischen Allianz, die der Planer Albert Speer jr. mit Ungers eingeht. Wie die architektonischen Superzeichen bei der Erweiterung der Messe zeigen, verfügt Ungers über das kulturelle Kapital, um sich von einer austauschbaren Zweckarchitektur abzuheben. Sein reflektierender Habitus zahlt sich gerade in Frankfurt aus, wo während der siebziger Jahre die forcierte City-Erweiterung in historische Wohnviertel wie dem Westend schwerwiegende Konflikte ausgelöst hat. Nachdem sich der gesellschaftliche Konsens über einen rein quantitativen Wachstumsbegriff verloren hat, wächst seitens der Entscheidungsträger die Bereitschaft, in der Stadt eine Ansammlung unterschiedlicher Territorien zu sehen.

Identität und zeichenhafte Raumformen versprechen im veränderten Umfeld der achtziger Jahre Potentiale, als die Inszenierung des Lokalen im Rahmen ökonomischer Logiken einsetzt. Hier erweist sich gerade die von Ungers im wirtschaftlichen Abseits von Westberlin entwickelte Archipel-Metapher als attraktiv. Was lösen die Frankfurter Bauaufgaben in seinem Werk aus? In Zusammenhang mit dem Standortmarketing gilt es zu fragen, ob innerarchitektonisch formulierte Themenstellungen der Konstitution des Stadtraums und der auf ihn und in ihm wirkenden Kräfte zu widerstreben vermögen. Inwiefern bestärken solche Kräfte eine Widerstandserzählung, die gegen den Systemzusammenhang Stellung bezieht? Kann die Geste der Grenzziehung gar als Gegenreaktion zur wachsenden Verflechtung einer entwerferischen Praxis mit den wirtschaftlichen Gegebenheiten der Bundesrepublik Deutschland gesehen werden? Ist die von Ungers vertretene „Thematisierung" der Architektur als Defensivstrategie gegenüber der zunehmenden Durchlässigkeit von Kultur und Ökonomie zu sehen?

Die von Ungers im Verlauf seiner Karriere konstruierte Theorie ist nicht unabhängig von den an die Architektur herangetragenen Aufgaben zu erklären. Während in Frankfurt repräsentative öffentliche und private Bauten ins Zentrum seiner Tätigkeit rücken, ist Ungers im ersten Teil seiner Karriere hauptsächlich am Siedlungsbau in der urbanen Peripherie beteiligt. Vom kriegszerstörten Köln bis ins wiedervereinigte Berlin reichend, ist seine Karriere während eines halben Jahrhunderts in unterschiedlichste kulturelle und wirtschaftliche Entwicklungsstufen eingebunden. Dabei gelangt er mit dem Wandel an Aufträgen, Publiken, politischen und institutionellen Kontexten zu unterschiedlichen Modellierungen der Stadt. Seine selbstständige Tätigkeit beginnt 1950 mit der Bürogründung in Köln nach dem Diplom an der TU Karlsruhe bei Egon Eiermann, bei dem er auch kurze Zeit arbeitet.[19] Seine Praxis umfaßt den Wiederaufbau in der Zeit des Wirtschaftswunders sowie die Hochkonjunktur der 1960er Jahre, als er sich infolge seiner Beteiligung an den Großplanungen des Sozialstaates der Kritik, Revision und Neuausrichtung der Städtebaupolitik konfrontiert sieht. Weil er sich nach einer am Brutalismus orientierten Phase der Systematisierung des Stadtraums verschrieben hat, gerät er ins Fadenkreuz einer zunehmend kritischen Öffentlichkeit, zu der auch die politisierten Studierenden an den Architekturschulen gehören. Mit seinem Interesse an Großformen, Vorfertigungsmethoden und Infrastrukturen gilt ihnen Ungers als Repräsentant der westdeutschen Planungstechnokratie.

Städtebauliche Organisationszusammenhänge und Fragen der Baurationalisierung verfolgt Ungers nicht nur an der TU Berlin, sondern auch zu Beginn seiner Lehrtätigkeit in Cornell. Die Vereinigten Staaten bieten ihm einen Ausweg aus den Turbulenzen an der Technischen Universität Berlin und der Kritik an seiner eigenen Architektur und seiner Architekturlehre.

Das Jahrzehnt an der Cornell University, wo er 1968 als Gastdozent, ab 1969 als Vorsteher der Architekturabteilung wirkt, bietet ihm Gelegenheit, seine Positionen zu überprüfen, ja zum ersten Mal eine theoretische Position für seine Arbeit als Architekt zu entwickeln. Diese Grundlagen werden mobilisiert, als der bis in die späten siebziger Jahre von der Baupraxis Ausgeschlossene in Frankfurt zu einer Reihe bedeutender Bauaufträge kommt. Sie bilden den Auftakt zu Ungers' ‚zweiter‘ Karriere als praktizierender Architekt in der Bundesrepublik, die bis in die Debatten um die städtebauliche Erneuerung Berlins nach der Wiedervereinigung reichen wird.[20]

Mit dem Stadtarchipel gelangt Ungers zu einem städtebaulichen Theorem, das die Raummodellierung des Funktionalismus ablöst. Die Prämisse, derzufolge die Stadt fortan als Territorium fragmentierter, komplementärer Orte begriffen wird, basiert auf entwerferischen Erfahrungen. Dabei werden die aus Wettbewerbsprojekten und hypothetischen Entwürfen resultierenden Erkenntnisse erst retroaktiv theoretisiert. Entscheidend für diesen Prozeß sind die aufeinanderfolgenden Lehrtätigkeiten an der TU Berlin und in Cornell. Die methodologische Suche und Klärung fällt mit dem Jahrzehnt seiner Abwesenheit von der Baupraxis zusammen. Doch erst gegen Ende dieser Phase beginnt Ungers, umfangreichere theoretische Essays zu verfassen. In seiner Textproduktion zeigt sich, wie eine zunehmende Introversion die planerische Simulation und Spekulation abgelöst hat und Ungers als Autor sich sukzessive mit klassischen Traditionsbeständen identifizieren wird.

Verschiedene Zugänge zu Ungers

Ohne den erhöhten Grad an Selbstreflexivität und Verunsicherung, der die Architekturproduktion im Stadtraum in der zweiten Hälfte der siebziger Jahre kennzeichnet, läßt sich der Weg der Theoriebildung bei Ungers nicht nachvollziehen. Nach zwei Jahrzehnten Baupraxis spiegelt sein Reflexionsprozeß die Erschütterungen, die der Verfügungsraum der Planung am Ausgang der Spätmoderne erfährt. Die produktivste Antwort auf diese Verunsicherung wird Rem Koolhaas finden, der in Cornell als Student eine symbiotische Beziehung zu seinem Lehrer entwickelt. Nach der Zusammenarbeit an verschiedenen Wettbewerben wird Koolhaas auch die Gründung des Office of Metropolitan Architecture (OMA) im Ungerschen Bannkreis situieren. 1976 stellt der erste publizistische Auftritt in *Lotus* OMA als Zweigstelle von „OMU" vor.[21] Auch Koolhaas' Abschlußarbeit in Cornell, die als *Delirious New York* mit dem Untertitel *A Retroactive Manifesto* erscheint, verweist auf Ungers' Stadtarchipel. Das Nebeneinander metropolitaner Orte in Form der Hochhausarchitektur kann auf das Prinzip der Stadt in der Stadt bezogen werden. *Delirious New York* präsentiert Manhattan als eine radikale Objektstadt, deren entideologisierte Architektur auf der Leistungsfähigkeit einfacher Grundprinzipien beruht. So wie Ungers vom Cluster bis zur Stadtvilla von morphogenetischen Prinzipien fasziniert ist, untersucht Koolhaas die spekulativen Grundregeln der „culture of congestion". Diese Prinzipien erlauben den Hochhausarchitekten im ersten Drittel des 20. Jahrhunderts, auf ihr ökonomisch konditioniertes Umfeld zu reagieren und mit ihrem städtischen Publikum zu kommunizieren.

Im Dialog mit seinem ehemaligen Studenten setzt sich Ungers auch mit der amerikanischen Stadt auseinander: 1976 nimmt er wie Koolhaas in New York am städtebaulichen Wettbewerb für Roosevelt Island teil, wo er sich mit der Logik des (auf der Insel im East River allerdings inexistenten) Blockrasters auseinandersetzt. Im Zusammenhang mit seinem Entwurf spricht er von der Festlegung eines „städtischen Feldes" als eines „primären Feldes", innerhalb dessen die Morphologie „durchgespielt" werde.[22] Derartige Koppelungen von Regelhaftigkeit und Mannigfaltigkeit scheinen ihn vorübergehend in das zeitgenössische Umfeld der Cooper Union oder der grammatikalisch-morphologischen Untersuchungen eines Peter Eisenman zu rücken. Am Cooper Hewitt Museum in New York kann er seine Thesen der *City Metaphors* in der Gruppenausstellung *Man Trans-Forms* präsentieren, und unter der Leitung von Eisenman publiziert das Institute for Architecture and Urban Studies in New York Ungers' Arbeiten, kommentiert von Kenneth Frampton.[23] Aus europäischer Sicht zeigt sich im nachhinein, daß diese Erfahrungen wie der im Umkreis Ivy-league-Schulen gepflegte Habitus bei der Rückkehr in die bundesdeutsche Praxis behilflich sein werden. Obschon aus dem Kontakt zum New Yorker Milieu keine Bauaufträge entstehen, bieten sich hier Alternativen zum ramponierten Professionalismus in der Bundesrepublik Deutschland. Der diskursiv-reflexive Charakter des amerikanischen Formalismus liefert eine wertvolle Orientierung, um sich im „städtischen Feld" als Akteur neu zu positionieren.

Ungers' Werk ist erst ansatzweise im Zusammenhang mit der Thematik der postmodernen Urbanität diskutiert worden. Ein Grund hierfür liegt darin, daß das wiedererwachte Interesse an seinem Werk sich auf die morphologisch komplexeren Arbeiten der fünfziger und sechziger Jahre gerichtet hat, die späteren Schaffensphasen aufgrund von deren zunehmend restaurativen formalen Eigenschaften hingegen weitgehend ignoriert – so etwa die beiden 2006 erschienenen Sommernummern der Zeitschrift *ARCH+, Architekturlehre. Berliner Vorlesungen 1964–65*, (179/2006) und *Lernen von O. M. Ungers* (181–182/2006).[24] Da sich die Diskussion bisher auf Ungers' Auseinandersetzung mit Berlin während der sechziger und siebziger Jahre konzentriert hat, haben seine Frankfurter Projekte wenig Aufmerksamkeit erfahren. Kaum zur Sprache gekommen ist deren Beziehung zu allgemeineren Aspekten der Stadtentwicklung in Frankfurt. Wenigstens teilweise liegt diese Vernachlässigung an der Hermetik, die Ungers' Schaffen seit den späten siebziger Jahren zunehmend auszeichnet. Die seit Mitte der achtziger Jahre veröffentlichten Monographien reproduzieren somit einen Zugang zum Werk, den Ungers durch die Figur der disziplinären Abschottung selbst angelegt hat. Davon zeugt auch Jaspar Cepls 2007 erschienene *Intellektuelle Biographie*.[25] Wenngleich Cepl die Problematik des funktionalistischen Städtebaus und des westdeutschen Wiederaufbaus aufgreift und eine Fülle beruflicher und biographischer Informationen ausbreitet, beschreibt seine Monographie einen Weg, den Ungers bis zu einer „Rückführung der Architektur zu ihren eigenen Themen" zurücklegt.[26] Zwar zeichnet der Autor den von Verunsicherungen gekennzeichneten Werdegang durchaus kritisch nach und weist auf taktische Repositionierungen hin, die Ungers innerhalb der zeitgenössischen Architekturszene vornimmt; aber er erklärt weder Ungers' Reaktionen auf Kontextbedingungen noch die Rolle, welche diese Kontextbedingungen als Entwurfsparameter für Ungers spielen. Wenn auch berufliche Krisen thematisiert und mit Fakten belegt werden, mündet die *Intellektuelle Biographie* doch in die Herleitung eines Kanons klassischer Grundbegriffe. Weitgehend ausgeblendet bleiben hingegen die sozialökonomischen Bedingungen, denen Ungers seinen Erfolg in der postmodernen Stadt verdankt: der Einsatz und die Wirkung des zuvor erarbeiteten Themenkatalogs im Sinne eines *symbolischem Kapitals*.

Die vorliegende Diskussion ist abwechselnd innerhalb und außerhalb der Disziplin angesiedelt. Dabei soll das für Ungers zentrale Bemühen um das Eigenrecht der Architektur als eines hochgradig zeitbedingten, von taktischen Fragen bedingten Anliegens aufgezeigt werden. Vor dem Blick auf Ungers' Rückführung der Architektur auf zeitlos vorgegebene Themen und der architekturhistorischen Situierung seiner Arbeit muß darum der Kontext analysiert werden, in dem es zur Verunsicherung seiner beruflichen Identität und seiner Generation kommt. Dort sollen gesellschaftliche, institutionelle und politische Zusammenhänge auf den Wandel seines Habitus bezogen werden.

Das an der Schwelle zur ‚Global City' stehende Frankfurt bietet mehr als jede andere bundesdeutsche Stadt Anlaß, die Veränderungen des Mediums Architektur zu analysieren. Unter anderen Vorzeichen als das zeitgenössische Westberlin oder New York kann Frankfurt als ein Kontext beschrieben werden, in dem sich die Entwicklung des Architekten vom Generalisten zum Spezialisten, Kulturproduzenten und Vertreter der *creative industries* abspielt. Wenngleich es dort zu keinen grundlegenden Veränderungen der von Architekten erbrachten Dienstleistungen kommt, erfährt Ungers' berufliche Identität eine grundsätzlich neue Orientierung. Diese ist charakteristisch für den der Architekturproduktion zugewiesenen Platz und beruht auf einem krassen Bruch gegenüber dem bis dahin in der Bundesrepublik üblichen Generalistentum.

Ein kosmopolitischer Habitus

Nicht nur entwerferisch, sondern auch in zahlreichen Schriften vertritt Ungers die Forderung nach dem Eigenrecht der Disziplin Architektur. Wenn sein Kernanliegen jedoch auf kulturell und gesellschaftlich sich verändernde Kontexte bezogen ist, erscheint die ‚Architektur als Architektur' als Versuch, über Distinktion berufliche Blockaden zu überwinden – ein Grund für die eingehende Diskussion von Frankfurt.

In Frankfurt treffen die von Ungers rezipierten internationalen Tendenzen der architektonischen Postmoderne auf das lokal besetzte Paradigma Urbanität. Diese Begegnung ist für seine weitere Entwicklung folgenreich. Als Lehrer und Autor blickt er seit seinen Kontakten zu den Mitgliedern des *Team Ten* auf seine Vermittlerrolle zwischen dem angelsächsischen und westdeutschen Raum zurück. Wenngleich informeller Art, hebt ihn seine Zugehörigkeit zu den CIAM-Abtrünnigen schon in den frühen sechziger Jahren von der westdeutschen Szene ab. Seine internationale Vernetzung vertieft Ungers bis 1975 als Vorsteher der Architekturabteilung in Cornell[27] und fortan über Publikationen, die zur Verbreitung seiner entwerferischen Thesen vor allem im angelsächsischen und italienischen Raum beitragen – eine Rezeption, die sich 1980 in Venedig bestätigt, wo er an der von Paolo Portoghesi kuratierten ersten Architekturbiennale teilnimmt.

Aus derselben Periode stammend, können seine Frankfurter Bauten dahingehend interpretiert werden, daß hier der kosmopolitische Habitus eines Architekten auf die Bestrebungen der deutschen Wirtschaftsmetropole trifft, sich den Nimbus der ‚Kulturstadt' zuzulegen. Die Begegnung demonstriert, wie der lokale städtische Kontext auf seine Weise einem neuen professionellen Habitus Vorschub leistet. Zur Bekräftigung des Stadt-Image wird eine für Deutschland ungewohnte Mediatisierung der Architektur in Kauf genommen, wobei die gefeierten Werke zur Wahrnehmung des Architekten als eines Autors singulärer Orte beitragen. Hier bietet das Museum einen Grad an erlebbarer Öffentlichkeit, dessen der – kulturell delegitimierte – Wohnungsbau ermangelte.

Ungers' Versuche, Bild und Fiktion entwerferisch zu thematisieren, erweisen sich als strategischer Vorsprung, um einen postmodernen Professionalismus zu entwickeln. Für ihn konvergieren um 1980 innerarchitektonische Fragestellungen mit externen Faktoren wirtschaftlicher, politischer und institutioneller Art. Als Gründungsdirektor des Deutschen Architektur Museums (DAM) in Frankfurt wirkt Heinrich Klotz entscheidend bei der Propagierung des neuen Architekten-Habitus mit. Ungers nutzt den von Klotz vermittelten Direktauftrag zur Errichtung des DAM für ein Manifest seiner eigenen Architekturanschauung. Die Eröffnung fällt annähernd mit dem Erscheinen der Selbstmonographie *Thematisierung der Architektur* zusammen, auf die wiederum Klotz' große Ausstellung *O. M. Ungers 1951–1984* folgen wird – auf Frankfurt bezogene Ereignisse, die Ungers' Abkehr vom geförderten Wohnungsbau und seine erfolgreiche Positionierung im Umfeld der Hochkultur bezeugen.

Einen diskursiven Angelpunkt bildet hier die Identifizierung mit dem bürgerlichen Kulturbegriff. Mit der „humanistischen, abendländischen Tradition"[28] vergegenwärtigt Ungers denselben Sinnzusammenhang wie Edgar Salin seinerzeit im Urbanitätsbegriff. Ungers' Kulturbegriff zeichnet sich durch den Argwohn gegenüber Erscheinungen einer Massenkultur aus, die im Fall von Nachkriegsdeutschland im architektonisch-städtebaulichen Funktionalismus zum Ausdruck gelangt war. Gerade für seine Kritik am Funktionalismus erweist sich die *Frankfurter Schule* als ein maßgebender – wenngleich nicht expliziter – intellektueller Kontext. So erinnert das Einfordern von thematisch-narrativer Autonomie an die Kulturkritik Theodor W. Adornos, die Vermassung, Technokratie und Nivellierung ebenfalls problematisierte. So sah sich Ungers im Zusammenhang mit dem Märkischen Viertel „den Manipulationen der Institutionen ausgesetzt"[29]. Wie vor ihm die Vertreter der Frankfurter Schule in den USA lehrend, reflektiert auch Ungers aus der Distanz die „erschrekkende Einfältigkeit"[30] in seiner Heimat. In den siebziger Jahren etwa kritisiert er die nivellierenden „Planungsprozesse"[31] im öffentlichen Bauen: „Wenn also beispielsweise irgend jemand – aus welchen Gründen auch immer, vielleicht weil es weniger aggressiv aussieht – den Bauten die Ecken abschneidet, werden plötzlich nur noch ‚Briketts' in Deutschland gebaut, und diese Brikettarchitektur verbreitet sich wie eine Seuche."[32] Diese Kritik ließe sich auf einen Frankfurter Bau beziehen, der zum Zeitpunkt des Gesprächs mit Heinrich Klotz gerade fertiggestellt ist und dessen ‚Rückbau' 2010 vollzogen wurde – das Technische Rathaus von Bartsch, Thürwächter, Weber.

Die Diskussion der Stadt, in welcher Ungers interveniert, ist nicht zu trennen vom Historismus, der zwischen Dom und Römer zu einer Serie von Rekonstruktionsmaßnahmen führt, die – wie die Architekturpolitik mit ihren Ikonen – nationale Auswirkungen haben wird. Die Rede ist von den bis heute andauernden Rekonstruktionsmaßnahmen in der 1944 verbrannten Altstadt am Römerberg und an der Saalgasse. Noch 1949 hatte Stadtbaurat Werner Hebebrand angesichts des Trümmerfelds sich über „wenige gute, erhalten gebliebene Häuser in schlichter Umgebung" geäußert, die „so wirken werden, wie wenn ein einziges gutes Bild in einem Museum auf schlichter Wand aufgehängt wird"[33]. Die damit verbundene stadträumliche Morphologie ist spätestens dann obsolet, als es darum geht, für bestimmte Zielgruppen symbolische Güter bereitzustellen. Dieses postmoderne ‚Architekturpublikum' unterscheidet sich grundsätzlich von der egalitären Gesellschaft, an die sich der CIAM-Städtebau der Nachkriegszeit gerichtet hatte.

Gesellschaftliche, wirtschaftliche und politische Faktoren bilden in Frankfurt eine Konstellation, die wegweisend sein wird auch für das Geschichtsverständnis, das sich die Bundesrepublik Deutschland leistet – vor wie nach der Wende des Jahres 1989. Frankfurt ist durch die Debatten zu Architektur und Stadtentwicklung im wiedervereinten Berlin aus dem Rampenlicht verdrängt worden, wobei das politische Sonderterritorium bereits in den siebziger und achtziger Jahren bei Architekten den Nimbus eines Labors hat. Auch Frankfurt kann extraterritorialen Status beanspruchen, machen es doch seine nationalen und internationalen Wirtschaftsbeziehungen zu Deutschlands einziger Global City. Diese Rolle wirft wie im Fall des von der Mauer umgebenen ‚Schaufensters der Republik' räumlich-ikonographische Fragen auf. Eine vergleichbare Bedeutung haben die

Ereignisse von 1967/1968 in beiden Städten: Als an den Universitäten wie im Stadtraum fundamentale Kritik an den Machtstrukturen und Funktionszusammenhängen der Republik geäußert wird, spielen Westberlin und Frankfurt eine führende Rolle. In diesem Zusammenhang problematisiert, wird sich das Verhältnis von Architekten zur Macht zu verschieben beginnen. Als ein Ausweg kann gerade Ungers' Stadtarchipel gesehen werden – die Idee einer kuratierten urbanen Umwelt, die aus einer Vielzahl identitätsstiftender Orte besteht, die sich dem Zugriff der staatlich sanktionierten Kahlschlagsanierung verweigern. Die dazu reaktivierten Traditionsbezüge werden in Frankfurt an Standortfragen gekoppelt, die mit der sich entwickelnden Globalisierung einhergehen. Im Unterschied zu Berlin entsteht hier die neue Architekturpolitik nicht im Windschatten wirtschaftlicher Kräfte, sondern zwecks Positionierung des Finanzplatzes. Entsprechend anders sind auch die von Architekten verlangten narrativen Ansätze. Deshalb gilt es danach zu fragen, ob und inwiefern Ungers' Anspruch an die Disziplin Architektur gerade den Bedingungen der Dienstleistungsmetropole gerecht wird – oder von diesen Bedingungen weitere Impulse empfängt.

Eine Folge der Frankfurter Architekturpolitik ist die Einübung bis heute wirksamer Sehgewohnheiten. So gehören architektonische Handschriften zu den Produkten, mit denen die Ökonomien des Tourismus und der Kulturindustrie heterogene Bedürfnisse befriedigen. Ein differenzierteres Verständnis für eine globale – und mit der Globalisierung verbundene – Postmoderne läßt sich erst aus der Verschränkung mit lokalen Akteuren und gesellschaftlichen Wirklichkeiten gewinnen. Dasselbe gilt für einen universalistisch argumentierenden Diskurs wie Ungers' Thematisierung der Architektur. Wie das Frankfurt der siebziger und achtziger Jahre zeigt, sind *die* Stadt, *die* Gesellschaft und *die* Moderne Verallgemeinerungen, so wie *der* Architekt ein stabiles Berufsbild suggeriert. Doch erst anhand spezifischer Kontexte läßt sich beschreiben, wie die Architekturproduktion auf ökonomisch und strukturell sich verändernde Kontexte reagiert – und wie sich die grundlegende Neuausrichtung des Mediums Architektur zusammen mit der Transformation beruflicher Identität vollzieht.

2 Die Verarbeitung des Funktionalismus

So wie der Städtebau in Deutschland bereits mit der Konstitution des Nationalstaates verbunden ist, wird diese Disziplin später mit der Einrichtung der sozialen Marktwirtschaft in der Nachkriegszeit verknüpft sein. Der Stadtraum nimmt auch in der kritischen Auseinandersetzung mit dem Wohlfahrtsstaat eine entscheidende Rolle ein, zumal er als Teil des Dispositivs technokratischer Planung wahrgenommen wird. Für Ungers' Werdegang ist diese Verkettung, die sich bereits 1967 an der Technischen Universität in Berlin zuspitzt, entscheidend. Er wird seinerzeit als Vertreter einer technokratisch agierenden Planungskultur angegriffen; dieser werden dieselben autoritären Muster zum Vorwurf gemacht, die der Wohlfahrtsstaat der Nachkriegszeit unreflektiert vom Totalitarismus übernommen hatte. Im Zuge der gesellschaftlichen und institutionellen Erschütterungen ist eine architektonische Praxis diskreditiert, die diese Machtfragen nicht thematisiert. In Westberlin, dessen Territorium ohnehin in hohem Maße politisiert ist, führen die Studentenunruhen zur ideologischen Überbeanspruchung des Stadtraums.

Nach 1967/1968 werden die physischen und sozialen Beschädigungen der Städte zunehmend auf bürokratische und ökonomische Machtstrukturen bezogen. Aus der Kritik an diesem Systemzusammenhang entstehen Bedeutungsüberschüsse, die abzuarbeiten eine Herausforderung der postmodernen Architektur sein wird.

Hier kann die Urbanitätsdiskussion als Projektionsfläche und Kompensationsstrategie gegen den städtebaulichen Funktionalismus gesehen werden. Eine Erklärung für die nun einsetzende Problematisierung der Stadt bietet das von Henri Lefebvre entwickelte Konzept der Raumproduktion. In *Die Revolution der Städte* beschreibt Lefebvre eine mehrschichtig wechselseitige Aushandlung und Artikulation von Raum, die insbesondere auf die Sinnsuche bezogen werden kann, die Architekten wie Ungers im letzten Drittel des 20. Jahrhunderts in Städten betreiben: „Über das Urbane läßt sich sagen, es sei Form und Gefäß, Leere und Fülle, Über-Objekt und Nicht-Objekt, Über-Gewissen und Gewissens-Totalität. [...] Es gibt kein Verstädterungssystem, und das Urbane kann in kein einheitliches Formensystem aufgenommen werden, und zwar aufgrund der (relativen) Unabhängigkeit zwischen Formen und Inhalten."[34] Lefebvre zufolge ließe sich die kompensatorische Urbanität der Postmoderne als eine Hülse betrachten, in der Bewertungsmaßstäbe und Subjektivitäten Eingang fin-

2 Frankfurt: Kaiserstraße mit Junior-Haus, 1951, und BfG-Hochhaus, 1977

den, die für die funktionalistische Modellierung der Stadt keine Existenzberechtigung hatten.

Die Hülsenfunktion des Urbanen tritt dort in Erscheinung, wo das Neue Bauen wie in Frankfurt und Berlin in die metropolitane Identität eingeschrieben ist. So wie beide Städte im Prozeß der Verstädterung und Modernisierung Prototypen bilden, haben sie jeweils entscheidenden Anteil an der kritischen Reflexion und Verarbeitung der architektonisch-städtebaulichen Moderne. Sie werden für unterschiedliche Diskursgemeinschaften zu erstrangigen Projektionsräumen, um Fragen der Erinnerung, Subjektivität und Identität aufzuwerfen. Dies ist auch der Fall für Ungers, dessen Karriere eng mit den Schauplätzen Berlin und Frankfurt verknüpft ist. Deren nähere Untersuchung als politisch und ökonomisch verfaßte Räume zeigt, welche Positionierungsmöglichkeiten Ungers zur Verfügung stehen. Vor der eigentlichen architekturhistorischen Untersuchung gilt es, diese Bezugsräume zu diskutieren und dort die Bedingungen aufzuzeigen, die für Ungers' Architekturverständnis und seine Arbeit an der Stadt maßgebend sein werden.

Im Brennpunkt der Politisierung

Da vor 1871, dem Jahr der Reichsgründung, in Deutschland kein übergeordnetes politisches Zentrum existiert, fallen Urbanisierung und Modernisierung mit dem Projekt der nationalen Einigung zusammen. Aufgrund der traditionellen Multipolarität verzögert sich in Deutschland der Prozeß der Vergroßstädterung. Zeitlich fällt die Konstruktion der Hauptstadtidentität Berlins mit dem größten Bevölkerungswachstum und der Expansion der industriellen Produktion zusammen. Berlins Vergroßstädterung ist von wirtschaftlicher und technischer Modernisierung bei gleichzeitiger Proletarisierung gekennzeichnet. Im Gegensatz zu den traditionellen Machtzentren London, Paris und Wien bewirkt die Koinzidenz politischer und räumlicher Modernität, daß sich in die konzeptionelle Modellierung der Stadt und in die städtische Gesellschaft eine politisch-ideologische Komponente einschreibt, zu der auch antiurbane Reflexe gehören.[35] Frankfurt und Berlin stehen im Hinblick auf die Gründung des Nationalstaats in einer Wechselwirkung zueinander. In dieser Periode verkörpert Frankfurt das bürgerlich-demokratische, Berlin das monarchisch-antiparlamentarische Projekt der nationalen Einigung. Zur Zentrale eines auf militärischer Überlegenheit beruhenden Nationalstaates wird Berlin nach den Siegen Preußens über die deutschen Territorialstaaten (1866: Norddeutscher Bund) und Frankreich (1871: Reichsgründung). Daß Frankfurt heute, wie Peter Noller feststellt, einer der „stärksten internationalisierten Standorte innerhalb der Bundesrepublik" ist, wäre ohne das Desaster des noch vergleichsweise jungen Nationalstaates nach 1933 nicht denkbar.[36] Wie Berlin ist es durch Modernisierungs- wie Zerstörungsprozesse an der krisenhaften Entwicklung beteiligt, die den Nationalstaat während des ganzen 20. Jahrhunderts charakterisiert. Die im 19. Jahrhundert begonnene Wechselwirkung dieser Prozesse findet in der Bundesrepublik ihre Fortsetzung. Schlüsselstellungen nehmen Frankfurt und Berlin auch in der medialen Öffentlichkeit der Bonner Republik ein, zumal sie jeweils mit den Ereignissen der Jahre 1949 und 1967/1968 verknüpft sind, die den westdeutschen Wiederaufbau historisch rahmen.

Nach 1945 treten Berlin und Frankfurt abermals in eine wechselhafte Beziehung zueinander, als Berlin einen Teil seiner Metropolenfunktionen an Frankfurt verliert. Dort richtet die amerikanische Besatzungsmacht ihr Verwaltungszentrum sowie die zentralen Behörden des westdeutschen Wirtschaftsgebietes ein. In diesem strategischen Zusammenhang, aber auch begründet durch seine von der Besetzung geschaffene zentrale geographische Lage, sind auch die Bestrebungen zu sehen, Frankfurt zur Hauptstadt der Bundesrepublik zu machen. Zeitgleich vollzieht sich eine politische und wirtschaftliche Provinzialisierung des von den Siegermächten kontrollierten Berlin, dessen Degradierung sich besonders in den drei von den Westmächten kontrollierten Sektoren zeigt. Parallel zum Verlust der politischen Souveränität erfährt das von Märkten und Ressourcen abgeschnittene Territorium eine Deindustrialisierung, als die Maschinenindustrie Firmensitze und Produktionsstätten von Westberlin in die Bundesrepublik verlegt. Im Fall der eng mit der Berliner Geschichte verflochtenen Allgemeinen Elektrizitäts-Gesellschaft (AEG) kommt der Wegzug unmittelbar Frankfurt zugute, das zum Hauptsitz des Konzerns aufsteigt.

Am meisten profitiert Frankfurt vom Untergang Berlins als Finanzplatz.[37] Entscheidend für Frankfurts neue Identität ist die Kreditanstalt für Wiederaufbau, die die Alliierten 1948 zur Unterstützung des Marshall-Plans in Frankfurt einrichten. Auf dieser institutionellen Grundlage beruhen später die dortige Ansiedlung der Deutschen Bundesbank (1957) und der Europäischen Zentralbank (1998). Die Verlagerung des gesamten Bankenwesens von der ehemaligen Reichshauptstadt nach Frankfurt verändert somit die räumlichen Bezugsgrößen, in die Frankfurt eingebunden ist. Obschon die Region Frankfurt als Industriestandort erhalten bleibt und im Strukturwandel der siebziger und achtziger Jahre weniger Arbeitsplätze als andere westdeutsche Regionen einbüßt, ist es der Ausbau des Finanzsektors, der den Anschluß der Stadt an globalisierte Wirtschaftsräume sichert. Durch die Internationalisierung der Finanzindustrie dehnt sich die Einflußsphäre Frankfurts überproportional aus.

Im Wettbewerb westdeutscher Städte und Regionen wird die funktionale Identität Frankfurts durch den Bedeutungszuwachs der Messe und den Ausbau des Flughafens zur größten Drehscheibe der Bundesrepublik abermals bestätigt. Westberlin hängt hingegen von staatlichen Subventionen und der Schirmherrschaft der Westmächte ab, was einer politischen und wirtschaftlichen Normalisierung im föderalen Gefüge der Bundesrepublik im Weg steht. Im Kontrast zur Provinzialisierung innerhalb der nachkriegsdeutschen multipolaren Städtetopographie steht die überhöhte internationale Wahrnehmung Berlins: Mit der sowjetischen Blockade (1948–1949) und dem Mauerbau (1961) verhelfen geopolitische Entwicklungen Westberlin zu symbolischer Bedeutung. Der Kalte Krieg weist dem zwischen die Supermächte eingespannten Territorium einerseits eine Opferrolle, andererseits aber die Funktion des ‚Schaufensters der freien Welt‘ zu. Diese Funktion, wonach Westberlin in der Bildungs-, Sozial- und Städtebaupolitik beispielhaft die Vitalität der sozialen Marktwirtschaft zur Geltung zu bringen hat, wird durch die Errichtung der Mauer bestätigt.

Die in der kommunistisch regierten Stadthälfte an den Wiederaufbau gestellten Ansprüche setzen Westberlin unter Zugzwang, den Städtebau als politisches Thema zu besetzen und zur Geltung zu bringen. Diese Konkurrenz zeigt sich bei Vorhaben wie der westlichen Antwort auf die

3 Hans Scharoun: Wettbewerbsentwurf
Berlin-Hansaviertel, 1953

4 O. M. Ungers: Wohnbauten im
Märkischen Viertel, Berlin 1962–1967

Stalinallee, der 1957 im Hansaviertel durchgeführten *Interbau* sowie dem kurz darauf beschlossenen Bau des Kulturforums Kemperplatz mit den Prestigebauten von Hans Scharoun und Ludwig Mies van der Rohe. In diese Vorzeigeplanungen reiht sich später auch die Internationale Bauausstellung (IBA), bei welcher der Westberliner Senat die *behutsame Stadterneuerung* als politisches Thema mobilisiert und durch massive Subventionierung stützt.

Dem künstlich am Leben erhaltenen Schaufenster steht Frankfurt gegenüber, dessen Aufstieg zum Finanzplatz, Dienstleistungs- und Produktionszentrum das Wirtschaftswunder par excellence verkörpert. Seine heutige Identität in Gestalt der Hochhaussilhouette unterscheidet es nicht nur von Berlin, sondern auch von anderen deutschen Städten, in denen das aus dem Wiederaufbau hervorgehende städtebauliche Leitbild weniger kompromißlos erfolgt. Die Frankfurter Skyline zeigt wie der internationale Flughafen, die Zentrale der amerikanischen Besatzungstruppen und die Europäische Zentralbank, daß Frankfurt sich zum metropolitanen Zentrum der Bonner Republik entwickelt. Seine Sonderstellung zeigt sich nicht in Bevölkerungszahlen[38], sondern in der Einbindung in transnationale Zusammenhänge. Seine Bedeutung für die Finanzwirtschaft hebt Frankfurt aus der multipolaren Bundesrepublik heraus und reterritorialisiert es zugleich. Wie Westberlin hat es Anteil an unterschiedlichen Maßstäben, deren Zusammenstoß nicht nur städtebauliche sondern auch architekturpolitische Konsequenzen hat.

Die transnationalen Zusammenhänge schlagen sich in der Darstellung von Raum, Ort und Identität nieder. Die daraus entstehenden ikonographischen Konflikte müssen als Teil der Produktionsbedingungen postmoder-

5/6 Spekulation, bauliche Veränderungen im Frankurter Westend

7 Messeareal Frankfurt mit Ungers-Bauten

ner Architektur verstanden werden – sie sind insbesondere auch für die Rezeption von Ungers' Arbeit in Frankfurt und Berlin maßgebend. Ungers nennt das Märkische Viertel im Rückblick den „Prügelknaben des deutschen Wohnungsbaus"[39]. Bereits 1968 erscheint die auf 50000 Einwohner ausgelegte Großsiedlung im Berliner Norden in einem Clip der Sängerin Alexandra, als ihrem Schlager *Mein Freund, der Baum* Ungers' Neubauten die Kulisse bilden. Damals sind Frankfurt und Berlin Prismen für die verbreitete Wahrnehmung der westdeutschen Großstädte als dystopischer Räume – so etwa der von Verkehrsplanern zugerichtete öffentliche Raum oder die Geschäftszentren mit ihren Dienstleistungsarchitekturen. Die Kälte der ökonomisch durchprogrammierten Frankfurter City und die von der Bauindustrie produzierten Berliner Sozialghettos werden als Figurationen der Macht auch im zeitgenössischen Autorenfilm dargestellt. In Rainer Werner Fassbinder Mitte der siebziger Jahre entstandenen Filmen sowie in Uli Edels *Christiane F – Wir Kinder vom Bahnhof Zoo* (1981) werden Frankfurt und Westberlin als persönliche Entfremdung und Vereinsamung verursachende Kontexte gezeigt. An Edels Spielfilm, der die Geschichte einer drogenabhängigen Bewohnerin der Großsiedlung Gropiusstadt erzählt, ist auch David Bowie beteiligt, der ab 1977 in den Hansa-Studios im Schatten der Mauer seine düstere *Berlin-Trilogie* aufnimmt.[40]

Nicht nur führt das Scharnier 1967/1968 dazu, daß viele Elemente der westdeutschen Normalität als Machtdispositive problematisiert werden, sondern daß die im Wiederaufbau entstandene ‚Stadtlandschaften' als Räume gesellschaftlicher Entfremdung wahrgenommen werden. Ortlosigkeit, im späteren Globalisierungsdiskurs eine Chiffre für Frankfurt, wird bereits thematisiert, als es um die Rolle Frankfurts im transnationalen Raum des Kalten Kriegs geht. Im Protest der radikalen Linken vereinigen sich lokale, nationale und internationale Maßstäbe auf besondere Weise, wobei ein Bewußtsein für Machträume und Symboliken sich besonders bei der außerpolitischen Opposition entwickelt.

Der Kalte Krieg und insbesondere die Abhängigkeit der Bundesrepublik von den im Vietnamkrieg engagierten Vereinigten Staaten wird im Zentrum des Terrorismus stehen. Dessen Aktionen richten sich nicht nur gegen die Interessen der Privatwirtschaft und die Institutionen des Sozialstaates, sondern greifen das geopolitische Dispositiv an, dem die Bonner Republik zugehört. Das von den Westmächten kontrollierte Westberlin sowie das den amerikanischen Nato-Truppen als Verwaltungszentrum dienende Frankfurt werden zur Zielscheibe für den RAF-Terror der siebziger Jahre. Ins mediale Bewußtsein der Bundesrepublik gerät Frankfurt zum ersten Mal am 2. April 1968. Andreas Baader und Gudrun Ensslin verüben Brandanschläge auf zwei Kaufhäuser an der zentralen Einkaufsstraße Zeil, um die Aufmerksamkeit auf die Situation der Zivilbevölkerung im von den USA bombardierten Nordvietnam zu lenken. Die Kaufhausanschläge können einerseits als massenmedial wirksames, andererseits als stadträumliches Ereignis analysiert werden.[41] Baader und Ensslin ging es um die Kritik der mit der Konsumgesellschaft verbundenen Herrschaftsverhältnisse, wobei ihnen eine Destabilisierung und Traumatisierung des öffentlichen Raums der im Wiederaufbau auf den Detailhandel ausgerichtete City vorschwebte. Zugleich sollte die Inszenierung mitten in der Frankfurter Innenstadt an einen Kaufhausbrand in Brüssel erinnern, der im Mai 1967 den Tod von 251 Menschen verursacht hatte. Durch die Wahl einer Niederlassung der deutschen Warenhauskette Kaufhof[42] koppelten Baader und Ensslin den öffentlichen Raum an die übergeordnete geopolitische Ordnung, in die die Bundesrepublik eingebunden ist. Wie auch die Anwesenheit des Hauptkommandos der Alliierten Streitkräfte im ehemaligen Hauptsitz des Chemieunternehmens I.G.Farben belegt[43], ist Frankfurt die Stadt, in der sich die aus der Nachkriegsordnung hervorgehende soziale Marktwirtschaft in unterschiedlichen räumlichen Maßstäben manifestiert. Nicht nur verkörpert Frankfurt das Wirtschaftswunder, sondern auch die mit diesem assoziierte paternalistisch-wohlfahrtsstaatliche Tradition, die die RAF als Beleg für die Kontinuität faschistischer Strukturen hielt. Die Kaufhausattentate bildeten den Auftakt zu einer Serie von Anschlägen, mit denen die RAF während eines Jahrzehnts die Bundesrepublik in Atem halten und die im Heißen Herbst von 1977 kulminieren werden.[44]

Abhängigkeiten und Verflechtungen

Für die mediale Repräsentation Frankfurts nach 1968 sind die Arbeiten von Rainer Werner Fassbinder symptomatisch. Zwei seiner Filme machen hier Krisensymptome der westdeutschen Gesellschaft fest. *Mutter Küsters Fahrt zum Himmel* (1975) und *In einem Jahr mit 13 Monden* (1978) bringen jeweils persönliche Sinnkrisen in Verbindung mit den sozialökonomischen Transformationen im Zuge der Rezession von 1973. Fassbinder führt die Stadt als kaltes, eigenschaftsloses Produkt der Fortschrittsgesellschaft vor. Die Kontrolle über diesen entfremdenden Raum wird ebenso in Frage gestellt wie der die Bundesrepublik seit 1945 charakterisierende gesellschaftliche Konsens. Indem Fassbinder die Beziehung Täter-Opfer zweideutig anlegt, bietet sich die Perspektive einer revolutionären Transformation als Ausweg nicht an.

Im Raum der Abhängigkeiten und Verflechtungen, als den die zeitgenössische Stadt vorgeführt wird, sind Ausbruchsversuche von vornherein zum Scheitern verurteilt. In der Verfassung der Figuren, in ihren Handlungen sowie in der Darstellung städtischer Milieus zeigt sich ein Sensorium für ökonomische Zusammenhänge, sprechen doch beide Filme den Strukturwandel mehr oder weniger explizit an. *Mutter Küsters Fahrt zum Himmel* siedelt Fassbinder im Frankfurter Arbeitermilieu an, um angesichts des Zerfalls traditioneller beruflicher Sicherheiten und gesellschaftlicher Rollenverteilung die Verheißungen kommunistischer Subversion kritisch darzustellen. Der Klassenkampf sowie die von spontanen Splittergruppen durchgeführten Aktionen werden nicht als utopische Projekte, sondern als Ursachen von neuen Gruppenzwängen und Abhängigkeitsverhältnissen dargestellt. Der Lächerlichkeit geradezu preisgegeben ist das städtische Bürgertum, mit dessen traditionellem Habitus Fassbinder zwei kommunistische Agitatoren ausstattet.

In einem Jahr mit 13 Monden problematisiert unmittelbar das Stadtbild der Frankfurter City. Unterschiedliche Erzählstränge laufen auf der leerstehenden Etage eines Bürohochhauses zusammen. Der dort eingemietete Immobilienhändler unterhält eine Beziehung zum Protagonisten des Films, einem Transvestiten. Während Erwin/Elvira in seiner Identität destabilisiert ist, schwebt der Immobilienhändler in einem surrealen Vakuum, indem er seine Mitarbeiter in leerstehenden Büros zu Ballspielen und Raufereien nötigt. Im Gegensatz zu *Mutter Küsters Fahrt zum Himmel*, wo Fassbinder Orte der Arbeit nur peripher zeigt (die Fabrik als Ort des Amoklaufs von Herrn Küster und die darin eine Story witternde Zeitungsredaktion), führt *In einem Jahr mit 13 Monden* mit dem Schlachthof sowie dem Büro des Immobilienhändlers zwei Orte der Arbeit am entgegengesetzten Ende des gesellschaftlichen Spektrums vor. Beide Arbeitsstätten sind jedoch ihres Sinnzusammenhangs beraubt: Hinter einer transparenten Vorhangfassade steht die Büroetage leer, und Erwin/Elvira flaniert aufgetakelt und unbeteiligt an frisch geschlachtetem Vieh vorbei.

Beide Filme entstehen nach Fassbinders Intendanz am Frankfurter Theater am Turm (1974/1975), einer Zeit, in der auch sein posthum aufgeführtes Stück *Die Stadt, der Müll und der Tod* entsteht. Wie bereits in *In einem Jahr mit 13 Monden* geht es um die Frankfurter Grundstückspekulation. Fassbinder rückt die Thematik anhand des Häuserkampfs im Frankfurter Westend nicht nur ins Zentrum des Stücks, sondern entwirft darüber hinaus einen zwielichtigen Protagonisten, der kaum versteckt den Frankfurter Bauunternehmer und Investor und späteren Vorsitzenden des Zentralrats der Juden in Deutschland, Ignatz Bubis, erkennen läßt.[45]

Dem Ruf der Wirtschaftsmetropole fügt der ‚Häuserkampf' der frühen siebziger Jahre weiteren Schaden zu. Damals geraten Umschichtungsprozesse und Grundstücksspekulation im Frankfurter Westend ins Stocken. Der für die Ausweitung der City 1967 unter Hans Kampffmeyer (Frankfurter Bau- und Planungsdezernent 1956–1972) erlassene *Fünf-Finger-Plan* führt zum Konflikt rund um Entwicklungskorridore in dem einst großbürgerlichen Stadtteil. In den zum Abriß bestimmten Liegenschaften werden Gastarbeiter untergebracht, soll doch die Bausubstanz des 19. und frühen 20. Jahrhunderts sukzessive Bauten des tertiären Sektors weichen. Eine Reaktion auf diesen City-Druck sind die zwischen 1970 und 1974 stattfindenden Hausbesetzungen. Diese richten sich nicht nur gegen die mit dem Fünf-Finger-Plan einhergehenden Spekulationspraktiken,

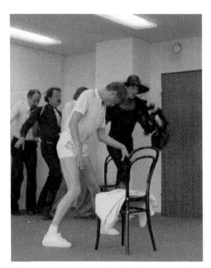

8 Rainer Werner Fassbinder, *In einem Jahr mit Dreizehn Monden*, 1978

9 Die Frankfurter Einkaufsstraße Zeil um 1960, Ort der Kaufhausanschläge vom 2.4.1968

sondern auch gegen das auf zweidimensionalen Abstraktionen basierende Verständnis von Stadtplanung. Die gewaltsam angeeignete Bürgerlichkeit des Westends erhält eine subversive Rolle – als Widerstandsmoment gegen die technokratische Normierung des Habitat. Der Häuserkampf kann aber auch als Wendepunkt auf dem Weg zur postmodernen Ausdifferenzierung des Stadtraums gesehen werden. Mittelfristig folgen aus den Besetzungsaktionen – nicht nur in Frankfurt – partizipative Planungsmodelle, Unterschutzstellungen, eine allgemeine Neubewertung der ‚Gründerzeit' sowie die Identifikation einer verunsicherten Architektenschaft mit der Urbanität des 19. Jahrhunderts.

Dystopische Räume

Frankfurt und Berlin gehören zu den Brennpunkten der Politisierung der westeuropäischen Studenten. In beiden Städten werden Macht, Raum und Öffentlichkeit problematisiert, wodurch die Bedeutungsverschiebung der Bausubstanz des 19. Jahrhunderts bereits indirekt stattfindet. Die spekulative Wohn- und Industriearchitektur erhält mit der Einforderung von Individualität und Subjektivität einen neuen Sinnzusammenhang – als Möglichkeitsraum für eine alternative, sich dem Verfügungsraum der Planung entziehende Urbanität. Nicht nur die allgemeine Kapitalismuskritik ist für die Architekturdiskussion von Belang, sondern die mit den Studentendemonstrationen einhergehende Destabilisierung und Rethematisierung des Stadtraums. Einen Katalysator bildet der 2. Juni 1967, als während der Proteste zum Berlin-Besuch des Schahs von Persien ein Berliner Polizist den Studenten Benno Ohnesorg erschießt. Die Demonstrationen, die anschließend von der Freien und der Technischen Universität ausgehen, lassen sich auch als Aneignung des Stadtraums verstehen, als Manifestationen zur Einforderung einer vom Staat nicht verwalteten Öffentlichkeit.

Seit den frühen sechziger Jahren ein Kritiker des sogenannten Bauwirtschaftsfunktionalismus, sucht Ungers nach Freiräumen in den systembedingten Zwängen seines Metiers. Seine Haltung bekräftigt er im Dezember 1967 mit einem Symposium zur Architekturtheorie, das er mit internationalen Gästen wie Sigfried Giedion, Peter Blake, Reyner Banham und Colin Rowe an der Architekturfakultät der TU veranstaltet. Seine Einleitung zum Kongreß mündet in die Fragestellung, ob es eine „immanente Erscheinung des Formalen" gebe, eine „formale Äußerung, die unabhängig ist von Historie, von den jeweiligen technischen Mitteln und den gesellschaftlichen Bezügen"[46]. Ungers verweist insbesondere auf die Besonderheiten im Kontext Westberlin, wo „Kommunen, Interessengruppen, Oppositionen" keine „zufällige temporäre Erscheinung, sondern ein durchaus ernst zu nehmendes Phänomen" seien. Angesichts der massiven Proteste der Studierenden muß der Kongreß abgebrochen werden.[47] Erfahrungen wie diese veranlassen Ungers, die von Colin Rowe vermittelte Einladung als Gastdozent an die Cornell University anzunehmen. Die Architekturausbildung entwickelt sich nicht nur an der Technischen Universität zum Schauplatz einer Systemkritik, die jegliche architektonische Grundlagenforschung diskreditiert, die nicht zugleich die politischen Rahmenbedingungen thematisiert. Als Lehrer und Entwerfer vertritt Ungers in dieser Zeit ambivalente Positionen, gerade auch als Dekan der Architekturfakultät im entscheidenden Jahr 1967. Einerseits ist er bereit, mit den Studierenden zu reden und diese gegen öffentliche Diffamierungsversuche in Schutz zu nehmen. Das Experimentieren mit programmatischen Thesen und die seit 1966 produzierten *Veröffentlichungen zur Architektur* prädestinieren den Lehrstuhl Ungers als Anlaufstelle für Vertreter der linken Szene und Flugblattverteilzentrale im Juni 1967.[48] Andererseits verwahrt sich Ungers gegen eine Überfrachtung der Architektur mit gesellschaftlichen Inhalten, welche diese nicht einlösen könne. Im darauffolgenden Jahr verabschiedet er sich auf unbestimmte Zeit nach Ithaca, New York.[49]

Als einer der „progressiv gesonnenen Professoren" antwortet er 1969 in einer *Spiegel*-Artikelserie zur Lage der deutschen Hochschulen: „Wir stehen vor einem Dilemma, aus dem wir noch keinen Patentweg wissen."[50] In der westdeutschen Öffentlichkeit bleibt er als einer der namhaften Entwerfer des von der Gemeinschaft zur Förderung des Wohnungsbaus erstellten Märkischen Viertels diskreditiert.[51] Die Bebilderung des *Spiegel*-Artikels suggeriert zwischen einer verwissenschaftlichten Architektur und dem gebauten Alltag des Sozialstaates eine unüberbrückbare Kluft. Das parallel zur Berliner Lehrtätigkeit realisierte Märkische Viertel läßt Ungers dennoch sein konzeptionelles Interesse an Großplanungen nicht verlieren. Erst Jaspar Cepls Darstellung der Übergangsphase belegt die thematischen Überlappungen deutlich. Insofern mag auch der berufliche ‚Schock' nach 1967 durch Ungers und seinen ersten Biographen, Heinrich Klotz[52], später überwertet worden sein. Sehr zum Mißfallen von Colin Rowe wird sich Ungers in den ersten Jahren in Cornell mit Fragen der Infrastruktur, Vorfertigung und Parametrisierung befassen und seinem diesbezüglich programmatischen ersten Entwurfssemester ein Sonderheft der *Veröffentlichungen der Architektur* widmen.[53] Für seine erste Studentengeneration in Ithaca steht die Arbeit am System-Paradigma sogar im Zentrum.[54] Wettbewerbsbeteiligungen sowie der Vergleich seiner Forschungstätigkeit zwischen Berlin und Cornell belegen, daß Ungers den territorialen Maßstab architektonischer Konzepte damals nicht preisgibt. Vielmehr sucht er eine Relegitimation der Disziplin, indem er ähnlich wie Vittorio Gregotti in *Il territorio dell'architettura* für eine radikale Ausweitung des Architekturbegriffs eintritt. [55]

Die zeitgenössischen Probleme der deutschen Städte verblassen im grellen Licht der gesellschaftlichen und wirtschaftlichen Krise, die seit Mitte der sechziger Jahre zahllose amerikanische Innenstädte implodieren läßt. Den verunsicherten Ungers beschäftigen diese spektakulären Entwicklungen. 1968 wird von der Johnson-Regierung die „National Commission on Urban Policies" eingesetzt, die auf *New Towns* und technokratische Lösungsansätze im nationalen Maßstab setzt. Für die Potentiale der im darauffolgenden Jahr gegründeten „New York State Urban Development

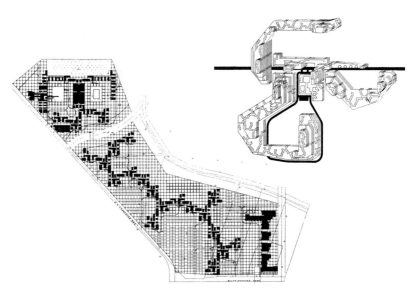

10/11 Märkisches Viertel: Bauabschnitt O. M. Ungers und Strukturdiagramm von Werner Düttmann, Georg Heinrichs und Hans Christian Müller, 1962

Corporation" interessiert sich Ungers wie andere Cornell-Angehörige.[56] Zu erwähnen ist hier seine mit Studenten entwickelte Studie *Lysander New City*, eine geplante Stadtgründung in der Nähe von Syracuse, New York, die ganz auf vorgefertigten Wohnbausystemen basiert.[57] Versuche, die Stadt als einen Funktionszusammenhang im regionalen Maßstab zu radikalisieren, zeigen sich auch an seinem Berliner Lehrstuhl. Die Studie *Berlin 1995. Planungsmodelle für eine Fünfmillionenstadt im Übergang zu den siebziger Jahren* führt 1969 Ungers' ehemaliger Student und Assistent Michael Wegener durch. Als Entwurfsaufgabe wird das gesamte Territorium Berlins als System zur Diskussion gestellt und als „Feld einander überlagernder Bezugsstrukturen" bearbeitet.[58] Auf einem 720×720-Meter-Raster basierend, entstehen unterschiedliche städtische Systeme, mit denen die Studenten Bebauungsstrukturen für jeweils fünf Millionen Einwohner entwickeln. Die im selben Jahr als Heft 25 der *Veröffentlichungen zur Architektur* publizierte Studie kann als Höhepunkt eines von Ungers verfolgten morphologischen Megastrukturalismus gesehen werden. Diese Haltung prägt Ungers' letzte Westberliner Entwürfe –

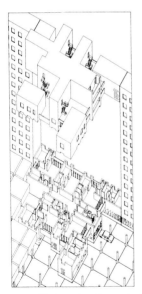

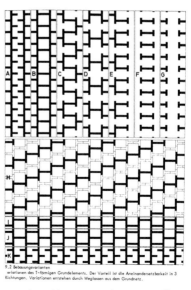

12 Märkisches Viertel: Bauabschnitt Ungers: Strukturprinzip Fünfspänner

13 Lehrstuhl Ungers, Bebauungsstudien Berlin-Ruhwald, 1967

den Wettbewerbsbeitrag zum Flughafen Tegel (1965), die Planungen Am Rupenhorn (1966) und Ruhwald (1967)[59] – sowie eine Reihe von Semester-Übungen und weitere Lehrstuhlpublikationen: *Wohnbausysteme in Stahl, Schnellbahn und Gebäude, Wohnbausysteme in Großtafeln* (alle 1968), *Wohnbausysteme in Raumzellen* (1969).[60]

Auf ersten Blick erscheint hier das Thema Formverzicht zugunsten von Systematisierungen als Konzession an ein ideologisches Klima, das die Arbeit an der Form als reaktionär eingestuft hat. Doch letztlich erweist sich das Interesse an Modularität, Infrastruktur und Steuerungssystemen als konzeptionelle Ausweitung der Formgebung. Gerade im städtebaulichen Gutachten Ruhwald knüpft Ungers mit der Überhöhung von Clusterprinzipien und Vorfertigungslogiken zu abstrakten Mustern an das kurz vor der Fertigstellung stehende Märkische Viertel an. Reihung und Differenzierung führen im Ruhwald-Entwurf im Grunde genommen morphologische Prinzipien fort, die er erstmals in der Kölner Planung Grünzug Süd 1962 untersucht hatte.

Berlin 1995 kann als radikale Antwort auf die technokratische Steuerung des Urbanisierungsprozesses gesehen werden. Für den nur noch künstlich am Leben gehaltenen Stadtorganismus Westberlin entwirft jeder Student eine neue Auslegeordnung, in der „alle Elemente der Stadt theoretisch gleichmäßig und gleichwertig verteilt" sind.[61] Hypothetische Szenarien ziehen hier ungeachtet politischer, wirtschaftlicher und bodenrechtlicher Gegebenheiten entweder die Verlegung oder die Erneuerung beider Stadthälften als Einheit in Betracht. Doch zugleich führt uns die Studie narrative Ansätze vor Augen, welche die planerische Kontrolle über das urbanisierte Territorium relativieren. Wie bereits der Montagecharakter der Projektdarstellungen zeigt, wird nicht von einer *tabula rasa*, sondern vom existierenden Gefüge Berlins ausgegangen. Vorgefundenes im Stadtkörper wird aktiviert, um in die Raumgitter und Raster der Makrostrukturen punktuell eingelagert zu werden oder um diese Systeme gar zu stören. Diese Dialektik erscheint vor allem im Text der Studie: „Natürliche und historische Gegebenheiten machen […] einzelne Stellen für bestimmte Funktionen besser geeignet als andere."[62] Jenseits der infrastrukturell lokalisierbaren Raumknoten bezeugen die „Gegebenheiten" eine Bereitschaft, heterogene, identitätsstiftende Elemente als Parameter in der Organisation eines komplexen Systems zu berücksichtigen. Der Einfluß des Team Ten zeigt sich hier, indem das *as found* den territorialen Raster auflädt und zugleich auf die konkrete Räumlichkeit von Berlin zurückbindet.[63]

Westberlin und die Ironie der Infrastruktur

Berlin 1995 ist Ungers' konsequentester Versuch, das herkömmliche architektonische Objekt in einem von äußeren Parametern definierten System aufgehen zu lassen. In politischer Hinsicht erscheint der infrastrukturell definierte Idealzustand einer städtischen Großregion zunehmend problematisch. Nur noch eine Minderheit von Architekten sieht darin befreiende Potentiale, wie sie zu Beginn der sechziger Jahre die Arbeiten von Archigram oder Cedric Price verkörperten. Im Zuge der ersten realisierten Megastrukturen tritt vielmehr die Frage in den Vordergrund, welche Autorität sich aus der Kontrolle über derartige Raumsysteme ableitet. Die kritische Prüfung, der Ungers seinen Infrastrukturalismus unterzieht, wird bis zur Frage der Partizipation reichen. So erhält der in *Berlin 1995* ‚automatisierte' Urbanisierungsprozeß wieder einen Autor – wie Ungers 1977 aus der Erkenntnis schließt, daß der „Systemtechniker" nur „beobachtend", als „Manipulator" an einem Prozeß teilnahm, „den er durch ein multifunktionales System vorbestimmt hatte"[64]. Den Schritt zurück zur Autorenschaft demonstriert der städtebauliche Ideenwettbewerb Tiergartenviertel, der Ungers nach mehrjähriger Unterbrechung wieder dem Schauplatz Westberlin konfrontiert. Der Entwurf von 1973 rehabilitiert das singuläre Raumerlebnis, ohne sich vom Systemansatz der sechziger Jahre gänzlich zu trennen. Doch das utopische Vokabular erscheint nun ironisierend gebrochen.

Statt übergreifender morphologischer Zusammenhänge bevorzugt der Entwurf Solitäre beziehungsweise punktuelle Interventionen. Doch werden die architektonischen Setzungen von Verkehrsinfrastrukturen wie geplanten U-Bahnlinien und Schnellstraßen kontaminiert. Die Ambivalenz zwischen fließenden Räumen und morphologischen Verfestigungen hängt auch mit der Ausgangssituation des Ideenwettbewerbs zusammen. Dem Berliner Senat geht es um Vorschläge für ein City-Band, das sich – dem Frankfurter Fünf-Finger-Plan vergleichbar – als eine durchgehende Aufwertungszone vom Rand des Westberliner Zentrums bis in die Gegend Kulturforum/Potsdamer Platz erstrecken soll. Denn gemäß Flächennutzungsplänen und Baunutzungsplan wird damals der südliche Tiergartenrand weiterhin als mögliche Verknüpfung der Westberliner City mit der historischen Innenstadt in Ostberlin betrachtet.[65] Diese im Jahre 1973 verwundernde Weigerung, die Teilung Berlins anzuerkennen, kommentiert Ungers mit beidseits des Landwehrkanals verteilten episodenhaften Interventionen.

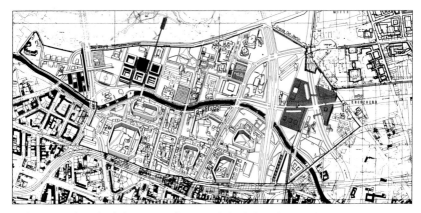

14 O.M. Ungers, Mitarbeit Rem Koolhaas, Städtebaulicher Ideenwettbewerb
Tiergartenviertel, 1973

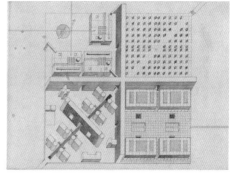

15 Wettbewerb Tiergartenviertel,
Bebauung als Fußgängerkreuz

16 Rem Koolhaas, The Institute of Biological
Transactions, aus: *Exodus, or the Voluntary
Prisoners of Architecture*, 1972

Im Unterschied zu den Hypothesen der Stadtplanung interpretiert der Entwurf den Entwicklungskorridor als Ausdruck einer mit der Berliner Teilung entstandenen grotesken Situation. Das von Kriegsschäden und der Teilung in besonderem Maße betroffene Tiergartenviertel erschwert funktionale und programmatische Zuschreibungen, indem weder zum Zentrum noch zum Rand eine klare Zuordnung möglich sind. Dem heterogenen und ausgedünnten Ort begegnet Ungers mit fünf Maßnahmen: erstens mit Großformen, die vor allem dem Wohnen dienen und sich ringartig in die fragmentierte Blockrandstruktur südlich des Landwehrkanals einschreiben; zweitens mit einer von einem Fußgängerkreuz bestimmten Bebauung am Angelpunkt Lützowplatz-Tiergarten mit öffentlichen Funktionen und einer U-Bahnstation; drittens mit einem aus sechs Blockeinheiten bestehenden kompakten Feld am Tiergartenrand mit gemischten Funktionen, alternativ dazu einem Megablock mit Punkthäusern in verglastem Innenhof; viertens mit einem abgesenkten Gebäude mit Platz und U-Bahn-Station, um mit den monumentalen öffentlichen Bauten des Kulturforums nicht in Konkurrenz zu treten; fünftens mit einem großmaßstäblichen Vielzweck-Gebäude auf den Brachflächen des ehemaligen Potsdamer Bahnhofs, das seine signifikante Form aus den Kreuzungen der neuen Straßenzüge sowie der U- und S-Bahnlinien entwickelt. Jeder der fünf Maßnahmen liegt ein programmatischer Gebäudetyp zugrunde, der als Großform seine Kontextbeziehungen auf wenige plakative Aussagen von „überlokaler Signifikanz" beschränkt.[66] Indem sie bestimmte Stellen in der fragmentierten Westberliner Textur markieren, vollziehen diese Großformen den entscheidenden Schritt in Richtung einer episodenhaften Ausdeutung städtebaulicher Zusammenhänge.

Unter den Wettbewerben, an denen Ungers' damaliger Student *Rem Koolhaas* als Mitarbeiter beteiligt ist, demonstriert insbesondere dieses Projekt Themen, welche die frühen Arbeiten des Office for Metropolitan Architecture vorwegnehmen.[67] Im Konstruktivismus einzelner Versatzstücke, die als isolierte Bühnen eine technizistisch gesteuerte Urbanität karikieren, offenbart sich Koolhaas' Handschrift. Die Figuren der Kreuzung und der Rahmung sind wie die allgemeine szenographische Überhöhung des öffentlichen Raums auf die Abschlußarbeit, die Koolhaas 1972 vor der Begegnung mit Ungers an der Architectural Association (AA) in London vorgelegt hat, zurückzuführen. *Exodus or the Voluntary Prisoners of Architecture* legt ein abstraktes, in heterogene Programmfelder gegliedertes Raumband über das Zentrum von London. Die zentrale Metapher von *Voluntary Prisoners of Architecture* ist die Mauer, die (im Englischen) großgeschrieben unmißverständlich auf die Berliner Mauer verweist. Im Unterschied zum real existierenden Sozialismus setzen sich die Bewohner des „alten" London freiwillig in die utopische Planwelt ab. Angesichts der Götterdämmerung der staatlichen Großsiedlungen mutet es als eine Travestie an, daß Koolhaas dem Entwerfer des Architekturgefängnisses folgendes Expertentum bescheinigt: „the hedonistic science of designing collective facilities that fully accomodate individual desires" bestimmt das neue Leben zwischen den Mauern. So bietet die Bandstadt „a strip of intense metropolitan desirability", in der die bildhafte Ansammlung architektonischer Versatzstücke dem „behavioural sink" der verfallenden Großstadt eine „architectural oasis" gegenüberstellt.[68]

Ein Jahr später reflektiert der Entwurf für das Tiergartenviertel den dystopischen Charakter des Westberliner Territoriums. Ungers und sein Mitarbeiter liefern einen Kommentar über die Demontage des Systemzusammenhangs Städtebau-Verkehrsplanung-Wohnungsbau. Der Vorschlag einer Landschaft aus gestrandeten, unvollendeten Utopien zwischen Landwehrkanal und Mauer läßt sich auch im Licht der damaligen politischen Entwicklungen betrachten. Denn zur Zeit des Wettbewerbs scheint die längerfristige Rolle des Tiergartenviertels im Zusammenhang mit den erst 1972 geschlossenen Ost-Verträgen der Bundesrepublik nicht voraussagbar zu sein.

Obwohl er sich an fallspezifischen Interventionen orientiert, stellt Ungers den Bezug zum Großmaßstab des Planungsperimeters durch die Verklammerung von Parzellen und ganzer Straßengevierte her. Gerade die nach innen gestülpten Blockränder können als konzeptionelle Weiterführung der Großform im Wohnungsbau gesehen werden, wie sie bereits beim

17 Umgebung des ehemaligen Potsdamer Platzes in den siebziger Jahren

18 Wettbewerb Tiergartenviertel mit ‚Kreuzungsblock' westlich der Mauer

Entwurf des Märkischen Viertels oder in *Wiener Superblocks,* der Lehrstuhlpublikation über die Wohnhöfe des Roten Wien, 1969 zum Ausdruck gekommen war. So kommunizieren die Großformen – trotz episodenhafter Erzählstruktur – auf einer übergeordneten stadträumlichen Makroebene weiterhin untereinander. Nur ist es nicht mehr ein abstrakter territorialer Raster wie in *Berlin 1995,* der Ungers die Matrix liefert. Jetzt spannen architektonische Elemente ein heterogenes Feld auf: südlich des Landwehrkanals versprengte Blockränder, am Tierartenrand die ehemaligen Botschaftsvillen und Fragmente wilhelminischer Repräsentationsbauten, am Kemperplatz die Ikonen des Kulturzentrums und August Stülers Matthäuskirche. Der Entwurf erscheint somit als Montage in einen morphologischen Zusammenhang – als weitere Schicht Berlin-typischer städtebaulicher Episoden, zu denen auch die Mauer gehört.

Mit der Insel-Metapher bereitet Ungers sein Archipel-Konzept vor, mit dem er 1977 im Vorfeld der Internationalen Bauausstellung öffentlich in Erscheinung treten wird. Der Tiergartenentwurf bildet für Heinrich Klotz den Bruch und Auftakt zu Ungers' zweiter Werkphase. In seiner großen Monographie läßt Klotz wie auch andere Autoren der achtziger Jahre dieses Projekt auf eine mehrjährige Unterbrechung der dokumentierten Arbeiten im Anschluß an das Märkische Viertel folgen.[69]

Die Verfremdungsstrategie, die bei Ungers im Ideenwettbewerb Tiergartenviertel erstmals zu beobachten ist, nimmt das inszenatorische Moment der postmodernen Stadt vorweg. Dabei beginnt sich eine Raummodellierung über architektonische Versatzstücke abzuzeichnen, die von den Vorstellungen des Team Ten abweicht. Cepl weist bereits auf deren fehlende Resonanz bei Ungers und seinen Studenten hin, als 1972 in Cornell ein „chain teach" unter Beteiligung wichtiger Mitglieder des Team Ten stattfindet.[70] Die in Brüchen und Episoden zergliederte Stadtlandschaft markiert zweifellos den Übergang vom universellen Raumkontinuum der Group Form und der Megastruktur zu einer Kollision von spezifischer Zeitschichten. Zusammen mit ikonoklastischen Eigenschaften zeugt die Montagetechnik auf die starke Mitwirkung von Rem Koolhaas im Entwurfsprozeß. Aus der Nachbarschaft abstrahierter Objekte und raumgreifender Infrastrukturen entsteht ein fragmentiertes Feld, in dem prototypische Raumsituationen verstreut sind. Ihr Maßstab sowie ihre jeweilige Konfiguration verweisen zwar weiterhin auf die technokratische Stadtplanung als Gesamtzusammenhang. Dieser scheint allerdings außer Kontrolle geraten oder vielmehr nicht mehr imstande zu sein, gesellschaftlichen Konsens in eine einheitliche Räumlichkeit zu übersetzen.

Frankfurt: Modernisierungsschübe und Maßstabskonflikte

In der Frankfurter Innenstadt führen die nach Abschluß des Wiederaufbaus in die Wege geleiteten Infrastrukturvorhaben zum Neben- beziehungsweise Übereinander räumlicher Bezüge. Trotz tiefgreifender Veränderungen war die Stadt des Wirtschaftswunders von stabilen Nutzungszuschreibungen und Bezugsgrößen bestimmt. Demgegenüber fördert der Ausbau der Verkehrsnetze eine ökonomisch-funktionale Ausdifferenzierung, die sich im Zuge der Globalisierung weiter beschleunigen wird. Frankfurt zerfällt dabei in lokal orientierte Räume und in Räume, die – wie die City, das Messegelände, die Business Parks und Technopolen am Stadtrand – an neuen regionalen und globalen Netzwerken teilhaben. Zentrum und Region erfassend, setzt diese Ausdifferenzierung das bisherige Verhältnis zwischen Innenstadt und Peripherie außer Kraft. Auf dieses neue Dispositiv, in dem sich das Verhältnis von Raum und Ort wandelt, wird der postmoderne Urbanitätsdiskurs antworten. Die einzelne architektonische Intervention wird dabei korrigierende Funktionen übernehmen.

Die Ausdehnung des Dienstleistungssektors und die Verwandlung des innerstädtischen Wohnungsbestandes in eine Manövriermasse lösen schon nach dem 1967 erlassenen Fünf-Finger-Plan Kontroversen aus. Doch im Gegensatz zum von der Finanzindustrie ausgehenden Verwertungsdruck provoziert die Infrastrukturplanung der sechziger und siebziger Jahre kaum Kontroversen. Was im Verlauf der achtziger Jahre die Gestalt eines kohärenten S- und U-Bahnnetzes annimmt, beruht anfangs auf keiner koordinierten Planung. Zur Verwirklichung der autogerechten Stadt wird 1961 beschlossen, den öffentlichen Verkehr weitgehend in den Untergrund zu verlegen.[71] Das entscheidende Element, ein Tunnelkreuz, das in west-östlicher und nord-südlicher Richtung U- und S-Bahnlinien kombiniert, wird bis 1978 realisiert. Das schrittweise bis in die neunziger Jahre erweiterte System erhöht nicht nur die Mobilität im Großraum Frankfurt, sondern trägt entscheidend zur Wahrnehmung des Rhein-Main-Raums bei.[72] Während die Zahl der Berufspendler mit dem Ausbau des öffentlichen Verkehrs zunimmt, hält der Bevölkerungsrückgang in Frankfurt ab 1963 mit kurzer Unterbrechung über 25 Jahre an.

Die Vernetzung und Urbanisierung des Großraums wirkt sich von den siebziger Jahren an zugleich auf die Ausstattung des Stadtzentrums aus. Im Zuge der Konzentration der Einkaufsmöglichkeiten und deren Inszenierung zum Erlebnis werden weite Teile des öffentlichen Raums in Fußgängerzonen umgewandelt, wobei fünf Jahre nach den Kaufhausattenta-

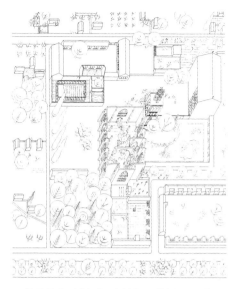

19 Walter Schwagenscheidt,
Vorschläge für den Wiederaufbau, aus:
Die Raumstadt, 1949

20 U-Bahnbau im Frankfurter
Zentrum, 1966

ten die Zeil den Auftakt markiert. Parallel zu den Konsumenten werden neue Zielgruppen gewonnen, um bisherige und neugeschaffene kulturelle Nutzungen für die Rhein-Main-Region zu betreiben, während der Städtetourismus, an dem sich Frankfurt seit den achtziger Jahren beteiligt, zusätzliche Verwertungsszenarien erforderlich macht. So begegnen unterschiedlichste Besuchergruppen den vom Wiederaufbau hinterlassenen diffusen Raumsituationen.

Der für die Postmoderne charakteristische Maßstabskonflikt unterscheidet sich grundsätzlich von dem Spannungsmoment, das sich in der Großstadt des 19. und 20. Jahrhunderts in der Beziehung Zentrum/Rand zeigte und sich in der Siedlungsbaupolitik der Weimarer Republik ebenso wie der Bundesrepublik bis in die sechziger Jahre weiterhin morphologisch artikulieren ließ. Den Vertretern der Reformbewegungen der modernen Großstadt – zu deren Exponenten Stadtbaurat Ernst May gehörte – war es möglich, die Zentrum/Rand-Problematik räumlich zu lesen, wobei sich die Konflikte auf sozial und politisch verfaßte Räume beziehen ließen: Problemstellungen und Zielgruppen waren stadträumlich lokalisierbar, wodurch sich in der Weimarer Republik der Massenwohnungsbau als politisch-planerische Intervention in der Peripherie anbot. Die zur Behausung von Angestellten und Arbeitern errichteten Stadtrandsiedlungen des Neuen Frankfurt entfalteten schichtspezifische Raumbilder, in denen die malerischen Kompositionen der englischen Gartenstadt mit dem funktionalistischen Zeilenbau zu zeichenhaften Ensembles verbunden waren. In der postmodernen Dienstleistungsmetropole stehen derart programmatische Bilder nur noch beschränkt zur Verfügung. Schon der Wiederaufbau und die anschließende Phase des Großsiedlungsbaus zeigen, daß trotz Rückkehr einzelner Figuren die gesellschaftlich emanzipatorische Dimension des Siedlungsbaus vor 1933 sich nicht vergegenwärtigen läßt.

Eingespannt in unterschiedliche Machträume

In der Geschichte der reformorientierten Stadtplanung nimmt Frankfurt einen führenden Platz ein. Seine Entwicklungsstrategien waren jeweils zwischen gesellschaftspolitische Interessen und der Förderung des modernen beziehungsweise postmodernen Wirtschaftstandorts eingespannt. Sie legen zugleich Zeugnis ab von den physischen und ideologischen Brüchen, die Deutschland im Zuge seines traumatischen Modernisierungsprozesses durchläuft. In den unterschiedlichen politischen Systemen, die auf die Schaffung des deutschen Nationalstaates folgen, bilden interventionistische Praktiken im Stadtraum eine Konstante. Die Systeme überdauernde Kontinuität[73] gilt insbesondere für die Weimarer Republik. Das Neue Frankfurt hat insofern seine Grundlage im 19. Jahrhundert, als die Städtebaupolitik der Weimarer Republik den Wohlfahrtsstaat voraussetzt, der auf die Reichsgründung von 1871 folgt. Die Voraussetzungen für eine am sozialpolitischen Ausgleich orientierte Wohnungs- und Städtebaupolitik werden noch im Kaiserreich gelegt. Frankfurt erweist sich für das Verständnis des ,starken' Staates insofern als wegweisend, als das in ganz Preußen 1902 erlassene Landumlegungsgesetz *Lex Adickes* nach dem Frankfurter Oberbürgermeister benannt wird.[74]

Die föderalistische Struktur, in die bis 1933 lokale Reformprojekte eingebunden sind, wird im ,Dritten Reich' durch einen rigiden Zentralismus ersetzt. Doch die wohlfahrtsstaatlichen Traditionen werden unter der nationalsozialistischen Gleichschaltungspolitik nicht nur aufrechterhalten, sondern weiter ausgebaut – für jenen Teil der Bevölkerung, der ihrer Nutznießung für würdig erachtet wird.[75] Diesbezüglich besitzen die von dem Geographen Walter Christaller entwickelten Konzepte eine Scharnierstellung. Christallers Theorie der zentralen Orte (1933) ist der Versuch, Beziehungen zwischen Städten in sogenannte Ober-, Mittel- und Unterzentren zu systematisieren.[76] Als Raumordnung beruht diese Theorie zwar auf einem funktionalistisch-modernen Gliederungskonzept, doch trägt die Einführung von Hierarchien in den Siedlungsraum dem Führerprinzip des NS-Staates Rechnung.

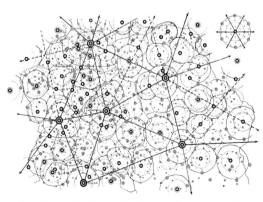

21 Walter Christaller, *Rationales Schema der zentralen Orte*, 1933

Nach ersten Anwendungsversuchen im während des Zweiten Weltkriegs besetzten Polen nimmt der Einfluß von Christallers Theorie zu, als in der Bundesrepublik der Raumplanung eine Schlüsselrolle zufällt. Dem Christallerschen Funktionalismus liegt eine *organische Modellierung* des Siedlungsraumes zugrunde. Diese findet nach den territorialen Aggressionen des Totalitarismus Eingang in Ausgleichspolitiken, die auf die Koordinierung von Wirtschafts-, Siedlungs-, Verkehrs-, Wohnungs- und Sozialplanung zielen werden.[77] Sie ist nicht nur entscheidend für die Modernisierung Nachkriegsdeutschlands sondern auch für die Identität, die die westdeutschen Großstädte innerhalb des westlichen Machtbündnisses entwickeln werden.

Aus der Nachkriegsordnung hervorgehend, werden die drei westlichen Besatzungszonen zum wichtigen Produktionsstandort und Absatzmarkt, der aufgrund seiner exponierten Stellung als ‚Schaufenster‘ der freien Marktwirtschaft im Kalten Krieg dient. Seit ihrer Gründung 1949 ist die Bundesrepublik in die wirtschaftliche Stabilisierungspolitik der Westmächte integriert und empfängt zwischen 1948 und 1952 von den USA im Rahmen des Marshall-Plans großzügige Finanzhilfe. Mit der Einführung der D-Mark werden 1948 die Voraussetzungen dafür geschaffen, die Bundesrepublik in eine international koordinierte Währungs- und Handelspolitik unter amerikanischer Führung einzubinden. Die Grundlagen dieser Ordnung basieren auf dem Abkommen von Bretton Woods vom Juli 1944, bei dem die im New Deal geschaffenen finanzpolitischen Kontrollmechanismen gesichert und im Hinblick auf die Nachkriegszeit ausgebaut werden. Folgen des Abkommens sind die Gründung des Internationalen Währungsfonds (IMF) und der Weltbank als Institutionen sowie die Bindung des US-Dollars an den Goldstandard und die Festlegung von Wechselkursen zwischen den wichtigsten Volkswirtschaften des Westens. Die von den Westmächten 1944 beschlossenen Maßnahmen definieren den Raum, an dem sich die Wirtschaftsordnung der Nachkriegszeit orientieren wird. Auf diesen Raum wird der Begriff des Atlantischen Fordismus bezogen, der die politische und ökonomische Stabilisierung des Kapitalismus in der Nachkriegszeit beschreibt.[78]

Im Fordismus[79] wird der Bezug zu wissenschaftlich inspirierten Managementtechniken aus dem frühen 20. Jahrhundert anerkannt, wie sie von Henry Ford zur Maximierung des Wirkungsgrades der industriellen Produktion durchgesetzt worden waren.[80] Fords Vision eines durch Selbstregulierung und Planung geläuterten Unternehmertums stieß auf großes Interesse angesichts der Bedrohungen, denen der Kapitalismus in der Weltwirtschaftskrise und später im Kontext des Kalten Krieges ausgesetzt war. So ist die Vormachtstellung der Vereinigten Staaten im Atlantischen Fordismus nicht nur militärisch und monetär bedingt; sie liegt ebenso in der durch Ford verkörperten Verbindung von Wirtschaftswachstum, sozialem Frieden und Konsumkultur. Die auf der Grundlage von Bretton Woods geschaffenen finanzpolitischen Institutionen vermögen das Zusammenspiel der – national unterschiedlich artikulierten – Marktwirtschaften des Atlantischen Fordismus zu regeln. Bis in der zweiten Hälfte der sechziger Jahre die Erschöpfung der US-Wirtschaft einsetzt, ist diese Periode von einer lang anhaltenden konjunkturellen Stabilität gekennzeichnet, in welcher, William Jessop zufolge, die Demokratien Nordwesteuropas „die höchste Stufe in der Machtentwicklung des europäischen Nationalstaates" erreichen. Den nach 1945 ausgebauten Wohlfahrtsstaat beschreibt Jessop als *Keynesian National Welfare State* (KNWS).[81] Darin begegnen die europäischen Traditionen des Nationalstaats, des Liberalismus und des Reformismus dem von John Maynard Keynes in Bretton Woods vertretenen Glauben an technokratische Planung und Steuerung. Die im Rahmen des westdeutschen Wiederaufbaus eingeführten Ausgleichs- und Umverteilungsmechanismen können als spezifische Ausprägung des KNWS verstanden werden. So kann die Bundesrepublik bei ihrer Gründung an eigene wohlfahrtsstaatliche Traditionen anknüpfen, die erfolgreich auf das neue geopolitische Umfeld ausgerichtet und ausgebaut werden. Innerhalb der Ausgleichsmechanismen des starken Staates kommt die Einrichtung des westdeutschen Wohlfahrtsstaats mit seiner sozialen Marktwirtschaft weniger einem Bruch als einer strukturellen Transformation eines historischen deutschen Konzepts gleich.[82] Auf die Stadtplanung bezogen, kann die soziale Marktwirtschaft nicht nur als eine Politik zur Regulierung von Interessen bezeichnet werden, sondern als eine Raumordnung, durch die auch das Verhältnis von Architektur und Stadt festgelegt wird. Der Nationalstaat bildet für die soziale Marktwirtschaft den äußeren Bezugspunkt, aber auch den Rahmen, in dem Städten klare Aufgaben der Produktion und Umverteilung zugewiesen werden.[83] Demnach lassen sich Stadtplanung und, in diese eingebunden, die Architektur des Wiederaufbaus und der anschließenden Wachstumsjahre als Ausgleichsmechanismen innerhalb des KNWS begreifen. Dabei ist das technokratische Planungsverständnis nicht explizit an ein parteipolitisches Programm gebunden, werden doch die Probleme der Städte über konjunkturelle Interventionen angepackt. Der Staat erscheint als „klassenneutraler Agent", indem er das allgemeine Wohl und privatkapitalistische Interessen treuhänderisch moderiert.[84]

Liselotte und Oswald Mathias Ungers zu Besuch im Nordwestzentrum

Eine Stadt wie Frankfurt am Main erfüllt ihre Umverteilungsaufgaben durch die technokratische Steuerung der Siedlungs-, Raum- und Verkehrsplanung. Diese im Verlauf der sechziger Jahre zunehmend aufeinander abgestimmten Bereiche der Planung bekräftigen das Bild des Architekten als eines Systemsteuerers. Doch erfolgt der Ausbau der Technokratie zu einem Zeitpunkt, als die gesellschaftliche Akzeptanz eines umfassenden Zugriffs der Planung auf den Stadtraum bereits zu schwinden beginnt. Bei der Diskussion der westdeutschen Architekturproduktion muß dieser *time lag* berücksichtigt werden. Bereits 1964 hatte Jürgen Habermas die Frage nach dem Subjekt wohlfahrtsstaatlicher Politik aufgeworfen und dabei festgestellt, daß die „politische Öffentlichkeit des Sozialstaats" durch eine „eigentümliche Entkräftung ihrer kritischen Funktionen geprägt"[85] sei. Später problematisiert er die Ausgleichsmechanismen, in denen er vor allem eine „Abwehr systemgefährdender Dysfunktionalitäten" und „Konfliktvermeidungspolitik"[86] sieht.
Das Nordwestzentrum, ein Einkaufszentrum am Übergang zur Frankfurter Agglomeration, verkörpert beispielhaft die technokratischen Planungsansätze in der Bundesrepublik. Diese werden insbesondere von einem Bauträger wie der aus gewerkschaftseigenen Wohnbauunternehmen hervorgegangenen *Neuen Heimat* unterstützt. Bei der Eröffnung 1968 ist die fachliche – und öffentliche – Kritik an den monofunktionalen Großsiedlungen bereits unüberhörbar. Das Ehepaar Ungers, inzwischen in den USA lebend, wird das von Otto Apel, Gilbert Becker und Hannsgeorg Beckert (ABB)[87] konzipierte Nordwestzentrum besuchen und 1970 in *Architectural Forum* eine Besprechung veröffentlichen. Ambivalenz vermittelt bereits deren Titel *Ad hoc-Heart for a City?*[88] Die künstliche Stadt, mit deren Herz Oswald Mathias und Liselotte Ungers sich hier auseinandersetzen, ist die unweit der historischen Siedlung Römerstadt ab 1959 realisierte Nordweststadt, mit 7000 Wohneinheiten eine der größten Planungen der Nachkriegszeit. Der städtebauliche Plan von Walter Schwagenscheidt hatte ein Kultur- und Geschäftszentrum vorgesehen, um die Schlafstadt nicht nur mit einem öffentlichen Schwerpunkt, sondern auch

mit einem Anschluß an die erste Frankfurter U-Bahnlinie zu versehen. Der ursprünglichen Linienplanung entsprechend, sollte die Nordweststadt an weitere Vororte angeschlossen werden und wäre somit eigentlich zu einem Nebenzentrum Frankfurts geworden. Der Rolle der regionalen Drehscheibe wird durch Projektierung zusätzlicher Schnellstraßen zusätzlich Rechnung getragen.

Seine architektonische Überhöhung erhält der Infrastrukturknoten im Nordwestzentrum. Mit seinen auf einer raumhaltigen Plattform versammelten Bauten verharrt das Ensemble halbwegs zwischen kompakter Megastruktur[89] und einer freieren Komposition im Sinne der *Charta von Athen*, wie sie hier im Fall von Schwagenscheidts „Raumstadt"-Konzept als eine Folge rhythmisierter Siedlungscluster umgesetzt ist.[90] In diesem Kontinuum aus organischen Verkehrsräumen und orthogonalen, rhythmisierten Bebauungsstrukturen oszilliert das Nordwestzentrum zwischen Objekt und Infrastruktur. Eine abgesenkte Erschließungsstraße trennt den parkartigen Siedlungsraum vom Zentrum; konsequent vermeidet es auch in seinem Inneren in der Vertikalen die Nutzungsmischung. Über Parkhaus und U-Bahnhof ist eine Ebene als Stadtraum ausgearbeitet, von dem aus über Fußgängerbrücken das eigentliche Einkaufszentrum und weitere öffentliche Einrichtungen zu erreichen sind.[91] Über der kompakten Schichtung werden Turm- und Zeilenbauten mit Büros und Wohnungen freigespielt.

Trotz Zergliederung und Schichtung läßt das kontinuierliche System von Arkaden, Freitreppen und Galerien den Komplex als modulierte Masse erscheinen. So entsteht der Eindruck der Großform, der Ungers in seinen bis dahin realisierten Wohnungsbauten, aber auch in der Lehrstuhlpublikation *Die Wiener Superblocks* nachgegangen ist.[92] Schon das vom Lehrstuhl 1966 veröffentlichte Heft *Großformen im Wohnungsbau* zeigt auf derselben Seite wie Bruno Tauts Hufeisensiedlung Britz eine Luftaufnahme des Nordwestzentrums – zu sehen ist allerdings nicht der realisierte Entwurf, sondern das von den Team Ten-Mitgliedern Van den Broek und Bakema eingereichte Wettbewerbsmodell.[93] Dem schließlich ausgeführten Entwurf von ABB gesteht Ungers gute Architektur und hohe Ausführungsqualität zu, bemängelt jedoch die mangelnde Flexibilität der Beton-Fertigteilbauweise.[94] Der problematischen Eigendynamik derartiger Systeme ist er gerade beim Bau des Märkischen Viertels begegnet. Sein Lehrstuhl hat die Problematik in Entwurfsübungen sowie in der Publikation *Wohnungssysteme in Großtafeln* aufgegriffen ebenso wie die Frage der verkehrstechnischen Anbindung des zeitgenössischen Massenwohnungsbaus in *Schnellbahn und Gebäude*.[95] Letztere bildete das Hauptproblem des stadträumlich isolierten Märkischen Viertels, wogegen es sich beim Nordwestzentrum um einen Raumknoten handelt, mustergültig in Verkehrsinfrastrukturen eingebunden, ja vielmehr durch diese morphologisch bedingt.

Die Architektur von Apel, Becker und Beckert scheint die in Praxis und Lehre von Ungers bis dahin bearbeiteten Themenkreise zu bestätigen und rückwirkend zu legitimieren. Inwiefern sind Liselotte und Oswald Mathias Ungers überhaupt bereit, auf die kulturelle Diskreditierung zu reagieren, mit der Planungen wie das Nordwestzentrum 1970 konfrontiert sind?[96] Mit der Übersiedlung nach Cornell befaßt sich vor allem Liselotte Ungers mit räumlichen Dispositiven religiöser Gruppen, Sekten und zeitgenössischer Kommunen, die in den USA ihre eigenen Wohnbegriffe und Traditionen entwickeln. Ihre Forschungen, die in die Publikation *Kommunen in der Neuen Welt 1740–1971* münden werden, belegen eine Abkehr vom metropolitanen Habitat und der technokratischen Offensive der Urban Development Corporation hin zum Interesse an utopischen Lebensentwürfen, die ihre Wohnvorstellungen aus geistigen und ideologischen Dimensionen ableiten.[97] Anregend mag das Anschauungsmaterial aus dem 18. und 19. Jahrhundert in der weiteren Umgebung von Cornell im Bundesstaat New York und die „Counterculture" der unmittelbaren Gegenwart gewirkt haben.[98] Sowohl die zeitgenössischen als auch die historischen Kommunen leiten ihre Raumformen oftmals aus einem romantischen Organizismus ab, wie er sich auch bei den Dichtern Ralph Waldo Emerson (1803–1882) und Henry David Thoreau (1817–1862) fin-

22 Nordweststadt Frankfurt, Schaumodell   23 Sommerschlußverkauf, 1965

det. Im Kontext Westberlin ließe sich hier das von den Medien verfolgte Experiment der 1967 gegründeten „Kommune 1" anführen, auf das auch Ungers auf dem architekturtheoretischen Kongreß an der TU hingewiesen hatte. In Form der bald zahlreicher sich bildenden Wohngemeinschaften kommen in den deutschen Städten zunehmend individualisierte Alternativen zum wohlfahrtsstaatlich verwalteten Habitat auf.

Ungers greift das Thema Eigenverantwortung sowie die Ausdifferenzierung von Wohn- und Stadtvorstellungen erst auf, als er in der zweiten Hälfte der siebziger Jahre in Berlin die Cornell-Sommerakademien durchführt. 1970 hingegen ist die Kritik am Nordwestzentrum noch verhalten. Trotz der Desavouierung, die Ungers im Märkischen Viertel kürzlich widerfahren ist und die seine Bautätigkeit in Deutschland für ein Jahrzehnt unterbrechen wird, zeigt die Rezension in *Architectural Forum* noch keine Ablehnung des Bauwerks, das bei seiner Fertigstellung bereits das Relikt eines überholten Wachstumsglaubens ist. Ein aktuelles Erkenntnisinteresse bietet sich für Ungers jedoch im Entwurfsthema der ‚Stadt in der Stadt': Ungeachtet des Grades der infrastrukturellen Vernetzung nähern sich die Autoren dem Nordwestzentrum als einer morphologisch autarken Insel an. Es wird durch den Vergleich mit dem Diokletianspalast in Split historisiert. Ähnlich wie Aldo Rossi, der wenige Jahre zuvor in *L'architettura della città* dem Palast eine Schlüsselrolle einräumt[99], beziehen die Autoren die historische Referenz auf die kollektive Wahrnehmung des Stadtorganismus. Im Zusammenhang mit der vom Erschließungsring eingefaßten Plattform fragen sie, ob die „fixed exterior form"[100], für deren Aneignung in Split viele Jahrhunderte zur Verfügung gestanden haben, im

24 Gesamtplan Nordweststadt mit Einkaufszentrum und Verkehrsknoten

25 Zentrale Fußgängerachse im Nordwestzentrum

Nordwestzentrum „ad hoc" eine annähernde Bedeutung zu erlangen vermöge. Das Thema der übergeordneten Bildzeichen macht den Artikel zu einem Bindeglied zwischen entwerferischen Spekulationen wie der Studie *Berlin 1995* und dem 1973 vorgelegten Ideenwettbewerb Tiergatenviertel. Später wird Ungers am Rand der Frankfurter City das Superzeichen für seine Interventionen im Messeareal erneut aufgreifen. Mit ihrem grundsätzlich wohlwollenden Ton fällt die Rezension noch in eine Inkubationszeit. So gibt *Ad hoc-Heart for a City?* Aufschluß darüber, daß Ungers sich wie die Elite westdeutscher Architekten bis zum Einbruch der Hochkonjunktur 1973 in seiner professionellen Identität mit dem westdeutschen Systemzusammenhang identifiziert. Wie die Themen und Hypothesen seiner Lehre zeigen, vertraut er nach wie vor einem in abstrakten Szenarien aufgehenden Infrastrukturalismus und entwerferische Entscheide auf objektivierbare Parameter abstützt. Die technokratische Koppelung von Städtebau und Wohnungsbau spiegelt die Entwicklungen in der Bundesrepublik, wo die an Planung und Umverteilung orientierte Wirtschaftspolitik erst in den siebziger Jahren ihren Zenit erreicht.[101]

Ein Ausdruck der von Keynes inspirierten Globalsteuerung ist das 1971 erlassene Städtebauförderungsgesetz. Die politische Entscheidung, Stadtentwicklung und Konjunkturmaßnahmen strategisch zu bündeln, fällt, nachdem die SPD zum ersten Mal an der Bundesregierung beteiligt ist.[102] Als Reaktion auf die wirtschaftliche Rezession von 1966/1967 soll das Zusammenspiel von staatlichen Interventionen und privater Bautätigkeit optimiert werden. Das Städtebauförderungsgesetz verankert im Grundgesetz die Voraussetzungen dafür, die systematische, organisatorisch und rechtlich geordnete, mit öffentlichen Mitteln unterstützte Erneuerung und Entwicklung der Städte auf Bundesebene voranzutreiben. Zu den Fördermaßnahmen gehören weiterhin groß angelegte Programme der Flächensanierung in den Kernstädten und des Massenwohnungsbaus an den Stadträndern, wenngleich nun auch ein neuer Fokus sich auf die Sanierung von Altbaugebieten richtet. Über das Städtebauförderungsgesetz wird die Koordination von Architektur, Städtebau, Wohnungsbauproduktion und Verkehrsplanung erneut gestützt. Das in Architektenkreisen heftig diskutierte[103] Gesetz von 1971 bestätigt das Berufsbild vom Architekten als Generalisten und Technokraten.[104] Unter der Großen Koalition wird der in der funktionalistischen Moderne entworfene technokratische Professionalismus nicht nur bestätigt sondern perfektioniert. Gesellschaftlich und wirtschaftlich besagt das Städtebauförderungsgesetz, daß das Schicksal der Städte – selbst nach dem Abschluß des Wiederaufbaus – als politisches Thema im nationalen Interesse liegt.

Zwischen Akkumulation und Ausgleichspraktiken

In den Großsiedlungen der Hochkonjunktur äußert sich eine spezifische Beziehung von Architektur und Stadt. Diese beruht auf einer isomorphen, auf Kontinuität und Ausgleich zielenden Raummodellierung, die von der Stadtlandschaft der Nachkriegsmoderne bis zur Megastruktur der sechziger Jahre reicht. Anschließend läßt sich in unterschiedlichen politischen Kontexten beobachten, wie die Voraussetzungen zur Aufrechterhaltung dieser Raummodellierung ihre Gültigkeit einbüßen. David Harvey ebenso wie Michael Hardt und Antonio Negri sehen die vor dem Ende des Jahrzehnts erscheinende Überakkumulation sowie die ersten Anzeichen einer Rezession als Ursachen für eine Zeitenwende, die zur Abkehr von einem regulierten Kapitalismus führen werde.[105] Da der KNWS in ein internationales System des Ausgleichs eingebunden ist, wirken sich die Krise der Überakkumulation sowie die eskalierenden Kosten des Vietnamkriegs auf die unterschiedlichen sozialen Marktwirtschaften des Westens aus. Zur Rezession wird sich die vom Ausbau sozialstaatlicher Maßnahmen verursachte Belastung des Staatshaushalts gesellen, wobei sich die Überforderung der Volkswirtschaft in Großbritannien am frühesten abzeichnet.[106] Als einschneidendes Moment in der Beziehung von Kapital und städtischem Raum erweist sich die schrittweise erfolgende Deregulierung der internationalen Geld- und Währungspolitik, die 1971 mit der Loslösung des Dollars vom Goldstandard einsetzt und das Ende der im Abkommen von Bretton Woods entworfenen Wirtschaftsordnung herbeiführen wird. Die Regulationsinstrumente und -praktiken der Nachkriegszeit werden als Hindernis für finanzpolitische Korrekturen angesehen, Korrekturen, für die nun zunehmend ein politischer Wille vorhanden ist. Mit dem Ausklang der langen Phase wirtschaftlicher Stabilität weicht die Bereitschaft, den Kapitalismus zu regulieren, zunehmend der Vorstellung von *supply side economics* bei einer gleichzeitigen Zurückbindung der Staatsquote.[107] Infolge der Demontage des Systems von Bretton Woods entwickeln sich Formen der Wertschöpfung und Produktivität, die den Kapitalismus bis heute kennzeichnen. Die Ausprägung des deregulierten, mit Postfordismus und Globalisierung identifizierten Kapitalismus wird durch die Liberalisierung von Kapital-, Arbeits- und Absatzmärkten sowie, später, durch die Entwicklung neuer Kommunikationsmöglichkeiten ermöglicht. Als die us-amerikanische Regierung 1971 erste Liberalisierungsmaßnahmen veranlaßt, stehen der Weltwirtschaft Probleme wie der Erdölschock von 1973, eine Inflation und Überkapazitäten der Industrie noch bevor. Deren Wirkungen werden sich erst nach dem Ende der Rezession der siebziger Jahre entfalten, als sich der Einfluß der flexibler sich bewegenden Kapitalströme bemerkbar macht. Für die nun einsetzende Phase des Kapitalismus hat David Harvey den Begriff der flexiblen Akkumulation geprägt.[108] Durch diese neue Form der Wertschöpfung büßen die Parameter, von denen der Fordismus ausgegangen war, ihre Gültigkeit ein: Die Deregulierung von Kapital-, Arbeits- und Absatzmärkten verunmöglicht eine längerfristige Steuerung von Produktion, Nachfrage und Gewinnen.

Der Begriff der flexiblen Akkumulation wird von Harvey unter anderem in die Diskussion eingeführt, um von ökonomischen Fragestellungen zu Problemen der Repräsentation vorzudringen. Harvey entwickelt rund um zentrale Parameter des Kapitalismus wie Produktion, Konsum, Ressourcen, Wachstum ein Konzept postmoderner Kulturproduktion, das auch Aufschluß über die Rolle der Architektur innerhalb der Global City gibt. So liege eine allgemeine „time-space compression" vor, aufgrund welcher die Zeithorizonte bei ökonomischen und räumlichen Entscheidungsprozessen chrumpften. In der Stadt verändere diese Schrumpfung die konzeptionelle Verknüpfung von Raum, Ort und Zeit.[109] Damit liege ein „Gezeitenwechsel" vor, dessen Einfluß auf die Beziehung zwischen Zeichen und Inhalten Harvey als eigentlichen Übergang von der Moderne zur Postmoderne sieht. Seine Voraussetzungen hat dieser kulturelle Paradigmenwechsel bereits im Zeitraum 1965–1973 – zwischen den ersten Ermüdungsanzeichen der Weltwirtschaft, den Ereignissen von 1968 und dem Beginn der Erdölkrise. Für Harvey sind somit die Phänomene, die später als Auswirkungen der Globalisierung benannt werden, bereits in den Dynamiken des Kapitalismus und der klassischen Phase des KNWS angelegt. Zentral für seine Argumentation ist die Ende der sechziger Jahre sich abzeichnende Überakkumulation, die neben der wirtschaftlichen Krise ab 1973 eine Krise der symbolischen Ökonomie hervorbringen wird. Indirekt berühren sich die flexible Akkumulation und die Thematisierung des Lokalen: Dessen Austauschbarkeit ist in der postmodernen Stadt wirtschaftlich begründet. So kommt es, Harvey zufolge, im deregulierten Kapitalismus zu einer „Krise der Darstellung". Materielle Zuschreibungen können nur noch spekulativ erfolgen, seitdem der Dollar nicht mehr an den Goldstandard gebunden ist: „The breakdown of money as a

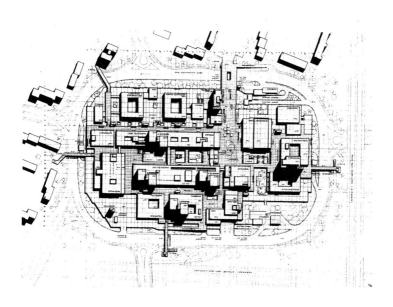

26 Apel, Becker, Beckert: Nordwestzentrum, Frankfurt 1967–1968

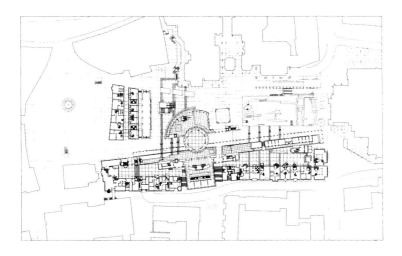

27 Bangert, Jansen, Scholz und Schultes: Schirn Kulturzentrum, Frankfurt 1979–1986

secure means of representing value has itself created a crisis of representation in advanced capitalism."[110] Von der Aushöhlung semantischer Bezüge werden gerade räumliche Wertigkeiten betroffen sein. So wie die flexible Akkumulation eine neue Beziehung von Kapital und Raum einführt, sei die Darstellbarkeit von Ort unmittelbar von der Relativierung bisher stabiler Tauschbeziehungen betroffen.[111] Aufgrund der „time-space compression" büßten aber auch die zur Darstellung von Zeitgenossenschaft gebräuchlichen Codes ihre Leistungsfähigkeit ein. Die nach der Freisetzung internationaler Wechselkurse vom Finanzsektor entwickelten Produkte und Dienstleistungen sind nicht mehr an national verfaßte Ökonomien gebunden.[112] Steuerungsfunktionen beschränken sich auf wenige, untereinander vernetzte Zentren. Als maßgebende Kontroll- und Entscheidungszentralen bezeichnet hier Saskia Sassen die drei Global Cities New York, London und Tokio, zu denen weitere Knotenpunkte wie Zürich und Frankfurt in enger Beziehung stehen.[113] Ein Merkmal der Handelsbeziehungen zwischen diesen Finanzzentren ist die Autonomie, die der auf globale Kapitalflüsse ausgerichtete Bankensektor gegenüber den lokalen und nationalen Ökonomien entwickelt. Diese Deterritorialisierung der Wertschöpfung führt zur Entstehung neuer räumlicher Hierarchien innerhalb eines gleichsam ausgesonderten Wirtschaftsraums, an dem der Finanzsektor und weite Teile des Dienstleistungssektors führend beteiligt sind. Die neuen Modalitäten der städtebaulichen Intervention, die mit der Global City einhergehen, lassen sich mit dem Begriff der Deregulierung nur unzutreffend beschreiben. Vielmehr scheint sich das Gegenteil abzuspielen: eine Reterritorialisierung und Konzentration der Macht. Eine solche Umlagerung zeigt sich unter Margaret Thatcher in der gezielten Schwächung der städtischen Autorität Londons. Die Schaffung einer Sonderwirtschaftszone in den Docklands beruht auf der massiven Intervention des britischen Zentralstaats, nachdem der Local Government Act von 1985 den städtischen Behörden die planerische Hoheit entzogen hatte. Die anschließende Aufbereitung von Canary Wharf als Adresse für international tätige Finanzunternehmen wäre ohne die Konzentration der Macht unter Thatcher nicht möglich gewesen. Die Anschlußfähigkeit regionaler und lokaler Ökonomien an den internationalen Kapitalmarkt wird im Postfordismus zur politischen Notwendigkeit. Josef Esser und Joachim Hirsch beschreiben die Reibung zwischen Deregulierung und den an einem Ort vorhandenen städtebaulichen Instrumentarien: „Each capitalist development of society is characterized by a specific mode of accumulation (accumulation regime) and a method

64

of regulation associated with it.“[114] Ein solcher Konflikt ist gerade im deutschen Städtebauförderungsgesetz angelegt, das 1971 zu einem Zeitpunkt rechtskräftig wird, als seine konjunkturellen Voraussetzungen sich radikal zu verändern beginnen. Während das Städtebauförderungsgesetz noch ganz in die fordistischen Ausgleichsmechanismen eingebunden war, müssen sich Städte zunehmend der Standortkonkurrenz stellen. Bisher geregelte räumliche Hierarchien verlieren ihre Gültigkeit. Esser und Hirsch zufolge erhalten nun taktische Fragen Gewicht: „The ‚post-Fordist‘ metropolitan city is less than ever the product of natural conditions of location but rather of economic strategies.“[115] So gehorcht nun die Außenwahrnehmung metropolitaner Standorte den Strategien der flexiblen Akkumulation. Bilder dafür hat die Planung zu liefern. Zu ihrem Aufgabenbereich entwickelt sich die Konstruktion einer mediatisierbaren Urbanität. In Zusammenhang mit dem Publikum dieser Urbanität wird von einem *postmodernen Aufmerksamkeitsregime* zu sprechen sein.

Während die Beziehungen der Stadt nach außen neu verhandelt werden, provozieren die sozialökonomischen Verwerfungen auf ihrem eigentlichen Territorium Fragen der lokalen Identität. Aufgrund der uneindeutigen Beziehungen zwischen lokalen Kontexten und globalem Raum wird Sassen zufolge gerade die Thematisierung des Lokalen erschwert: „The local now transacts directly with the global – the global installs itself in locals, and the global is itself constituted through a multiplicity of locals.“[116] Folglich ist die flexible Akkumulation nicht nur für die wirtschaftliche Entwicklung von Städten entscheidend: Die Deregulierung des Kapitalmarkts erstreckt sich auch auf die symbolische Ausrüstung von Raum. So wie die Wertschöpfung ihre materielle Dimension einbüßt, verlieren auch bisherige Kriterien der stadträumlichen Organisation und Repräsentation ihre Gültigkeit. Dies führt gerade in Frankfurt zu architekturikonographischen Blockaden, als die in den sechziger Jahren auf den International Style festgelegte Hochhausarchitektur in Widerspruch zur erwünschten Imagewirkung gerät.

Metropolitane Regionen bilden innerhalb der EU die entscheidende Bezugsebene. Hier wird Positionierung durch Vernetzung zur taktischen Frage, relativiert doch der westeuropäische Wirtschaftsraum den konventionellen Gegensatz von Föderalismus und Zentralismus, der die nationalstaatliche Ordnung der Nachkriegszeit gekennzeichnet hatte. Historisch ein Verkehrskreuz, allerdings keine klassische Großstadt, setzt Frankfurt in der Bundesrepublik erfolgreich auf seine Knotenfunktion. Im transnationalen Entwicklungsgebiet, für das Roger Brunet 1989 den Namen

‚Blaue Banane' prägen wird[117], verfügt die Rhein-Main-Region über eine günstige Ausgangslage, woraus Frankfurt, Alain Benko und Georges Lipietz zufolge, gar eine Hauptstadtidentität abzuleiten vermag: „La capitale de l'Europe c'est Francfort, et ce n'est pas une mégalopole."[118] Im Zusammenhang mit Tertiärisierung und Internationalisierung findet eine Fokussierung auf die Situierung metropolitaner Regionen im europäischen Raum statt, wohingegen das Verhältnis zwischen Stadt und Nationalstaat für die Außenwahrnehmung spürbar an Bedeutung verliert. Die in neue Zusammenhänge eingespannten Knotenpunkte entwickeln Bedürfnisse, denen die Umverteilungs- und Ausgleichsinstrumente des KNWS nicht mehr zu begegnen vermögen. So wird insbesondere in Frankfurt die Raummodellierung der funktionalistischen Stadt obsolet. Im Gegensatz zum zonierten Habitat, wie es in Walter Schwagenscheidts *Raumstadt* am Stadtrand zum Ausdruck kam, stehen Interventionen, die nun das Stadtzentrum des Wiederaufbaus transformieren werden. Mit ihren punktuellen, medial wirksamen Arrangements beginnt eine Neuverhandlung der Beziehung zwischen Raum und Ort, für die Theoretiker wie Jean Baudrillard oder Fredric Jameson-Begriffe wie Simulacrum und Hyperspace geprägt haben.[119] Indem komplexe Gebilde wie die Rhein/Main-Region mit anderen Stadtregionen um Arbeitsplätze und Investitionen konkurrieren, sind sie zunehmend auf eine kohärente mediale Repräsentation angewiesen. Die stadträumliche Modellierung eines derartigen Bildes wird aufgrund der Uneindeutigkeit des nicht mehr zentrierten – beziehungsweise nicht mehr nach Zentrum und Peripherie strukturierten – Territoriums erschwert. Doch mit diesem ikonographischen Vakuum verändert sich die Rezeption der Arbeit von Architekten, die sich wie Ungers mit Fragmenten, Archetypen und Metaphern beschäftigen.

Die Frankfurter Altstadt – „Deutschlands berühmtester Parkplatz"

Die Schirn Kunsthalle ist für das postmoderne Aufmerksamkeitsregime so typisch wie das Nordwestzentrum für die funktionalistische Stadt des Wiederaufbaus. Beide Eingriffe können jedoch als unterschiedliche Ausprägungen der infrastrukturellen Versorgung begriffen werden. Die von der öffentlichen Hand befriedigten Bedürfnisse bewegen sich dabei von materiellen zu immateriellen Gütern: von Konsum, Grundversorgung und Verkehr im Fall des Nordwestzentrums zu hochkulturellen Angeboten und symbolischem Kapital bei der Schirn. Bis heute definiert sich das Ausstellungshaus auf seiner Website als „urbaner Integrationspunkt im Herzen der deutschen Wirtschaftsmetropole" und als „Impulsgeber der kulturellen Auseinandersetzung von europäischem Rang"[120]. Seinen sowohl lokal als auch international definierten Anspruch leitet das Ausstellungshaus aus der Position in der Mitte der Altstadt ab. Die Angebote der Kulturschirn bilden einen integralen Bestandteil bei der Etablierung des Stadtzentrums als touristischer Destination, insbesondere innerhalb des in der Erlebnisgesellschaft zunehmend populären Kulturtourismus.[121] Zugleich markiert die Architekturpolitik an prominentester Stelle den Bruch zum ahistorischen Funktionalismus und Infrastrukturalismus der Nachkriegszeit. So kommen mit der Eröffnung 1986 langwierige Diskussionen um den Wiederaufbau der Altstadt vorerst zum Abschluß.[122]

Das aus unterschiedlichen Bauwerken bestehende Konglomerat mit der Kunsthalle als Rückgrat schiebt sich zwischen isolierte Architekturobjekte: Dom, Nikolaikirche, Römer, Technisches Rathaus.[123] Das charakteristische Element der Überbauung ist eine das Areal von Westen nach Osten durchquerende, unmittelbar auf den Domturm zielende Längsachse. Die lineare Wegverbindung zwischen Römer und Dom verweist auf den bereits in der Wettbewerbsausschreibung thematisierten Bezug zum „vielhundertjährigen Mittelpunkt deutscher Reichsgeschichte"– auf jenen Weg also, den seit 1356 die deutschen Kaiser im Anschluß an ihre Wahl in einer Kapelle des Doms zum Festmahl im Haus zum Römer, dem späteren Rathaus, nahmen, wo zuvor auch die Kurfürsten ihre Beratungen abgehalten hatten.[124]

28 Dom, Altstadt und Zeil, 1960

29 Werner Hebebrand, Wiederaufbauvorschlag, 1949

Die Sinnstiftung mithilfe der historischen Identität der Freien Reichsstadt ist eine Gegenreaktion auf den Wiederaufbau: Im Unterschied zu anderen westdeutschen Städten suchen weder Rekonstruktionen noch Bezüge zum Parzellenmaßstab an die 1944 verbrannte Altstadt zu erinnern. Kontrovers diskutiert wird bereits die Rekonstruktion von Goethes Geburtshaus, während Stadtbaurat Werner Hebebrand die Ansicht vertritt, im stadträumlichen Vakuum seien spärlich erhaltene Zeugen so zur Geltung zu bringen, „wie wenn ein einziges gutes Bild in einem Museum auf schlichter Wand aufgehängt wird" [125].

Nach der Festsetzung des Verkehrslinienplans (1947) und des Generalfluchtlinienplans für die Innenstadt (1948) erlauben Landumlegungen die Errichtung großflächiger städtischer und genossenschaftlicher Wohnüberbauungen, deren Zeilen- und Kammbauten den historischen Stadtkern von der nördlich entstehenden City morphologisch abkoppeln. Für die Überbauung der zwischen Rathaus und Dom verbliebene Brache finden 1950, 1953 und 1963 Wettbewerbe statt. Diese führen nicht zum erhofften Kulturzentrum, sondern zu einem städtebaulichen Fragment, das als „Deutschlands berühmtester Parkplatz" in den siebziger Jahren den Ruf des häßlichen Frankfurts bestätigt.

Zu diesem Zeitpunkt sind lediglich Tiefbauten realisiert – ein unterirdisches Parkhaus sowie ein Abschnitt der U-Bahn –, womit das Areal an dieselbe Verkehrsinfrastruktur wie das Nordwestzentrum angeschlossen ist. Während sich der U-Bahn-Bau als Stadträume und Architektur generierendes Element des Nordwestzentrums auswirkt, findet im Fall des 1974 eröffneten U-Bahnhofs Römer oberirdisch eine Blockade statt. Das bestehende Projekt für das Kulturzentrum wird fallengelassen und statt dessen die im Krieg zerstörte Platzwand des Römerbergs rekonstruiert.

30 Bartsch, Thürwächter, Weber, ab 1969 teilweise ausgeführtes Altstadt-Kulturzentrum und Technisches Rathaus, überarbeitetes Wettbewerbsprojekt

Hinter der imitierten Fachwerkzeile ausgeblendet, ist das Schicksal der Zentralbrache 1979 Gegenstand eines weiteren – dritten – Wettbewerbs für ein Kulturzentrum.

Im Unterschied zur Namensgebung des Nordwestzentrums, welche ja nicht mehr als eine Position innerhalb der Stadtregion bezeichnet, sorgt bei der 1986 eröffneten Kulturschirn das vorindustrielle Frankfurt für Verortung: die mit der gotischen Altstadt verschwundene Schirngasse. Bemerkenswert unterschiedlich ausgeprägt sind auch die eigentlichen Beziehungen zum unterirdischen Verkehrsträger. So greift der Entwurf des Kulturzentrums die Gegenwart der Tiefbauinfrastrukturen morphologisch nicht auf. Die Linearität der Komposition wird nicht mit dem Verkehrssystem im Untergrund, sondern mit den erwünschten Assoziationen zur zeremoniellen Wegverbindung bei der Kaiserkrönung begründet.

Zusätzliche Bezüge zur Geschichte des Ortes erscheinen in den Sandsteinfassaden, den Arkaden, dem Schrägdach sowie dem ‚Historischen Garten‘, wo ein Grabungsfeld die beim U-Bahn-Bau freigelegten Reste einer karolingischen Pfalz präsentiert.[126] Den Schwerpunkt der Komposition markiert eine den Komplex überragende Rotunde, die sich visuell als Bindeglied zwischen Römer und Dom anbietet, sowie ein auf vier Pfeilern ruhender „Tisch“, der sich als monumentale Loggia vor die Rotunde schiebt. Die den Komplex in seiner Längsachse zusammenspannende Passage evoziert eine bürgerliche Öffentlichkeit, wie sie die Ladenpassagen in den Zentren italienischer Großstädte verströmen. Funktionell bleibt dieses Arrangement unterdefiniert – fehlt doch gerade ein Bezug zu den für eine derartige Typologie geltenden ökonomischen Realitäten. Als Erschließungsachse hier von untergeordnetem praktischen Nutzen verweist die Passage als Raumbild auf das 19. Jahrhundert. Dessen städtische Morphologie, die sich seit 1968 als Projektionsfläche einer gegen die zeitgenössische Konsumkultur gerichteten Urbanität anbietet, ist im Verlauf der siebziger Jahre Gegenstand einer breiten Rehabilitierung. Doch paradoxerweise werden im Rahmen der Kritik an der zeitgenössischen Stadterneuerungspraxis und den mit dieser verbundenen Verwertungsdynamiken ausgerechnet die spekulativen Bebauungsmuster einer Periode wiederbelebt, die in vielen europäischen Städten mit traumatischen Veränderungen einhergingen.

Ungers ist Preisrichter beim Wettbewerb von 1979, den ehemalige Studenten seines Berliner Entwurfskurses gewinnen. Bangert, Jansen, Schultes, Scholz (BJSS) wissen sich entwerferischen und darstellerischen Themen verpflichtet, die Ungers nach seinem Weggang von der Technischen

Universität weiterverfolgt hat. Hier ist besonders die Auseinandersetzung mit dispersen morphologischen Fragmenten zu erwähnen, die Ungers in der *Thematisierung der Architektur* als „Zusammenfall der Gegensätze" in sein Universum zeitlos gültiger Entwurfsfragen einreiht. Konglomerate aus unterschiedlichsten historischen Epochen wie die Hadriansvilla in Tivoli, der Trierer Dom oder der Schloßpark Glienicke dienen ihm als Argument für die Vielfalt von Erscheinungsformen und Fügungsprinzipien – sein endgültiger Bruch mit dem abstrakten Systemdenken der späten Sechziger. Nicht zu leugnen ist hier die Verwandtschaft zu Ideen wie dem „urban poché", die Ungers' Cornell-Kollege Colin Rowe um die gleiche Zeit entwickelt. Und dennoch verkörpert das Prinzip der Assemblage für Ungers einen neuen Universalismus, bei dem ein geistiges Prinzip an die Stelle des funktionalistischen Systemdenkens tritt. Wo Rowe die *Collage City* mit Karl Popper untermauert, sucht Ungers mit dem Begriff „coincidentia oppositorum" seine Referenz bei dem Philosophen, Theologen und Mathematiker Nikolaus von Kues (1401–1464).[127] Der Zusammenfall der Gegensätze sowohl im architektonischen als auch im städtebaulichen Maßstab bietet ihm Anlaß, die Stadtreparatur zu kritisieren, wie sie gerade beim Frankfurter Römerberg praktiziert wird.[128] Die Anerkennung des Widersprüchlichen und Unvollständigen charakterisiert eine ganze Reihe von Projekten dieser Zeit. Von den Museen Preußischer Kulturbesitz, einem Westberliner Wettbewerb von 1965, bis zu seinem jüng-

31 Architekturtouristen
in der Frankfurter Saalgasse

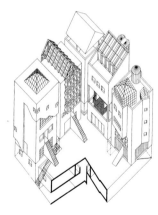

32 O. M. Ungers, Altstadthäuser
für Marburg, 1976

sten Projekt für die Altstadt in Marburg von 1976 bilden Assemblagen eine Klammer vor und nach der ‚Systemphase‘, die Ungers in den Bann des technokratischen Planungsverständnisses gebracht hatte.

Die Marburger Wohnbebauung führt auf einem Restgrundstück eine Reihe turmartiger Objekte in den engen Altstadtkontext ein. Individualisierte Häuser, teils als „historische oder lokale Zitate", teils mit „rationalen Formelementen" ausgestattet, thematisieren ein Sowohl-als-auch unterschiedlichster Formen, deren „morphologische Entwicklung" sich vom Pastiche der Stadtreparatur abhebt.[129]

Der Nachdruck auf Individualisierung – gleichermaßen spürbar in der zeitgenössischen Untersuchung zur „Urban Villa"– ist soziologisch aufschlußreich: Ungers formuliert einen Zusammenhang zwischen der wiederentdeckten Urbanität des Stadtlebens und einem Publikum, das sich diese Räume aneigenen soll – als Identitätsträger, aber auch in Form von Privateigentum. In Marburg spricht der Entwurfstext mit „den individuellen Anforderungen einer gebildeten Mittelschicht" gerade diejenigen Zielgruppen an, deren Bedürfnisse ins Visier der Frankfurter Kultur- und Standortpolitik rücken werden.[130] Diesen Gruppen bieten BJSS Architekten in Frankfurt ebenfalls ein Zuhause. Parallel zur Längsachse ordnen sie längs der Saalgasse eine Randbebauung an, die mit einer Reihe von Stadthäusern einen kalkulierten Maßstabssprung zum Monumentalismus des Kulturzentrums vollzieht. Zugleich unterscheiden sich die Stadthäu-

33/34 ‚Deutschlands berühmtester Parkplatz‘ vor und nach der Neubebauung

71

ser vom geförderten Wohnungsbau der Nachkriegszeit – sozialökonomisch und morphologisch. Ihre Ausführung wird unter zwölf namhaften Architekturbüros aufgeteilt, die BJSS aus den Preisträgern des Wettbewerbs rekrutieren.[131] Im Schatten der Schirn entsteht damit sozusagen eine inoffizielle Bauausstellung, die auf Parzellen von jeweils 7,5 × 10 Metern Größe unterschiedliche Interpretationen des Themas Stadthaus demonstriert.[132] In der Ausdifferenzierung dieses Ensembles bestätigt sich erneut der beabsichtigte Gegensatz zwischen dem Kulturzentrum und der städtebaulichen Neuordnung der Nachkriegzeit. Der Historismus an der Saalgasse ist Teil eines übergeordneten Dispositivs, das die 1944 zerstörte Altstadt in einen postmodernen Erlebniszusammenhang einbindet. Dieses Dispositiv ist Teil umfassender Maßnahmen zur Imagekorrektur Frankfurts, die ebenso zu den Ausgleichsmechanismen des Wohlfahrtsstaats gehören wie die vorangehenden technokratischen Interventionen. Die über den Tiefbauten der unsichtbaren Infrastruktur erscheinenden typologischen Versatzstücke zeigen die ikonographischen und organisatorischen Schwierigkeiten, die durch das Zusammenfallen lokaler, regionaler und transnationaler Räume im Zentrum der Global City entstehen. Der Katalog der Rückgriffe reicht von der maßstäblichen Annäherung an ehemalige Bebauungsstrukturen (Saalgasse), die architekturhistorische Assemblage (Schirn) bis zur physischen Rekonstruktion (Römerbergzeile). Am Römerberg soll die rekonstruierte Platzfront die Sehnsüchte eines Altstadtheimeligkeit suchenden touristischen Publikums ansprechen, wogegen an der Saalgasse dem interessierten Fachpublikum die Produktionen international renommierter Architekten musterbuchartig vorgeführt werden.[133] Die unterschiedlichsten narrativen Auslegungen des Kontextualismus werden dem städtebaulichen Funktionalismus der Nachkriegszeit überblendet. Die vormoderne Stadt sowie die Urbanität des 19. Jahrhunderts sollen dem Publikum einen neuen Bezugsrahmen bieten, während die historisch unterfütterte Verklammerung von Raum und Ort Korrekturen an der seit 1933 mehrfach entwurzelten Identität Frankfurts vornimmt.

Umschichtung des Raums

Wie das künstliche Herz von Schwagenscheidts Nordweststadt können auch die Versatzstücke in der ehemaligen Altstadt vor dem Hintergrund der Ausgleichsmechanismen des keynesianischen Sozialstaats beschrieben und interpretiert werden. Die Rekonstruktion auf ‚Deutschlands berühmtestem Parkplatz' zeigt, wie sich Planung und – als Novum – Architekturpolitik auf die veränderte urbane Öffentlichkeit einzurichten beginnen. Bauliche Aggregate wie die Kunsthalle Schirn oder die Bauten am Museumsufer führen vor, daß Architektur am Ende des Fordismus zunehmend in Prozesse gesellschaftlicher Reflexion eingebunden wird, die sie vom Wohnungsbau in der Peripherie oder vom Dienstleistungssektor in der City unterscheiden.

Bei den Architekturproduzenten findet eine Evolution der Botschaften statt: Sowohl Entwerfer als auch Auftraggeber setzen auf Architektursprachen, die mit dem städtischen Raum kommunizieren. Beim städtischen Publikum entwickelt sich gegenüber architektonischen Angeboten eine Erwartungshaltung, der das Feuilleton der Tagespresse mit zunehmend feierlichem Ton begegnet. Vom Architektur-Redakteur der *Frankfurter Allgemeinen Zeitung* stammt die vielzitierte Aussage von der „Architektur als kulturellem Leitmedium"[134]. Die Rezeption der postmodernen Hochkultur, und, darin eingeschrieben, das Erlebnis Architektur können nicht unabhängig von Kontextfaktoren wie dem Tertiärisierungsschub erfaßt werden. Gerade in Frankfurt verlaufen die Reaktivierung der historischen Stadtmitte für kulturelle Programme und der Ausbau des Dienstleistungsstandorts zeitlich parallel. Auch politisch sind diese Vorgänge miteinander verknüpft. Das von Politikern wie Oberbürgermeister Wallmann gepflegte Bild der Kulturstadt kann durchaus als Strategie gesehen werden, der Immaterialität und Abstraktheit der Wertschöpfung mit symbolischen Gütern zu begegnen.

Es wäre allerdings unzulänglich, diese Transformationen allein auf die Konfrontation national geprägter Wirschaftsträume mit einer deregulierten Weltwirtschaft zu beziehen. Vielmehr müssen auch die Entwicklung der städtischen Öffentlichkeit und neue Distinktionsbedürfnisse berücksichtigt werden. Gerade die von Gilles Deleuze thematisierte Krise der klassischen „Einschließungsmilieus" im Nationalstaat und der „gestreute Aufbau einer neuen Herrschaftsform" erweisen sich hier als zu schematisch.[135] Wohl bringt Deleuze die Entstehung einer neuen Subjektivität in Verbindung mit der Transformation des Kapitalismus und der mit dem klassischen Wohlfahrtsstaat verbundenen Institutionen; doch vermag der von ihm beschriebene Übergang von der Disziplinar- zur Kontrollgesellschaft nicht zu erklären, wie in der Postmoderne der eigentliche Gegenstand des Sozialen durch das Zusammenspiel unterschiedlichster Akteure

– Architekten, Kulturpolitiker, Wähler oder etwa die Unterzeichner von Bürgerinitiativen – neu konfiguriert wird. In einer zunehmend fragmentierten Gesellschaft tritt die Auffächerung von Lebensstilen an die Stelle des übersichtlichen Klassenschemas. Frankfurt erreicht in den siebziger Jahren einen der höchsten Ausländeranteile der Bundesrepublik, so daß sich die Arbeiterschaft zunehmend aus Gastarbeitern und Migranten zusammensetzt. Von den Förderprogrammen des städtischen und genossenschaftlichen Wohnungsbaus vorerst ausgeschlossen, weichen die ausländischen Arbeiter auf die verbliebenen innerstädtischen Viertel aus, während das klassische Proletariat und das Kleinbürgertum ihre Konturen als Adressaten des sozialen Wohnungsbaus einbüßen. Dieser demographische, ökonomische und stadträumliche Umschichtungsprozeß wirkt sich auf das Verhältnis Zentrum-Peripherie und somit auch auf den Bedeutungswandel der Innenstadt aus.

Im Gegensatz zu Gilles Deleuze oder Saskia Sassen thematisiert William Jessop die gesellschaftlichen und kulturellen Kontexte des Wohlfahrtsstaats. Er spricht von der „cultural as well as social embeddedness of economic and political institutions and power relations"[136]. Ihm zufolge ist die Demontage der fordistischen Nachkriegsordnung weniger von den Kräften der Globalisierung und Tertiärisierung diktiert als eine Folge interner Ermüdungserscheinungen. Jessops Argumente sind für das Verständnis der postmodernen Stadt insofern aufschlußreich, als sie die schrittweise erfolgende Überwindung der strukturpolitischen Ordnung des Keynesianismus erklären, in dem die kommunale Planungskultur aufgehoben war. So führt die „denationalization" der Zivilgesellschaft zu einer Preisgabe jenes Einverständnisses, auf dem das „normative commitment to

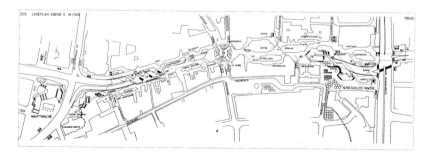

35 Zeil, Entwurf Fußgängerzone, Frankfurt 1970

class-based egalitarianism"[137] im Sozialstaat basierte: die Bereitschaft zu einer auf räumlichen und materiellen Ausgleich zielenden Planungskultur. Diese Preisgabe ist jedoch eine Folge des zunehmendem Wohlstands, den die Ausgleichsmechanismen desselben Staates produziert haben. Von Umverteilungslogik und konstantem Wachstum als Prämissen ausgehend, büßt die Städtebaupolitik nicht nur ihre ökonomischen Parameter ein, sondern auch ihr Publikum. Diesbezüglich markieren die Ereignisse der späten sechziger Jahre einen Wendepunkt, als gerade die im westdeutschen Wirtschaftswunder verkörperte Synthese von Konsum- und Wohlfahrtsgesellschaft problematisiert wird. Mit den Frankfurter Kaufhausanschlägen beginnt das Jahrzehnt, in dem dieser Konsens von den bewaffneten Kommandos der RAF angegriffen oder von linksstehenden Regisseuren wie Fassbinder kritisch kommentiert wird.

Zwei sehr unterschiedliche, mit Frankfurt verbundene Akteure, Hilmar Hoffmann und Jürgen Habermas, trennen die spektakulären Ereignisse von 1968 vom Prozeß der darauffolgenden Jahrzehnte. Hoffmann, 1970 bis 1990 Frankfurter Kulturdezernent, verortet die Individualisierungstendenzen, die zur Ablösung des gesellschaftlichen Konsenses der Nachkriegszeit führen, erst in den siebziger und achtziger Jahren: „Der Bruch in den achtziger Jahren ist nicht so ausgeprägt und weniger eindeutig lokalisierbar als der von 1968, aber nicht minder tiefgreifend. […] Irgendwann im Verlauf der Phase ereignete sich, ohne genaues Datum, der Übergang [...] zur fragmentierten Leistungsgesellschaft."[138] Die ohne präzises Datum beschriebene – und bereits durch die Länge der eigenen Amtszeit verkörperte – „Phase" ist entscheidend für die Individualisierung und Subjekti-

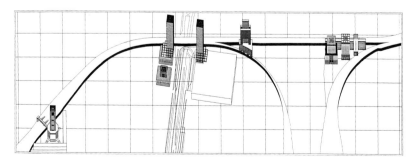

36 O. M. Ungers, Entwicklungsleitbild City West, 1985

vierung, die sukzessiv zum Verschwinden der „egalitären Wiederaufbau- und Fortschrittsgesellschaft" [139] führen.

1968, drei Jahre nach seiner Berufung zum Nachfolger von Max Hork- heimer als Ordinarius für Philosophie, ist Habermas eine Leitfigur an der Universität Frankfurt. Das auf diese Krise folgende Jahrzehnt beschreibt Habermas als einen Prozeß gesellschaftlicher Ausdifferenzierung. Er sieht erst jetzt, während der Regierungszeit der sozialdemokratischen Kanz- ler Willy Brandt und Helmut Schmidt, die Voraussetzungen für die Bil- dung eines kritischen Bewußtseins gegenüber Staat und gesellschaftlichen Verfestigungen gegeben. Die entsprechenden „Motive und Mentalitäten" seien das Ergebnis von Differenzierungsprozessen, die durch die Politik des Sozialstaats ausgelöst worden seien.[140] Der Übergang zur Stadt der Postmoderne beruht wie die von Habermas diagnostizierten „Motive und Mentalitäten" – und wie auch Ungers' Entwürfe nach dem Märkischen Viertel – weniger auf einem programmatischen Bruch als auf einem Pro- zeß der Erosion. Mit zunehmendem Wohlstand nimmt der Teil der Gesell- schaft zu, für den sich die Ausgleichsmechanismen des Sozialstaats mit einer individualisierten Lebensgestaltung nicht mehr vereinbaren lassen. Dementsprechend werden der Städtebau und als Teil davon der soziale Wohnungsbau als Normierung empfunden. Diese beruht auf Standards, die ihre Verbindlichkeit in dem Maße verlieren, wie sich Lebensentwürfe zunehmend auffächern und subjektivere Erwartungen an die urbane städ- tische Umwelt entstehen.

Mit dem Postfordismus und der flexiblen Akkumulation entstehen nicht nur neue Formen der Produktion und des Konsums. Gesellschaftliche Reflexivität artikuliert sich fortan auf eine Art, die sich für neue Formen des Konsums erschließen läßt. Ausdruck dieser Verkettung ist, daß sich affektive und subjektive Dimensionen selber zu Produktivfaktoren ent- wickeln und, Sharon Zukin zufolge, eine „critical infrastructure"[141] für die umfassende Transformation des städtischen Raums zur Verfügung stellen – so beispielsweise im Prozeß der Gentrifizierung, der auch in Frankfurt allmählich die Stadtteilkämpfe ablöst. Diese *critical infrastructure* führt zu einem Bedeutungszuwachs des kreativen Sektors, als dessen Vertreter sich zunehmend auch Architekten empfinden werden. Durch die Verschrän- kung von affektiven und subjektiven Dimensionen im Postfordismus ver- ändern sich sowohl die Aufgaben als auch die Rezeption der Architek- tur. Ihre Produkte und Produzenten sind strategisch an der symbolischen Ökonomie beteiligt. Sie bewegen sich insofern von der von Habermas erwähnten „Stabilisierung der inneren Verhältnisse" weg.[142]

76

Ein auf Gewißheiten setzender Funktionalismus war beim Wiederaufbau der Stadt und deren Ausbau bevorzugt worden. Dabei vermochten Konzepte wie Walter Schwagenscheidts *Raumstadt* mit ihren Rückgriffen auf die verschüttete Episode des Neuen Frankfurt Elemente der Aspekte der lokalen Identität zu transportieren, die vom Faschismus unbelastet waren. Als jedoch Stadtentwicklung zunehmend über qualitative Eigenschaften definiert wird, büßt gerade der im Funktionalismus idealisierte Universalismus seinen Rückhalt ein. Von Architekten wird fortan erwartet, daß sie Bilder innerhalb einer transnationalen Raumhierarchie nach außen vermitteln – Aspekte der lokalen Identität also zu universalisieren vermögen. Falsch wäre, Architekten wie Ungers oder so einflußreiche Mitarbeiter und Schüler wie Max Dudler, Christoph Mäckler, Hans Kollhoff oder Jürgen Sawade als Erfüllungsgehilfen bei der Erzeugung eines segregierten Stadtraums zu bezeichnen. Vielmehr muß der ikonographische Wandel dieses städtischen Raums berücksichtigt werden, der materiell seine Rolle als Ort der Artikulation, Organisation und Aufrechterhaltung von Klassengegensätzen einbüßt. Daß diese Gegensätze an räumlich thematisierbarer Schärfe verlieren, ist ein Schlüssel zum Verständnis der Produktionsbedingungen postmoderner Architektur.

3 Die Einrichtung der postmodernen Urbanität

Der Stadtsoziologe Walter Prigge beschreibt den Gegensatz von zwei „Konjunkturen des Städtischen": Großstadt und Urbanität.[143] Erstere verweise auf „die bekannte Art der fordistischen Anordnung von industrialisierten Räumen (Zonierung) und Zeiten (Synchronisation)", letztere, die Urbanität, auf „das Städtische nicht als Organisation von Lebens-Funktionen, sondern als Lebens-Form: Die Stadt solle nicht nur funktionieren, sondern als kulturelle Form ge- und vor allem erlebt werden."[144] Wie die standortpolitischen, kulturpolitischen und städtebaulichen Maßnahmen in Frankfurt zeigen, ist diese „erlebbare" Urbanität ebenso ein Resultat planerischer Bemühungen.

Wie in den sechziger Jahren der Infrastrukturknoten in der Frankfurter Nordweststadt kann auch die Urbanität auf die Ausgleichsmechanismen des Wohlfahrtsstaats bezogen werden können, wobei die postmoderne Versorgungsinfrastruktur nun Inszenierungen umfaßt. Die Rekonstruktionsmaßnahmen über ‚Deutschlands berühmtestem Parkplatz' haben gezeigt, daß sich Planung auf eine veränderte urbane Öffentlichkeit einzurichten beginnt. Dabei bilden die späten siebziger und achtziger Jahre nicht nur die Periode, in der Frankfurt auf die Globalisierung ausgerichtet wird. Die ambitionierte Kulturpolitik nach 1977 ist zugleich der Versuch, der Mittelklasse neue Distinktionsmöglichkeiten zu bieten. Daß in der Ära Wallmann die künftige Rolle des Stadtzentrums diese zentrale Bedeutung erlangt, wurzelt in einer sozialökonomisch bedingten Ausdifferenzierung, der mit dem bisherigen Verständnis ausgleichender Stadtplanung nicht mehr beizukommen ist. Die Mobilisierung der Begriffe Identität und Urbanität bietet den Politikern in einer sich pluralisierenden Gesellschaft Abhilfe.

Die Kuratierung des Stadtraums

Mit affektiv erschließbaren Versatzstücken wird rings um die Kunsthalle Schirn die Beziehung zwischen architektonischem Ereignis und Stadtplanung verändert. Zwischen Dom und Römerberg kommt es zu einem Vexierspiel von Innen- und Außenräumen, das sich diametral vom Raumkontinuum des funktionalistischen Städtebaus unterscheidet. Die Kura-

37 Modelle von Charles Moore im Deutschen Architektur Museum

tierung des öffentlichen Raums in der Frankfurter Altstadt erweist sich als wegweisend für die neue Rezeption von Architektur. So entwickelt sich das Museum zum Bautyp, der das Publikum zunehmend architektonischen Positionen konfrontiert, die mit der bis dahin geltenden Ikonographie des öffentlichen Bauens brechen. Diese Verschiebung ist indirekt auch eine Folge der inneren Bespielung westdeutscher Museen, die zunehmend um die Erhöhung ihrer Besucherzahlen bemüht sind. Ausstellungsereignisse treten in Konkurrenz zu den auf kontemplative Wahrnehmung angelegten traditionellen Sammlungsbeständen.[145] Ganz im Sinn der Kulturpolitiker öffnen diese Ereignisse Museen für neue Publikumsgruppen. Mit der Schirn erhält Frankfurt seine ausschließlich auf Wechselausstellungen zugeschnittene Infrastruktur, nachdem das Kulturzentrum ursprünglich für unterschiedlichste Formen der Bespielung vorgesehen war. Die im Lauf der Projektierung vollzogene Spezialisierung ist vor dem Hintergrund der von bestimmten Kuratorenpersönlichkeiten ‚signierten‘ Ausstellungen zu sehen, die sich in den Kunstmuseen der Bundesrepublik und der Schweiz wachsender Beliebtheit erfreuen.

Der mit der Zunahme von Wechselausstellungen einhergehende Kuratoren-Habitus ist weniger vom Umgang mit Sammlungsbeständen als von einem subjektiv-thematischen Zugang zur Kunstgeschichte bestimmt, womit dieser das seine zur Eventisierung des bis dahin vertrauten Kultur- und Bildungsbegriffs beiträgt. So entwickeln Ausstellungsmacher wie Harald Szeemann oder Jean-Christophe Ammann einen Zugang zur zeitgenössischen künstlerischen Produktion, der den offiziellen Kunstkanon verläßt und dabei zugleich zum Wachstum des Markts für Gegenwartskunst beiträgt.[146]

Diese Verlagerungen innerhalb des städtisch geförderten Kulturbetriebs müssen gerade in einen Zusammenhang mit dem postmodernen Aufmerksamkeitsregime im Stadtraum gestellt werden. Mit der Schaffung neuer Distinktionsmöglichkeiten übernimmt die zeitgenössische Kunst, wie dies der Museumsboom in den achtziger Jahren zeigen wird, eine zentrale Rolle. Diese weicht vom bürgerlichen Bildungskanon, der die Aufgaben des Museums in der Nachkriegszeit umrissen hatte, in der Form der Distinktion klar ab. Mit den neuen Distinktionsmöglichkeiten wird zugleich ein Dialog zwischen Architektur und Publikum eingeübt, den Franz-Olaf Brauerhoch als „Aufforderung zur Eigeninszenierung der Besucher" beschreibt.[147] Das neue Zusammenspiel von Museumscontainer und kuratiertem Innenraum ist ein wichtiger Schritt auf dem Weg zu einer Repositionierung von Architektur, die grundlegend die Repräsenta-

tion der Stadt verändern wird – und später in Verbindung mit einem anderen Museum den Namen ‚Bilbao-Effekt' erhält.
Gemeinsam mit den medial omnipräsenten Frankfurter Museen bildet die Schirn-Kunsthalle ein Netz von prominenten kuratierbaren Bühnen. Von dieser Bühneninfrastruktur überträgt sich das Prinzip der Kuratierung auf den öffentlichen Raum, der die Museen im Stadtzentrum umgibt. Die Rolle, die bei der Bespielung der Museen die Kuratoren ausüben, fällt dort den Architekten zu. Mit ihren architektonischen Versatzstücken ist die Altstadt ein Beispiel für die „Musealisierung und Mediatisierung"[148] – für einen Erlebniszusammenhang, in dem sich die Beziehungen zwischen Raum, Zeit und Ort verschieben.
Als Jurymitglied weiß Ungers den Wettbewerbsprojekt seiner ehemaligen Berliner Studenten mit Erfolg zu verfechten. Sein eigener Entwurf für das Wallraf-Richartz-Museum in Köln kann 1975 als konzeptionelle Vorarbeit zum Schirnprojekt betrachtet werden. Wie im Fall der Frankfurter Stadtmitte handelt es sich beim Wettbewerbsperimeter um eine nach ihrer Zerstörung im Zweiten Weltkrieg mit Infrastrukturen und Neubauten besetzte ursprünglich mittelalterliche Stadtmitte, in der als dekontextualisiertes Wahrzeichen der Dom stehen geblieben ist. Zur Belebung der vom Wiederaufbau geprägten Umgebung soll ein neu zu errichtendes Kulturzentrum mit den Sammlungen des Wallraf-Richartz-Museums beitragen.[149] Das Planungsgebiet stößt bis zum Rheinufer vor und dehnt sich beidseits des Kölner Hauptbahnhofes aus. Es ist geprägt von der ‚Domplatte', einem Teil der analog der Frankfurter Zentralbrache beim Aus-

38/39 Schirn Kunsthalle: Zugangssituation und Ausstellungsgeschoß

bau des öffentlichen Verkehrs entstandenen Fußgängerzone. Bei Ungers weckt dieser Kontext das „Bewußtsein, in einem künstlichen, eben urbanen Raum zu sein"[150]. Sein Vorschlag ist deshalb „kein Gebäude im traditionellen Sinn", sondern „vielmehr Teil einer städtischen Umwelt", ein „begehbares Objekt" beziehungsweise ein „Stadtobjekt", das den Stadtraum durch Architektur aktivieren soll.[151] Anstatt bei Gesten der Stadtreparatur und des Historismus Zuflucht zu suchen, betont er die szenographischen Bedingungen auf der von unterirdischen Infrastrukturen bestimmten Plattform. In einer Sequenz von Außenräumen und Aussichtspunkten entwickelt er prototypische Platz-, Hof- und Straßensituationen als stadträumliche Komposition. Sein Versuch, an die Dichte des historischen Stadtkörpers wieder anzuknüpfen und zugleich die Künstlichkeit jeglicher Urbanität nach den Kriegszerstörungen zu reflektieren, zeigt sich beidseits des Bahnareals, wo die Leerstellen durch abstrakte, an Megastrukturen erinnernde Raumgitter paßgenau ausgefüllt werden.

Diese Raumgitter geben zugleich eine Antwort auf die seit 1968 vermehrt geforderte Demokratisierung der Hochkultur: Eine breite Palette von öffentlichen Funktionen gestattet auch dem „weniger interessierten Passanten einen stimulierenden Einblick in das Museum", wobei eine „unmittelbare Überschneidung von öffentlichen Wegen mit museumsinternen Bereichen" die Kulturinstitution „auf unauffällige, aber wirksame Weise" mit der Stadt „integrieren"[152]. Als Verweis auf das 1975 kurz vor der Fer-

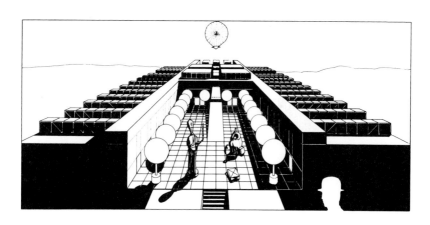

40/41 O. M. Ungers, Wallraff-Richartz Museum, Köln 1975

tigstellung stehende Centre Pompidou erscheint sowohl der „Aktions-
und Konzertraum" als auch Ungers' Vorschlag, die eigentlichen Ausstel-
lungsräume mit mechanischen Systemen für variable Raumeinteilungen
auszustatten.[153]

Das neutrale Raumsystem versteht sich zugleich als Zitat einer Planungs-
welt, deren übergreifende Visionen und Zugriffe auf die Gesellschaft
inzwischen fragwürdig geworden sind. Wie im Berliner Tiergartenwettbe-
werb zwei Jahre zuvor tritt die visionäre Dimension gebrochen zum Ausdruck, wenn Ungers die Makrostruktur abrupt mit den Gegebenheiten im
Stadtraum kollidieren läßt, um „die gegenseitige Beeinträchtigung zum
Ausdruck zu bringen"[154], aber auch dort, wo von Giorgio de Chirico und
Matisse inspirierte Skulpturen den Zugangshof zum Museum bevölkern.
Die in einer prägnanten Kreuzungsfigur kulminierende Erschließung ist
eine klare Stellungnahme gegen die informellen stadträumlichen Angebote, von denen damals das Design des öffentlichen Raums – Fußgängerzonen, Wohnstraßen – bestimmt ist. Dagegen verordnet Ungers Außenräume, die „bewußt eindeutig formuliert", „metaphysisch" sind und sogar
„eine gewisse Kälte" haben.[155]

Einen übergreifenden kuratorischen Zusammenhang, wie er später in der
Altstadt Frankurt entstehen wird, nimmt Ungers mit seinem „begehbaren
Objekt" vorweg. Die daraus resultierende Verwischung von Innen- und
Außenraum unterscheidet sich deutlich von der Klassischen Moderne,

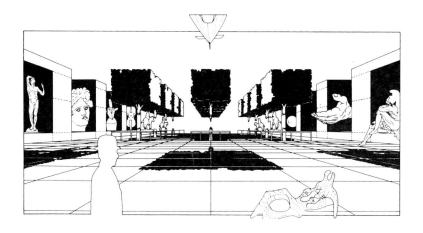

deren Kontinuitätsbegriff wenige Jahre zuvor Mies van der Rohes in seiner Berliner Nationalgalerie letztmals bestätigt hat. Ungers geht es in Köln weniger darum, den kulturpolitischen Aufbruch nach 1968 zu verarbeiten, als die Architekturproduktion unter Zuhilfenahme von Referenzen aus der Hochkultur neu zu verorten. De Chiricos zwischen Klassizismus und Surrealismus oszillierend Bildsprache zelebriert städtische ‚Landschaften‘ nicht mehr als dynamisch raumgreifende Kompositionen, sondern als versteinerte Leere dystopischer Räume.[156] Auf die Gegenwart der Bundesrepublik übertragen, läßt sich die in der *Pittura metafisica* angelegte reflexive Ebene einsetzen, um nach dem Abschluß des Wiederaufbaus Erfahrungen wie Verlust und Entfremdung zu thematisieren.

In der Verbindung Klassisizismus-Surrealismus findet Ungers 1975 zu einer Sprache, die für seine weitere Arbeit wegweisender sein wird als die dystopisch-konstruktivistische Narration, die noch den mit Koolhaas entwickelten Entwurf für das Tiergartenviertel gekennzeichnet hatte. Selbst wenn Köln in der Bundesrepublik das seinerzeit bedeutendste Zentrum für die Produktion, den Handel und die mediale Verbreitung von Gegenwartskunst ist, wird dort das „ins Räumliche übersetztes Bild von De Chirico"[157] als unerwünscht gesehen – als zynische entwerferische Referenz zu Rauminszenierungen des italienischen Totalitarismus.[158]

Ein Indiz für den Unwillen des Preisgerichts, sich auf eine abstrakt-szenographische Architekturikonographie einzulassen, ist das Ausscheiden von Ungers' Wettbewerbsentwurf im ersten Rundgang. Wie das prämierte und ausgeführte Projekt von Bussmann und Haberer zeigt, ist 1975 weiterhin eine öffentliche Architektur mehrheitsfähig, in der sich strukturalistische Typologien mit organischen Kompositionsprinzipien verbinden. Von der Architekturdiskussion wird Ungers' Entwurf nur beschränkt rezipiert, zumal sich die Debatten um Geschichte, Identität und Stadtsanierung seinerzeit auf Westberlin konzentrieren. Ausführlich zur Würdigung gelangt das Projekt für das Wallraf-Richartz-Projekt zwei Jahre später in Heinrich Klotz' *Architektur in der Bundesrepublik. Gespräche mit sechs Architekten.* Hier wertet Ungers die fehlende Resonanz als Beleg für die Unterschiedlichkeit der Architekturdiskussion der Bundesrepublik und einer „angelsächsischen Bewußtseinsebene" – die gerade 1977 in Stirlings überraschendem Sieg beim Stuttgarter Museumswettbewerb für Aufsehen und Kritik sorgt. In Ungers' Kölner Entwurf sieht Klotz ebenfalls Momente „von ironischer Mitteilung, von Doppeldeutigkeit, von Konfrontation mit einer bestehenden Wirklichkeit"[159]. 1975, man schreibt das Europäische Denkmalschutzjahr, gibt es erst ansatzweise ein Verständnis für ein

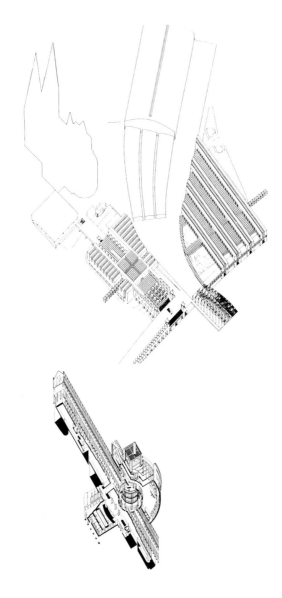

42/43 Assemblagen: Ungers' Bebauungsvorschlag zwischen Kölner Dom und Rhein, das Kulturzentrum von Bangert, Jansen, Scholz und Schultes in der Frankfurter Altstadt

neues Aufmerksamkeitsregime im öffentlichen Raum. Wegweisend wird das damals im Bau befindliche Museum Abteiberg sein. In der Abgeschiedenheit der Kleinstadt Mönchengladbach errichtet Hans Hollein bis 1982 einen Bau, in dem sich die von Klotz thematisierten Konfrontationen zum ersten Mal in der Bundesrepublik nachvollziehen lassen.

Kultur als Angebot

Bevor sich das Museum in den achtziger Jahren zum Gegenstand architektonischer Höchstleistungen entwickelt, sind es die neuen Formen kuratorischer Vermittlung und künstlerischer Praxis, die es zum Raum gesteigerter Reflexivität machen. Erneut ist hier ein spezifischer gesellschaftlicher und bildungspolitischer Zusammenhang maßgebend: Im Hinblick auf die Entstehung der erlebnisorientierten Gesellschaft weist Gerhard Schulze darauf hin, daß das traditionelle „Milieuzeichen" der deutschen Bildung auch nach 1968 seine Gültigkeit behalte.[160] Die für das deutsche Bürgertum typische „ästhetische Sozialisation auf das Hochkulturschema hin" übertrage sich nun zusätzlich auf Gesellschaftsgruppen, die über die „bildungsspezifische Differenzierung von Erlebnismilieus" erreicht würden.[161]
Bei der Organisierung dieser Milieus übernimmt der Staat weiterhin eine wichtige Rolle. Wie die langwierige Planungsgeschichte des Kulturzentrums in der Altstadt gezeigt hat, wird die von der SPD betriebene Infrastrukturpolitik unter Walter Wallmann mit anderen Mitteln fortgesetzt: Auf die materiellen Netzwerke folgen Investitionen in die immaterielle Infrastruktur der städtischen Hochkultur. In Frankfurt wird diese Kontinuität durch Hilmar Hoffmann verkörpert, der als bisheriger sozialdemokratischer Kulturdezernent nach 1977 in der Koalition mit der CDU an der Auffächerung und Umsetzung einer ‚postmodernen' Kulturpolitik beteiligt ist. Als Frankfurt nun mit dem höchsten Kulturetat einer westdeutschen Stadt ausgestattet wird, vermag Hoffmann ein Angebot umzusetzen, das die Stadt als Destination für den aufkommenden Kulturtourismus attraktiv macht. Aufgrund der wirtschaftlichen Erholung stehen öffentliche Gelder für zahlose Neu-, Um- und Anbauten zur Verfügung, was eine aufsehenerregende Serie architektonischer ‚Ereignisse' erlauben wird.[162]
Das entscheidende Dispositiv für die Verknüpfung von Kultur- und Architekturpolitik sind die Vorgaben im 1979 festgesetzten *Museumsentwicklungsplan*, wodurch ein über die Innenstadt gelegtes Netzwerk von Museen entsteht.[163] Die Verteilung ermöglicht eine umfassende Kuratie-

rung des öffentlichen Raums, mit den beiden Schwerpunkten Schirn und Museumsufer. Zum Aushängeschild der Ära Wallmann wird jedoch das Museumsufer – dem als Kontrapunkt zur City und zur rekonstruierten Altstadt ein besonderer Erlebnis- und Imagewert zugestanden wird. Weil die Museen und Ausstellungsinstitute in Frankfurt von bescheidener Größe sind, spielt bei den meisten Vorhaben die architektonische Artikulation einer unverwechselbaren Identität eine entscheidende Rolle. Dem Publikum werden Distinktionsgewinne und Unterhaltung nicht nur über die Programmierung, sondern auch über die architektonische Objekthaftigkeit der einzelnen Häuser vermittelt. In dieser thematischen Spezialisierung kann eine Ausrichtung auf die postmoderne Identitätspolitik gesehen werden, wie Hilmar Hoffmann bestätigt: „Ich glaube, das eigentliche Problem besteht eher darin, daß die Menschen mit den Brüchen in ihrer Identität nicht mehr zurechtkommen. [...] eine gegenwartsgerechte, eine zukunftsfähige Identität zu entwickeln lautet daher die aktuelle Aufgabe der Politik."[164] Der vom Kulturdezernenten verwendete Neologismus der ‚Zukunftsfähigkeit' verweist insbesondere auf die stabilisierende Bedeutung, die dem Identitätsbegriff zukommt, als mit dem Ende von Fordismus und normiertem Konsum auch andere Gewißheiten verschwinden. Hier kann die erzieherische Perspektive einer ‚zukunftsfähigen' Identität auch auf die Ausrichtung von Bürgern zu Subjekten in der *Risikogesellschaft* bezogen werden.[165] Der von Ulrich Beck geprägte Begriff verweist ebenfalls auf die Überwindung der klassischen Industriegesellschaft und die Entstehung neuer Formen von Reflexivität, in denen Kultur den wirtschaftlichen Strukturwandel abzufedern vermag.[166] So findet die seit 1968 thematisierte Öffnung des Kulturbegriffs im Postfordismus statt, jedoch unverhofft.

Zentralität und Zugehörigkeit

Im Zuge der Aneignung des Urbanitätsbegriffs durch Architekten, Stadtplaner und Politiker läßt sich während der achtziger Jahre ein Funktionswandel beobachten: Zwischen Kulturpolitik und Standortpolitik eingespannt, tritt der ursprüngliche politische Bedeutungszusammenhang von Urbanität in den Hintergrund. Erlebbar und mediatisierbar wird Urbanität als Instrument stadträumlicher Organisation eingesetzt. Von einer politischen Kategorie der bürgerlichen Stadt entwickelt sie sich zur Ikonographie des Städtischen. Dieser Funktionswandel orientiert Urbanität zunehmend an Identitätsfragen, zumal deren Bedeutung infolge der Abnahme der traditionellen Klassengegensätze und der Ausdifferenzierung von Lebensstilen zunimmt. Indem jetzt „Identität in den vielfältigen Bildern, Zeichen und Symbolen ‚des Urbanen' darstellbar ist"[167], gewinnen qualitative und reflexive Faktoren der stadträumlichen Organisation an Bedeutung. Walter Prigge sieht in der Depolitisierung des Urbanitätsbegriffs eine Voraussetzung der ikonographischen Wende der Postmoderne. Im Rückblick äußert sich Wallmann über die Natur der Eingriffe in seiner Amtszeit, nachdem „manches mit der Betonarchitektur der fünfziger und sechziger Jahre verunstaltet worden" sei, müsse eine Stadt „vom Zentrum her entwickelt werden"[168]. Obwohl sich die Dienstleistungscity auch nach 1977 weiter in historische Wohnviertel ausbreitet, verortet Wallmann das Zugehörigkeitsgefühl von Städtern in bislang vernachlässigten emotionalen Faktoren: Wenn er der „ambivalenten, wenn nicht unzufriedenen Stimmung" nun ein „Harmoniegefühl" entgegensetzt, wird Urbanität subjektiviert und neu verortet.[169]

An einem universellen, zeitlosen Ausdruck sich orientierend, hatte die Klassische Moderne den semiotischen Gehalt von Architektur weitgehend unterdrückt und zu einer Unterrepräsentation des Lokalen geführt – so auch der Frankfurter Wiederaufbau und der umkämpfte Fünf-Finger-Plan der City-Erweiterung.[170] Die im Funktionalismus angelegte „crisis of representation" (David Harvey[171]) zeichnete sich ab, als die Stadt ihren Charakter innerhalb des Kapitalismus und der Konsumkultur der Nachkriegszeit zu verändern begann. Nach CIAM-Abstraktionen und technokratischer Stadtmodellierung vermag Urbanität bildhaft Zentralität zu suggerieren. So entwickelt sich der Begriff zu einer „agilen und vielseitigen Vokabel" und zum „Missing Link zwischen Stadt und städtischer Gesellschaft" (Angelus Eisinger[172]). Allerdings spielt sich diese ikonographischen Wende, den unterschiedlichen gesellschaftlichen und wirtschaftlichen Dynamiken entsprechend, kontextspezifisch ab.

Sharon Zukin zufolge geht es bei der atmosphärischen Aufbereitung des Stadtraums darum, innerhalb eines gegebenen Settings eine „ambiance of authenticity" herzustellen.[173] Zukin beschreibt die Rolle von Identifikationsangeboten bei der Anlockung von Konsumenten in die nordamerikanischen Städte, deren Zentren im Prozeß der Suburbanisierung zusammengebrochen waren. Dabei werden ethnische, gesellschaftliche oder lokalhistorische Zeugnisse erschlossen und als Erlebnisfaktoren aufbereitet. Im Unterschied zur auf Wohnviertel konzentrierten Gentrifizierung handelt es sich hier um Stimulierungskampagnen, die von privaten Investoren getragen und mit steuerlichen Anreizen verknüpft sind. Sie führen von den siebziger Jahren an zu koordinierten Revitalisierungsvorhaben, bei denen ausgezonte Areale (BID, Business Improvement Districts) mit Freizeitprogrammen versehen und für eine neue Form des Städtetourismus eingerichtet werden: Baltimore (Harbor Place), Boston (Faneuil Hall Marketplace), Manhattan (South Street Seaport und – ab 1994 durch die Beteiligung der Walt Disney Corporation geprägt – Times Square/42nd Street). Während sich die amerikanischen Business Improvement Districts gerade durch die Abwesenheit – oder allenfalls moderierende Rolle – der öffentlichen Hand auszeichnen, liegen in Frankfurt Initiative und Bauherrschaft bei der Stadt, die sich in der Verbindung von Kultur-, Städtebau- und Standortpolitik neue Politikfelder erschließt.

Dieter Hoffmann-Axthelm rückt den „Kulturübermut" der achtziger Jahre als „Teil einer Reorganisierung der Führungsschichten – Stärkung zentraler Entscheidungsposten, Dynamisierung der Betriebsstrukturen – und einer Umschichtung nationaler Ökonomien" unmittelbar in einen Zusammenhang mit der Globalisierung.[174] Das Publikum des erneuerten und historisierten Stadtraums sind Angestellte, Konsumenten und Touristen. In ihrer Mobilität, ihren Distinktionsbedürfnissen und ihrer Reflexivität unterscheiden sich diese Akteure von den proletarisch-kleinbürgerlichen Adressaten der traditionellen sozialdemokratischen Politik. Das Verschwinden der traditionellen Industriegesellschaft und räumlich verfaßter Klassen sieht Jean Baudrillard gar als Anlaß für eine Abschreckungspolitik des Sozialstaates. Im Rahmen dieser „dissuasion" komme es zur Bespielung des städtischen Raums durch die Hochkultur.[175] Zwei Jahrzehnte vor dem Bilbao-Effekt bezeichnet er die Begegnung des Pariser Publikums mit dem 1977 eröffneten Centre Pompidou als „effet Beaubourg". Im sanierten Altstadtviertel Beaubourg sieht er eine „Evakuationsmaschine", ein „Glacis", ein „System maximaler Sicherheit" rings um das neue Museum. In den flexiblen Raumgefäßen des Centre Pompidou und deren Aneignung durch die Museumsbesucher manifestiere sich eine „Umkehrung des Sozialen"[176]. Diese Umkehrung habe nach dem Mai 1968 mit der „Implosion" revolutionärer Ideen eingesetzt und äußere sich inzwischen in einer depolitisierten Öffentlichkeit.[177] Für Baudrillard suggeriert der technoide Elan des Centre Pompidou keinen Durchbruch, sondern lediglich die Abstimmung der Kulturpolitik der Fünften Republik auf die Zerstreuungsbedürfnisse der Freizeitgesellschaft.

Rekontextualisierung: Studienauftrag Paulsplatz

Als sich Frankfurt in der Finanzindustrie neben Paris, London und Zürich zur europäischen Schaltstelle durchsetzt, steht zunehmend eine von subjektiven Faktoren bestimmte Innenwahrnehmung einer an objektiven Entwicklungsperspektiven orientierten Außenwahrnehmung gegenüber. Die Global City wird sich durch das Auseinanderfallen materieller, politischer und ökonomischer Räume auszeichnen. Dabei werden strategisch Bilder mit unterschiedlichen Adressaten mobilisiert, ‚Bürger' und ‚Investoren'. Frankfurt ist eine der ersten westeuropäischen Städte, die das Lokale in den Dienst der Standortpositionierung stellt. Als nicht mehr quantifizierbare weiche Faktoren sind lokale Identität und weltstädtische Urbanität auf Behälter und Projektionsflächen angewiesen. Dazu treten Differenz verkörpernde Bauten an die Stelle der universalisierbaren Raumstrukturen des Wiederaufbaus und des ‚Bauwirtschaftsfunktionalismus'. Wie im Fall der Römerberg-Ostzeile kann sich die Thematisierung des Lokalen in der unmittelbaren Wiederherstellung historischer Wahrzeichen ausdrücken, die zwar noch unter Oberbürgermeister Rudi Arndt (1971–1977) beschlossen wird, mit der sich jedoch sein Nachfolger Wallmann schmücken wird: „Wer heute vor dem Römer steht, der sieht, wie viele Menschen wegen dieser Häuser auf diesen Platz kommen."[178] Unweit des rekonstruierten Römerbergs findet 1983 ein städtebauliches Gutachten statt, an dem auch Ungers teilnimmt. Zweck ist die Korrektur eines durch den Wiederaufbau geschaffenen Zustands entlang der Berliner Straße, wobei der an sechs Büros[179] erteilte Studienauftrag in dieselbe Perspektive wie die Reorganisation des angrenzenden Altstadt-Bereichs zu rücken ist. Durch Krieg und verkehrsgerechten Wiederaufbau dekon-

44/45 Römerbergzeile und Alte Oper nach der Rekonstruktion

textualisiert, soll der Zusammenhang des Paulsplatzes mit dem Römerberg wieder lesbar gemacht werden.[180] Neben einer städtebaulichen Aufwertung des von der Berliner Straße angeschnittenen Paulsplatzes geht es bei dem Ideenwettbewerb auch um die Unterbringung der von der Stadt kürzlich erworbenen Sammlung Ströher, die ein eigenes Museum erhalten soll.[181] Dies, die Stimulierung des öffentlichen Raums in der Innenstadt sowie die Korrektur von Bebauungsstrukturen aus der Nachkriegszeit schaffen damit eine ähnliche Ausgangslage wie beim Kulturzentrum Schirn und der Römerberg-Überbauung. Bei der Paulskirche handelt es sich ebenfalls um einen für die Identität und die politische Tradition der Stadt zentralen Ort. Der Wunsch, das Areal zu fassen, ist eine Antwort auf dessen Abschnürung von den Altstadtrelikten rings um die Fußgängerzone am Römerberg, aber auch vom Hochhausviertel an der Taunusanlage und der Einkaufszone Zeil. So bildet der Platz ein maßstabloses Scharnier zu den im Norden und Westen anschließenden Geschäfts- und Einkaufsbereichen, die im Verlauf der siebziger und achtziger Jahre zusätzliche Modernisierungsschübe erfahren.

Ungers entscheidet sich gegen den zeitgenössischen Erlebniszusammenhang – und dafür, den inselartigen Charakter des Paulsplatzes herauszuarbeiten. Dieser soll auf die Altstadt bezogen und auf den benachbarten Römer orientiert werden, so daß auf stadthistorisch bedeutsamem Terrain ein Doppelplatz entsteht und zugleich die Orientierung des klassizistischen Sakralbaus hervorgehoben wird. Die Ausstattung mit diversen Referenzen blendet den in der Nachkriegszeit entstandenen Verkehrsraum aus: Die als Ost-West-Magistrale für den Transitverkehr durch die Altstadt 1952 angelegte und mit funktionalistischer Dienstleistungsarchitektur bebaute Berliner Straße wird am Paulsplatz durch Torbauten unterbrochen.[182] Eine Baumallee soll die übrigen Abschnitte der Verkehrsschneise zum Boulevard transformieren, dessen westliches Ende Ungers mit einem stelenartigen Hochhaus besetzt und so auf die Türme des angrenzenden Bankenviertels verweist. Mit der Auskoppelung des eigentlichen Paulsplatzes wird der verkehrsgerechte Wiederaufbau aus der Nachkriegszeit in stadträumliche Fragmente aufgelöst. Ungers geht es vorrangig darum, die ehemalige stadträumliche Fassung der Paulskirche zu betonen. Zum Volumen der Kirche gesellen sich in seinem Vorschlag auf dem Paulsplatz Bauwerke, die durch ihre Nutzungen den Öffentlichkeitsgrad des Ortes erhöhen sollen: Vier verschiedene Bebauungs- und Bepflanzungsvorschläge zeigen neue Nutzungsmöglichkeiten für den zu einem geschlossenen Platzraum umgestalteten Paulsplatz.

46/47 Bau der Berliner Straße nach dem Zweiten Weltkrieg und Ungers'
städtebaulicher Korrekturvorschlag von 1983

Für Ungers sind die ‚Bespielungsvarianten' Anlaß, anhand ähnlicher modularer Strukturen unterschiedliche Charaktere für den wiedergewonnenen Platz zu entwickeln. Hier zeigt sich sein Interesse an der Metamorphose architektonischer Grundformen, das die Forschung über Vorfertigung und Typisierung während der sechziger Jahre bestimmt hatte. In klarem Kontrast zum Wiederaufbau entwickelt er Konfigurationen mit Bezügen zu historisierenden Erzählungen. Maßstäblich und volumetrisch steht die in Berlin untersuchte Stadtvilla Pate, während er in bezug auf Urbanität seine Themen in Traktaten Sebastiano Serlios (1475–1554) findet.[183] In allen vier Varianten der Studie setzt er die Metapher von der *Stadt als Bühne* ein, wobei er auf Serlios Idee zurückgreift, Architektur und Stadt als Theaterinszenierungen aufzufassen: *scena satyrica, scena comica, scena tragica.* Den architekturtheoretisch legitimierten Referenzen ordnet er jeweils einen Bebauungsvorschlag zu, im Fall der Variante *scena tragica II* etwa das geplante Museum für Moderne Kunst. Um den Bau auf dem Paulsplatz unterzubringen, greift er auf den aus den Städten des Veneto bekannten Bautyp der Basilika zurück. Hatte er sich beim Kölner Wallraf-Richartz-Museum noch von de Chirico inspirieren lassen, so scheint sein Italienbezug jetzt von einem stadträumlichen Harmoniebedürfnis getragen zu sein. 1975 gingen Bezüge zum Surrealismus in den Kölner Entwurf ein, und zugleich erweckten Sheddächer über den abstrakten Grundrißfeldern den Eindruck einer monumentalen Produktionsstätte für die Kunst. Derartige Verweise auf die ökonomische Tragweite des Kulturkonsums finden sich im Frankfurter Entwurf nicht mehr. Vielmehr erschließt Ungers über Verweise auf Serlio das kulturelle Kapital der Architekturtheorie der Renaissance, die nun als ‚kuratierende' Instanz im Stadtraum in Erscheinung treten soll.

Die für den Paulsplatz entwickelten Szenen beruhen auf einfachsten Typisierungen. Den öffentlichen Raum begreift Ungers im Anschluß an Serlio als bühnenartigen Raum, auf dem architektonische Objekte geschichtliche Bezüge herstellen. Unbeabsichtigt illustriert er damit den von Werner Durth beschriebenen Paradigmenwechsel, der sich durch die Ausdifferenzierung der städtischen Öffentlichkeit im Verlauf der siebziger Jahre vollzieht. Durths Untersuchung, die 1977 zu Beginn der Ära Wallmann mit deren Mischung aus Standort-, Kultur- und Architekturpolitik erscheint, analysiert die schrittweise erfolgende Überwindung der funktionalistischen Modellierung der Stadt. Der Begriff der architektonischen Postmoderne hat zu diesem Zeitpunkt den deutschen Sprachraum noch nicht erreicht, ebensowenig wie Ungers' zeitgenössische Entwürfe einer breiteren Öffentlichkeit bekannt wären. Um so weitsichtiger erscheint Durths Beschreibung des Paradigmenwechsels, der vom (modernen) Modell der *Stadt als Organismus* zur *Stadt als Bühne* führt. Der Stadtplanung liegt ihm zufolge nicht mehr ein universalistisch-ausgleichendes zugrunde, sondern ein relationales Raummodell, das mit der Inszenierung von „subjektiven Umwelten" arbeitet.[184]

Als Anschauung dienen Durth die Entwicklungen zwischen den Verunsicherungen der späten sechziger und der Denkmalpflege-Diskussion Mitte der siebziger Jahre, eine Periode, die in Frankfurt mit den Kontroversen um das Westend, der Einrichtung der Fußgängerzonen sowie Bemühungen um die Rekonstruktion der Römerbergfassaden und der Alten Oper zusammenfällt. Das Organismusmodell hatte sich stadträumlich nicht nur im Neuen Frankfurt und später in Schwagenscheidts Nordweststadt manifestiert, sondern auch in unmittelbarer Nachbarschaft zum Paulsplatz: 1963 charakterisiert Hans Scharoun seinen Wettbewerbsbeitrag für den Dom/Römerberg-Bereich als „gegliedertes Tal mit belebten Randzonen"[185]. Die Realisierung des Kulturzentrums mit der Schirn und die Reparatur des Römerbergs mit seinen Fachwerkfassaden setzen die Organismus-Metapher jedoch außer Kraft. Das modulierte Raumkontinuum wird obsolet, als es um die Verteilung von hochkulturellen Nutzungen im Frankfurter Zentrum geht: Zur Erzeugung von Einzigartigkeit begrüßt die aufkommende Architekturpolitik die „Sperrigkeit inner-ästhetischer Strukturprinzipien"[186] – eine diametral andere Beziehung von Objekt zu Raum als der Strukturalismus, dem noch das 2010 abgerissene Technische Rathaus verpflichtet war.

„Eine Art Stadtbühne"

Durths Bühne kann als Raum gesehen werden, auf dem sich das postmoderne Aufmerksamkeitsregime einschließlich seiner lokalen Narrationen und europäischen Traditionsbezüge entfalten wird. Indem er den Paulsplatz im Raum architekturhistorischer Bildung situiert, bietet Ungers auf dem Markt der „feinen Unterschiede"[187] Distinktionschancen an – doch wer sind die Adressaten des von Serlio inspirierten Schauspiels? Hier läßt sich das Publikum im Gegensatz zum kurz zuvor eröffneten Deutschen Architektur Museum nicht eindeutig benennen. Franz Dröge und Michael Müller zufolge betritt eine Mittelschicht die „Bühne der neuen urbanen Zentren", die diese sich „mit der Ausbildung und Durchsetzung kommunaler Regulationsregimes mehr oder weniger selber geschaffen" hat. Zu dieser städtischen Mittelschicht gehören Menschen, die sich „in ihrer sozialen Existenz ganz wesentlich über ihre Fähigkeit reproduzieren, den Alltag und seine Orte zu ästhetisieren"[188] – etwa das Personal des sich in Frankfurt ausbreitenden Dienstleistungssektors. Für ihre Ästhetisierungsleistungen braucht die Mittelschicht Orte und Räume, die ihren Sehnsüchten Bühne sind.

Mit dem ‚Auftritt' archetypischer Objekte setzt diese Bühne ein Publikum voraus, dem daran gelegen ist, beim Besuch des Stadtzentrums Distinktionsgewinne realisieren zu können. Es muß für die Symboliken empfänglich sein, mit denen Architekten wie Oswald Mathias Ungers in der Dienstleistungsstadt Frankfurt ausgewählte Orte und Räume versehen. Bei Ungers mündet die Darbietung allerdings nicht in Auseinandersetzungen mit Pluralität, Zufall und Dissonanz. Seine Bühnenmetapher erweist sich vom Spektakelbegriff, der in Frankreich und Großbritannien aus der Kritik am Funktionalismus hervorgeht und im Centre Pompidou sein Denkmal erhält, als ebenso weit entfernt wie von den Pop-Narrationen, die in den USA Öffentlichkeit und Konsum thematisieren. Vielmehr bleibt der städtische Alltag bei Ungers vom Paulsplatz ausgeblendet – wie der Schnellverkehr der Berliner Straße. Der Entwurf ist, dem Wallraf-Richartz-Museum vergleichbar, von einer Auffassung des Stadtraums geprägt, die (vermeintlich) zeitlose metaphysische Qualitäten in einer kollektiven Erinnerung gespeichert sieht. Die Tragik der modernen Stadt im Sinne einer gescheiterten Utopie – im Kölner Museumsentwurf stärker als im Studienauftrag für den Paulsplatz präsent – zeigt insofern eine Geistesverwandtschaft zu den Bildwelten von Aldo Rossi. Eine unmittelbare Analogie erscheint schon 1979 im Vorwort zum Katalog der Rossi-Ausstellung am New Yorker Institute for Architecture and Urban Studies, wo auch Rossi die urbane Suggestion beschreibt, die Sebastiano Serlios Perspektivzeichnungen auf ihn haben.[189]

Ungers' Wunsch, einen Raum als „eine Art Stadtbühne – als zentralen Raum für die Stadt Frankfurt zu schaffen"[190], zeugt eher von retrospektiv geschönten, von sozialen Widersprüchen befreiten Vorstellungen über das städtische Bürgertum, über den Urbanitätsbegriff und den deutschen Staat des 19. Jahrhunderts. Schinkel und das preußische Berlin mit der Museumsinsel dienen dazu, den Paulsplatz in einer verschütteten Tradition zu verorten: „Durch das Zusammenwirken der drei Komponenten, der geistlichen, der politischen und der kulturellen – Kirche, Rathaus und Museum – auf der ‚Bühne der Stadt' könnte eine einmalige Identität geschaffen werden, die sich im Berlin des Humanismus [...] im Nebeneinander von Dom, Schloß und Altem Museum eindrucksvoll manifestiert hat."[191] Ungers setzt Distinktion auf zweifache Weise ein – einerseits über die bei Serlio in Anspruch genommene architekturtheoretische Autorität, andererseits über einen berlinischen Humanismusbezug, der den Vorschlag im historischen Raum einer untergegangenen Bürgerlichkeit verortet. Das identitätsstiftende Moment, das Schinkels Altes Museum auf der Museumsinsel verkörpert, übernimmt in Frankfurt die Paulskirche. Die Kuratierung des Platzes erfolgt im Dialog mit dem klassizistischen Zentralbau, der wie Schinkels Museum für die Beziehung von städtischem Bürgertum und Klassizismus steht.

In ihrer geometrisch reinen Disposition ist die Paulskirche Beispiel jener elementaren Kompositionsprinzipien, denen sich Ungers konzeptionell zunehmend verpflichtet weiß.[192] Sein Wettbewerbstext erwähnt die Rolle der Kirche im Selbstverständnis der Stadt Frankfurt und betont die historische Bedeutung „eines Ortes der geistigen Befreiung, des Aufbruchs und der Aufklärung"[193]. Selbstverständlich weiß Ungers, welche Wirkung der Bau als Zeuge der bürgerlichen Revolution von 1848 und der Konstitution der Bundesrepublik 1949 hat. Beide Ereignisse bieten nach der konservativen Wende 1977 (Frankfurt) und 1982 (Bonn) ein zusätzliches narratives Potential. Wie die Standortpolitik der CDU-Regierung richtet Ungers den Text zu seinem Projekt an ein Publikum: „Der tragende Gedanke liegt in der Vorstellung des Paulsplatzes als eines Forums der Kultur und gesellschaftstragender Elemente."[194] Die Bühne ist nicht offen,

48 Sebastiano Serlio, *Scena Comica*   49 Die Berliner Straße als Schnellstraße

sie hat den Zweck, bestimmte Gruppen wieder an das historische Zentrum zu binden – jene bürgerliche Schicht, deren Bindungen an die Frankfurter Innenstadt gewaltsam zerstört worden waren. Derartige Bezugnahmen lassen sich unter zwei Aspekten verstehen. Einerseits bietet die als Zentralität verstandene Urbanität eine Gegenbewegung zur Zersiedelung an, zum *urban sprawl*, ist doch gerade die Oberschicht im Zuge des Wiederaufbaus in die Ortschaften nördlich von Frankfurt abgewandert. Andererseits erscheinen die von Ungers genannten gesellschaftstragenden Elemente als Gegenpol zum zunehmend anonymisierten Dienstleistungssektor mit seinem nicht mehr lokal verwurzelten, zunehmend internationalen Führungspersonal. Entwerferisch und gesellschaftlich ist dieses Wunschbild wie die in der Ära Wallmann beschworene Urbanität ein – allerdings von den gesellschaftlichen nicht mehr gedeckter – Rückgriff auf eine Vergangenheit, in der Urbanität politisch, wirtschaftlich und kulturell in den Habitus des Großbürgertums eingebunden war.

Diskursgemeinschaften

Beim Rückblick auf seinen Amtsantritt 1977 nennt Walter Wallmann als Ziele, „den inneren Frieden wieder herzustellen, einen rechtlich geordneten Aufbau zu ermöglichen und den Bürgern den Stolz auf ihre Stadt zurückzugeben"[195]. Um in der Altstadt Vergangenheiten konstruieren und lokalisieren zu können, findet sukzessiv eine Ausblendung der aus dem

50 Paulskirche und von Ungers vorgeschlagene Platzbebauung

97

Wiederaufbau hervorgegangenen stadträumlichen Kontexte statt. Die Verbindung von architektonischen Narrationen mit politisch genehmen Bildwirklichkeiten weist der Architektur einerseits neue narrative Aufgaben zu, reduziert aber andererseits gerade ihre konzeptionelle Autonomie. Dieser Konflikt wird besonders in Berlin und Dresden nach der Wende zutage treten, als auf die erstmals in Frankfurt praktizierte Rekonstruktion gesetzt wird, um Spuren des DDR-Städtebaus zu tilgen. Besonders die dem Berliner Bezirk Mitte verordnete ‚Kritische Rekonstruktion' hat die Architektur der Möglichkeit zu Kommentaren beraubt, in denen sich spiegeln würde, was Habermas unter dem „reflexiven Charakter" beziehungsweise den „Nötigungen und Chancen" jeglicher Auseinandersetzung mit der Vergangenheit in der Bundesrepublik thematisiert.[196] Die mit der Wiedervereinigung verbundene Städtebau- und Architekturpolitik ist zum Zeitpunkt von Habermas' Äußerungen noch kein Thema.[197] Das eingeforderte „dezentrierte" und „ambivalente" Geschichtsbild ist vielmehr vor dem Hintergrund des ersten Teils der *patriarchal-wohlfahrtsstaatlich* geprägten Ära Kohl zu verstehen   so etwa im 1987 Bonner Beschluß, in der ehemaligen Reichshauptstadt im Schatten des ehemaligen wilhelminischen Reichstags das Deutsche Historische Museum zu errichten.[198]
Unter dem Titel *Die Moderne – Ein unvollendetes Projekt* entwickelt Habermas eine Negativdefinition der Postmoderne, als deren Merkmal er etwa eine Instrumentalisierung von Geschichte zur Legitimation von Herrschaft sieht.[199] Kontrovers ist hier die Zuhilfenahme der Geschichte des preußischen Kaiserreichs, um für die Bundesrepublik eine den Nationalsozialismus ausklammernde und das ‚Dritte Reich' als singuläre Katastrophe darstellende Vergangenheit zu konstruieren. Diese beispielsweise durch den Historiker und *FAZ*-Mitherausgeber Joachim Fest vertretene Haltung erlaubt es, die Bundesregierung in der Tradition des europäischen Nationalstaats zu situieren und „zustimmungsfähige Vergangenheiten" zu konstruieren.[200] Das Wirken einer „regierungsamtlich einflußreichen Gruppe von Historikern"[201] kann nach den politischen Turbulenzen der siebziger Jahre in dem Versuch gesehen werden, den scheinbaren gesellschaftlichen Konsens der Wiederaufbauphase zu vergegenwärtigen, muß aber auch in der Rivalität zur DDR mit ihrer politisch motivierten Aneignung der deutschen Geschichte gesehen werden.[202]
Neben Berlin bildet Frankfurt den wichtigsten Kristallisationspunkt in den Debatten um die Vergangenheit des deutschen Nationalstaats, dessen Erinnerungskultur unterschiedliche Phasen durchläuft. Aleida Assmann erkennt in der ersten Phase der Nachkriegszeit ein von Selbstentlastungs-

mechanismen bestimmtes Kollektivtrauma.[203] Doch im Anschluß an den Frankfurter Auschwitz-Prozeß (1963–1965) komme es zu einer Zäsur, die maßgeblich von den aus dem Exil zurückgekehrten Vertretern der Frankfurter Schule sowie den Arbeiten Alexander und Margarete Mitscherlichs geprägt sei.[204] Anstatt das ,Dritte Reich' zu personalisieren, werde der Faschismus kontextualisiert und auf Strukturmerkmale der modernen Gesellschaft bezogen. Politisch radikalisiert, präge die Forderung zur schonungslosen Vergangenheitsbewältigung auch die Systemkritik und das Geschichtsbewußtsein der Achtundsechziger. Assmann zufolge bringen erst die achtziger Jahre ein Bewußtsein für die „Bedeutung der öffentlichen Kommemoration und ihrer Symbole", wodurch die offizielle Bundesrepublik ihr Selbstbild vorsichtig korrigiere.[205] Gegenüber der bisherigen Vergangenheitsbewältigung – architektonisch in der Westberliner Gedächtniskirche (1959–1963) von Ungers' Lehrer Egon Eiermann umgesetzt – gestatte dieses Selbstbild fortan Zeichensetzungen und „konsequente Symbolplanung"[206], die sich in einem pragmatisch ausgerichteten „Erinnerungsmanagement"[207] manifestieren werden.

Der Beschluß des deutschen Bundestags von 2002, das Berliner Stadtschloß zu rekonstruieren, kann als eine Folge der Wende von der „heroischen zur postheroischen Erinnerung"[208] angesehen werden. Doch diese erscheint bereits in der Kuratierung des öffentlichen Raums in Frankfurt – sowohl bei der Rekonstruktion der Römerbergfassaden als auch in der Analogie Museumsufer-Museumsinsel. Diese Normalisierung hat aber auch ihre innerfachlichen und institutionellen Ursachen: Der Denkmalschutz geht zunehmend von Einzelobjekten auf die alltäglichen Lebenszusammenhänge des Wohnens und Arbeitens über, wodurch sich sozialpolitische und ökonomische Faktoren vermischen. Auf die Ausdehnung des Denkmalbegriffs folgen im Lauf der siebziger Jahre staatliche Förderprogramme, deren Gegenstand denkmalpflegerische Maßnahmen durch private Sponsoren sind. Unterschutzstellung und Bezuschussung führen zur Ökonomisierung historischer Bausubstanz, wodurch ein Teil der Konflikte rund um die Erhaltung historischer Bausubstanz entschärft wird und der Denkmalbegriff seine Sperrigkeit verliert.

Edgar Salins Urbanitätsbegriff

Die Historisierung der Frankfurter Innenstadt kann ohne Bezug zur Urbanitätsdiskussion nicht diskutiert werden. Den Anstoß liefert der

Nationalökonom Edgar Salin bereits 1960. Sein an der Jahrestagung des Deutschen Städtetags in Augsburg gehaltenes Referat erscheint im selben Jahr im gleichnamigen Verbandsorgan und trägt den programmatischen Titel *Urbanität*.[209] Der gebürtige Frankfurter entwickelt einen Urbanitätsbegriff, als der Wiederaufbau der Stadt abgeschlossen oder doch weit fortgeschritten ist und die Verluste im historischen Stadtkörper als unwiederbringlich angesehen werden. Obschon er auf Direktiven verzichtet, ist Salin durch seine Kritik an der Moderne für viele Stadtplaner, Architekten und Kommunalpolitiker der Bundesrepublik richtungsweisend. Urbanität wird vor allem über ihre Abwesenheit artikuliert.

Salin stellt seinen Begriff in einen breiten kulturhistorischen Kontext, der von der Antike über das Mittelalter bis in die Neuzeit und die Nachkriegszeit reicht.[210] Unterschiedliche politische, wirtschaftliche und gesellschaftliche Zusammenhänge diskutierend, weist er darauf hin, daß große Städte existieren können, ohne Urbanität zu entwickeln. Implizite wird damit rein quantitatives Wachstum diskreditiert. Salin ist sogar um eine Abgrenzung der Begriffe Urbanität und Stadtform/Stadtformung bemüht: Ersterer bezeichne eine politische und gesellschaftliche Dimension, somit eine Identitäts- und Handlungsebene, während letzterer auf konkrete Raum-

51/52 Bürgerliche Kulturtradition und Geschäftswelt an beiden Mainufern: Städelsches Kunstinstitut als Keim des Museumsufers und die zeitgenössische Skyline der Hochfinanz

dispositionen verweise und damit auf die bauliche Dichte und den Erschlie-
ßungsgrad eines städtischen Gebiets. Salins Urbanitätsbegriff wurzelt in
der Identität des Städters, auf dessen Teilnahme an Handel, Verwaltung,
Bildung, aber auch auf der Möglichkeit, sich durch Formen der Distinktion im Stadtraum abzugrenzen. Er verweist auf das republikanische Rom
sowie auf die englische Sprache, in der *urbanity* gepflegte Umgangsfor-
men bezeichnet. Urbanität bestimme die Wesenszüge von Stadtstaaten in
der Antike und im Mittelalter, wohingegen sie im Absolutismus an Bedeutung verliere, als viele Städte ihre politischen Eigenschaften einbüßen. In
diesem Zusammenhang verweist Salin auch auf den Gegensatz zwischen
Urbanität und der durch höfische Gesellschaften vorgegebenen Höflich-
keit. In der Aufklärung und in der bürgerlichen Revolution von 1789 sieht
er die Wiedergeburt der Urbanität, doch zielen seine Äußerungen auf
Deutschland.

Hier sieht er eine der spät verwirklichten nationalstaatlichen Einheit
geschuldete, besonders starke Tradition der Urbanität verwurzelt – zahllose städtische Zentren haben bis in die Moderne eine lokalspezifische
Urbanität bewahrt.[211] Diese sei weniger in einem Demokratieverständnis
verankert als in Kulturpraktiken und Distinktionsformen, die das deutsche

Bürgertum im 19. Jahrhundert entwickelt habe. Weil Juden diesen gesellschaftlichen und kulturellen Zusammenhang in Frankfurt, Hamburg und
Berlin wesentlich mitbestimmt haben, ist für Salin das Jahr 1933 gleichbe-
deutend mit der Zerschlagung von Urbanität.[212] Die Aneignung des städtischen Raums durch das ‚Dritte Reich‘ zeigt‘ die Fragilität von Urbanität sowie deren Abhängigkeit von politischen Kontexten: „Leere Fassaden
sind geblieben. In die sind die Bomben des Krieges gefallen und haben
die leeren Mauern zerstört.“[213] Im Hinblick auf die Frage der Stadtfor-
mung ist Salins Feststellung entscheidend, daß die gegenwärtige, zunehmend motorisierte Stadt sich in der Agglomeration aufzulösen droht. Er
verweist auf das Gegenmodell der städtischen Dichte und auf das Zentrum als Ort, in dem traditionell die Institutionen der Bürgergesellschaft
untergebracht sind. So verkörpert die Stadtform ein Merkmal von Urbanität, das sich in einer morphologischen Gestalt artikuliert. Dieses Merkmal kann jedoch nicht als ein Leitbild auf beliebige Kontexte übertragen
werden, um Urbanität zu generieren.
Salins Urbanitätsbegriff ist in den Traditionen des deutschen Groß- und
Bildungsbürgertums verankert, spricht er doch vom „wachen Bürger-
sinn alter Familien", vom „Nachwirken einer großen Vergangenheit", von
der „durch große Oberbürgermeister geweckte[n], stolze[n] Verbunden-
heit mit der neu-aufblühenden Stadtgemeinde"[214]. Dieses Bekenntnis tritt
gerade in Salins grundlegender Skepsis darüber zutage, ob die zeitgenössische Gesellschaft zur Entwicklung von Urbanität überhaupt fähig sei.
Bezüge zur proletarischen Kultur, zur Arbeiterbewegung und zur Industrialisierung, in der die moderne Großstadt aufgehoben war und die
gerade die Identität des Neuen Frankfurt unter der Weimarer Republik
prägten, fehlen in Salins Urbanitätsdiskurs gänzlich. Besonders Frankfurt
sowie Salins spätere Heimatstadt Basel zeichneten sich durch bürgerliche
Eliten aus, die ihre Identität nicht zuletzt aus der lokalen Verwurzelung
bezogen. Der aufgeklärte Humanismus dieser Zentren definiert sich über
den Gegensatz zu den höfischen Traditionen fürstlicher Residenzstädte.
Salin zufolge läßt er politisch und gesellschaftlich gelebte Urbanität als
Errungenschaft zu. Indem er sich an einer intakten Bürgerlichkeit orientiert, verortet Salin Urbanität in der Zeit vor den gesellschaftlichen und
politischen Krisen des 20. Jahrhunderts.

„Räume weißen Lichts": Deutsches Architektur Museum

Im Frankfurt der achtziger Jahre ist es möglich, daß der öffentliche Raum von Politkern als Relikt einer vergangenen Bürgerlichkeit verklärt und die zeitgenössische Urbanität von Soziologen wie Walter Prigge zwischen Emotionalität und Konsumpraktiken verortet und problematisiert wird. Zum Fluchtpunkt und zur intellektuellen Wahlheimat für bürgerliche Kommunalpolitiker entwickeln sich auch die Repräsentanten der Frankfurter Schule.[215] Die mit dem Soziologischen Institut der Frankfurter Universität verbundene Kritische Theorie fungiert im Sinne einer lokalen Referenz, die, längst vom radikalen Zugriff der 1968er befreit, wie Goethe zu den ‚Brands' der Stadt gezählt werden kann.[216]
Die drei Jahrzehnte, in denen unterschiedliche Akteure den Begriff Urbanität mobilisieren, zeichnen sich durch einen radikalen Wandel der Stadt und der städtischen Gesellschaft aus: 1980 ist der Gegenstand architektonischer Projektionen sowie deren Publikum ein anderer als 1960. Salins bürgerlich konnotiertes Verständnis von Urbanität wird Bezugspunkt für Argumentationsmuster, die Politiker, Standortförderer, Stadtplaner und Architekten in den achtziger Jahren für die Innenstadt entwickeln. Salins Thematisierung lokaler Tradition in Form von Kultur- und Bildungsverständnis des Frankfurter Bürgertums erlaubt der Stadtverwaltung unter Wallmann, sich von der Gesellschaftspolitik und dem Technokratieverständnis ihrer sozialdemokratischen Vorgänger zu distanzieren.
Als Wallmann 1979 den „Verlust an städtischer Atmosphäre" kritisiert und „die Funktion der Innenstadt als Schauplatz des öffentlichen Lebens" verklärt, zeigt sich sein Bezugspunkt unmittelbar: „Es darf nicht, wie Edgar Salin sagte, die ‚Entballung' der Städte stattfinden. [...] nur die Stärkung des Kerns vermag bis in die äußersten Bezirke ein neues Leben auszustrahlen."[217] Für die Aktivierung dieses Raums gilt es ein bestimmtes Publikum zu mobilisieren – eine Herausforderung, zumal hier Bevölkerungsgruppen anvisiert werden, die sich je länger je weniger mit der Stadt identifizieren. Krieg, Wiederaufbau und später die regional ausgerichtete Infrastrukturpolitik haben eine Suburbanisierung ausgelöst, deren Nutznießer die Mittel- und die Oberschicht sind. Eine Antwort auf die Stadtflucht, deren wirtschaftliche Folgen sich seit den siebziger Jahren bemerkbar machen, bietet der auf räumliche Verortung zielende Urbanitätsdiskurs. Um einen Bezug zum Stadtraum rhetorisch zu (re-) konstruieren, bietet Salin Anhaltspunkte, als die Mittelschicht – analog zu Arbeiterschaft und Kleinbürgertum während der Weimarer Republik

– zur Zielgruppe der Lokalpolitik aufsteigt. Denn Salin hatte als Träger der Urbanität weder die Arbeiterklasse noch die Industrialisierung sondern das verwurzelte Bürgertum dargestellt. Im Sinne des pragmatischen „Erinnerungsmanagements" postmoderner Politik eignet sich gerade das Moment des Verlusts in Salins Äußerungen über Frankfurt. Angelpunkt seines Essays ist die jüdisch mitgeprägte Tradition der Handelsstadt – jene bürgerliche Schicht also, deren Verbindung zur Frankfurter Innenstadt in der Nazizeit ausgelöscht worden war. Der Habitus der kulturtragenden Eliten des Kaiserreichs und der Weimarer Republik steht im Kontrast zum nicht mehr zu verorteten Führungspersonal eines anonymisierten Finanz- und Dienstleistungssektors. Die Global City entbehrt gerade einer Lokalisierung, wie sie sich einst im Großbürgertum des Frankfurter Westend und in der politischen und kulturellen Identität der Stadt manifestierte. Wie Salins idealisierende Erzählung verlorener Bürgerlichkeit wird auch die Bildungstradition der Goethestadt vergegenwärtigt. Hier zeugen insbesondere die Universität mit dem Institut für Sozialforschung von gesellschaftlichen Situation vor 1933: ein liberales, dem städtischen Gemeinwesen gegenüber verantwortungsbewußt auftretendes Bürgertum mit einer einflußreichen jüdischen Gemeinde, das über die erst 1913 gegründete Universität die Umsetzung einer progressiven Wissenschaftspolitik förderte. Einen prominenten Platz erhielten dort Geisteswissenschaften wie die junge, von namhaften jüdischen Intellektuellen etablierte Disziplin Soziologie.[218] Ihre Vertreter bieten sich nach der Rückkehr aus dem Exil als kritisches Gewissen der Nachkriegszeit an, wie die Bemerkungen von Oberbürgermeister Walter Kolb 1951 bei der Eröffnung des Institutsneubaus belegen: „Die Stadt Frankfurt ist durchdrungen von der Erkenntnis, daß, wenn die Lehren der Soziologie als richtunggebend den Deutschen stets vor Augen gestanden hätten und stets befolgt worden wären, uns unendliches Elend und Unheil erspart geblieben wäre."[219]
Die bereits 1977 geäußerte Absicht, in Frankfurt ein Architekturmuseum zu gründen, belegt die Besetzung des Themas Architekturpolitik durch die neugewählte CDU-Stadtverwaltung. Die Einrichtung eines der Architektur gewidmeten Museums rückt diese in eine Sphäre der Reflexion, mit der sie als Disziplin in Frankfurt bis dahin nicht assoziiert war. Die Positionierung des neuen Museums am Schaumainkai rückt das DAM in eine räumliche Beziehung zu Orten des bürgerlichen Kunstbetriebs: In unmittelbarer Nähe befinden sich das Städel-Museum, das Liebighaus und das Museum für Angewandte Kunst. Im Rahmen des im Museumsentwicklungsplan umgesetzten Konzepts für das Museumsufer wird eine spät-

historistische Doppelvilla am Mainufer übernommen und bis 1984 zum Architekturmuseum umgebaut. Die dezidierte räumliche Entfernung zur zeitgenössischen City ist implizit eine programmatische Aussage. Sowohl stadträumlich als auch institutionell wird Architektur in ihrem eigenen Raum verortet. Im Namen Deutsches Architekturmuseum erscheint bereits der Anspruch, Architektur unabhängig von Disziplinen wie Städtebau oder Design als Gegenstand historiographischer Forschung und Darstellung zu begreifen und in die Hochkultur der Bundesrepublik einzubinden.

Daß sich das DAM zu einem Ort entwickelt, der die Möglichkeit bietet, eine neue Beziehung zwischen Architektur und Publikum herzustellen, hängt mit dem Wirken seines Gründungsdirektors Heinrich Klotz zusammen. Der Marburger Ordinarius für Kunstgeschichte ist seit Mitte der siebziger Jahre der wichtigste Förderer von Oswald Mathias Ungers, der um diese Zeit in der Bundesrepublik keinerlei Aufträge erhält und dessen Untersuchungen vor allem in der italienischen Fachpresse Beachtung finden. Nach seiner Einladung an Ungers, Vorschläge für die Sanierung der Altstadt Marburg zu entwickeln, ist Klotz' Wechsel nach Frankfurt für den Verlauf von Ungers' späterer Karriere folgenreich.[220]

Die kultur- und standortpolitisch begründeten Anliegen, die von außen auf das DAM einwirken, finden in den architekturspezifischen Interessen von Klotz und Ungers eine Entsprechung. Sowohl dem Direktor als auch ‚seinem' Architekten geht es darum, Architektur aus unproduktiven Bindungen zu lösen und damit neue narrative Potentiale zu erschließen. An den didaktischen Anspruch des Architekturmuseums erinnert die Website des Museums noch heute: „Das DAM veranschaulicht in einzigartiger Weise das, was Heinrich Klotz als das leitende Grundprinzip der postmodernen Architektur proklamiert hat: die Gestalt eines Bauwerks bewußt mit einem Inhalt zu verbinden, der zum Erzählstoff wird.“[221] Für Ungers besteht dieser Erzählstoff darin, daß er die Villa in einen Demonstrationsort abstrakt materialisierter Raumsituationen verwandelt. Die Villa wird wegen ihrer kleinteiligen Räume und ungenügender Bodenbelastbarkeit ausgekernt und, um zusätzliche Ausstellungsflächen zu gewinnen, im Erdgeschoß erweitert. Da kein Platz für Anbauten vorhanden ist, wird die schmale Parzelle vollständig mit einem gedrungenen Sockelvolumen überbaut, das den Eingangsbereich und die Oberlichtsäle des Museums aufnimmt. Zum Schaumainkai und auf der Rückseite wird der Sockel jeweils um eine zusätzliche Raumschicht ergänzt: vorne eine Eingangsloggia, hinten eine Serie kleiner Ausstellungshöfe. Diese bezüglich Achsmaß

Heinrich Klotz

Architektur in der Bundesrepublik

Gespräche mit sechs Architekten
Günter Behnisch·Wolfgang Döring
Helmut Hentrich·Hans Kammerer
Frei Otto·Oswald Matthias Ungers

Ullstein

53/54 Heinrich Klotz, Autor, Kritiker und Gründungsdirektor des Deutschen Architektur Museums (oben), war entscheidend als Ungers' publizistischer Förderer und Frankfurter Bauherr.

und Material identischen Raumschichten schotten die Parzelle ab, was durch die Rustizierung ihrer roten Sandsteinmauern noch betont wird. Bei der Organisation des Erdgeschosses demonstriert Ungers abermals sein Entwurfsthema *Stadt in der Stadt*. Zwar setzt er hier weder morphologische Fragmente noch Superzeichen. Ungers arbeitet mit Motiven, die, wie die Umfassungsmauern, Innenraum und Außenraum verwischen und einen inselartigen Binnenraum erzeugen: Gassen, einen weiteren Innenhof und – als Herzstück der Komposition – ein Haus im Haus. Indem das gesamte Grundstück einschließlich des erhaltenen Kastanienbaums dem neuen Sockelbereich zugeschlagen wird, entwickelt sich die Komposition aus einer extrudierten städtischen Grundfläche. Durch Platznot bedingt, verfremdet und schottet das Entwurfskonzept die historische Bausubstanz zugleich physisch ab. Das Grundstück wird in einen zwischen Stadt und Haus oszillierenden Zustand versetzt, wodurch Ungers die seit den frühen sechziger Jahren aufgegriffene Analogie vom Haus als kleiner Stadt oder von der Stadt als großem Haus vergegenwärtigt. Ungers' impliziter Rückbezug auf Alberti liefert Klotz zugleich das kulturelle Kapital, durch das sich Architektur innerhalb einer „bis hin zu den Domen des Mittelalters und den griechischen Tempeln" reichenden Tradition situieren läßt.[222] Da die Parzelle vollständig überbaut wird, scheint die Doppelvilla auf ihrem rustizierten Sockel gehoben wie entrückt. Diese Maßnahme verstärkt den Objektcharakter des historischen Gebäudes, das seinem Kontext in Form des präparierten Artefakts gegenübertritt. Als Versatzstück bleibt die Villa am Mainufer zwar erhalten, ihre neue Nutzung führt jedoch zur Aufhebung des Gegensatzes *falsch* und *echt*. Sowohl außen (Sockel) als auch innen (Auskernung) morphologisch verfremdet, demonstriert das Versatzstück das seit der Rekonstruktion der Römerbergzeile problembehaftete Thema der sogenannten Authentizität. Über die Extrusion des Grundstücks, die Einfügung eines Hauses in das bestehende Haus, sowie durch die beabsichtigte Verwischung von Ausstellungsobjekt und Ausstellungsträger gelangt Ungers zur Metapyhsik einer Architektur, die vorgibt, auf nichts anderes als auf sich selbst zu verweisen.
Von Ungers verfaßte Projekttexte verdeutlichen, wie ihm Abstraktionsverfahren dazu dienen, aus der lokalen Situation universell Gültiges herauszuarbeiten. So erhält das durch Auskernung und Hinzufügung radikal veränderte ehemalige Wohnhaus „eine Bedeutung, die weit über den ursprünglichen Zweck des Hauses hinausgeht"[223]. Hatte Ungers 1977 noch einen Stil als Fehler bezeichnet, „der unabhängig von Ort und Zeit irgendwo im Abstrakten existiert"[224], so erhält nun die Verfremdung der

baulichen Gegebenheiten eine programmatische Bedeutung, die über die Museumsnutzung hinausreicht. Phänomenologisch abstrahiert, tritt das DAM in einen Dialog mit dem gegenüberliegenden Mainufer und dem dortigen Stadtbild. Diese Verbindung ließe sich als eine Problematisierung der Frage der Authentizität des Ortes (Frankfurt) beschreiben. Ungers stellt einen Bezug zur Vergangenheit des Schaumainkais her: Wichtig „ist der Erinnerungswert des Gebäudes [...] im Bewußtsein einer kollektiven Erinnerung"[225]. Wie eine Kulisse ausgekernt, wird die Villa zum Zeichen einer verlorenen städtischen Wohnkultur, die diesen Teil Frankfurts einst prägte. Indirekt wird hier auf die Bedeutung der Frankfurt bis 1933 kulturell bestimmenden Schicht hingewiesen. Deren von Salin 1960 bereits thematisierte Abwesenheit tritt auf dem anderen Mainufer baulich in Erscheinung, wo die Skyline und ihr zu Füßen die Altstadtbauten der unmittelbaren Nachkriegszeit für die Identität der Stadt nach 1945 stehen. In seiner spezifischen Beziehung zum Kontext der City vertritt das DAM eine Architekturkultur, die sich von einer utilitaristischen Dienstleistung zu einem Instrument des Distinktionsgewinns gewandelt hat.

Diese Transformation veranschaulicht eine vom Untergeschoß bis unter den Dachfirst reichende begehbare Rauminstallation.[226] Mit einer artifiziellen Leere im Mittelpunkt der ausgekernten Villa vertauscht Ungers Innen- und Außenraum. Beim der Villa implantierten künstlichen Haus geht es ihm um die Prüfung der Grenzen zwischen räumlicher Infrastruktur und kuratierten Inhalten: „Durch diese Maßnahme steht das alte Haus selbst als Objekt in einem Ausstellungsraum und wird gleichzeitig Ausstellungsobjekt und Ausstellungsträger."[227] Ungers verändert nicht nur die Beziehung zwischen Museum und städtischem Kontext, er provoziert auch eine neue Lesart des architektonischen Objekts. Das über alle Geschosse reichende Haus im Haus mit dem Charakter eines weißen 1:1-Modells veranschaulicht eine für ihn zentrale Idee: die Abstraktion architektonischer Materialität. Mit dem Rückgriff auf die Urhütte wird das zentrale Theorem der Architekturtheorie der Aufklärung rehabilitiert. Zugleich demonstriert das Haus im Haus das entwerferische Thema der „Inkorporation", in Ungers' Bauten und Texten ein wiederkehrender Topos.[228] Da mit der Projektierung und Realisierung des DAM auch die Arbeiten an Ungers' Sammlung theoretischer Texte und erster umfassenden Monographie der eigenen Arbeiten, *Thematisierung der Architektur,* zusammenfallen, ist seine räumliche Struktur eng mit dem von ihm entwickelten entwurfstheoretischen Universum verschränkt.

Ein neuer Universalismus

Ungers verläßt nicht nur die bisher übliche Ikonographie des öffentlichen Bauens, sondern setzt alle Wechselausstellungen derselben metaphorischen Ladung aus. Als Hort einer über eigene geistige Traditionen legitimierten Baukultur begibt sich das DAM in Opposition zu einer von äußeren Zwängen vereinnahmten Architektur. Das symbolische Kapital für dieses Unterfangen liefern eigene Theoretisierungen und Traditionsbezüge wie das *Haus im Haus.* Dieser Ausblendungslogik gemäß entspricht die Selbstreferentialität kultureller Relevanz: Architektur als Architektur sichert durch Intellektualisierung das Terrain, das die Disziplin im Zuge der Verunsicherungen der sechziger und siebziger Jahre verloren hat. Dabei finden selektive Bezüge zur Architekturgeschichte statt. Ungers' Vergegenwärtigung einer innerarchitektonischen Tradition im DAM blendet den Funktionalismus des Neuen Bauens und den Russischen Konstruktivismus aus. Letzterer in seiner Lehre an der TU Berlin noch ein wichtiger Bezugspunkt[229], erscheint er um 1980 in den Arbeiten von Bernard Tschumi, Rem Koolhaas, Zaha Hadid oder Steven Holl als identifizierbare Referenz. Ungers greift dagegen auf eine Ikone der frühen Wiener Moderne zurück, indem er im rückwärtigen Teil des Erdgeschosses des Architekturmuseums die Schalterhalle von Otto Wagners Postsparkasse (1906) zitiert. Wie das Haus im Haus bietet Wagners gewölbte Lichtdecke Anlaß zu einem abstrahierenden Raumdispositiv, bei dem Innen- und Außenraum verwischt werden. Die Besucher des DAM bewegen sich durch einen ortlosen, modular organisierten weißen Raum. Wie Richard Meier beim Museum für Angewandte Kunst (1979–1985) reproduziert Ungers die Klassische Moderne auf einer metaphysischen Ebene. Als abstrakte Schauräume können beide Museen auf dieselbe Hinterlassenschaft der zwanziger Jahre bezogen werden – Ungers implizit, Meier explizit. Bei letzterem steht Klotz zufolge das „Pathos des Funktionalismus" „wie ein Großmodell in einer gereinigten Atmosphäre"[230]. Richard Meiers weiße Neomoderne überschreitet ein museographisches Programm, das aus der Präsentation kunstgewerblicher Gegenstände besteht. Klotz interessiert hier ein surrealer Charakter, wie er sich auch bei Ungers' Kölner Museumsprojekt in den Bezügen zu Giorgio de Chirico feststellen läßt. Meiers konsequent durchgehaltenes, ausstellungstechnisch fragwürdiges Bemühen um eine „gereinigte Atmosphäre" führt zur Organisation des Museums als einer begehbaren, ganz auf inszenierte Innenräumlichkeit angelegten Skulptur. Modell und Artefakt zugleich, erhält die Neomoderne eine reflexive Funktion, indem sie auf dem Umweg über New York die zwanziger Jahre paraphrasiert und nach Deutschland zurückbringt. Die Rückführung eines zum Zitat erstarrten Avantgardismus nach Frankfurt ist insofern bemerkenswert, als beim Museum für Angewandte Kunst zwei Schauplätze der Moderne in einen Dialog treten. Frankfurt und New York stehen als Finanzzentren jeweils für unterschiedliche berufliche Kulturen und Architekturpubliken, die im Gegensatz Neues Bauen und International Style zum Ausdruck kommen.[231] Wie Ungers führt Meier dem Frankfurter Publikum das Phantom der in ein gesellschaftliches Projekt eingebundenen funktionalistischen Moderne vor. Als neuartige Bühnen für die Kulturvermittlung sind beide Museen an einer Umkodierung des Sozialen beteiligt: Einzig und allein auf sich selbst verweisende Architekturereignisse, die beim Publikum zu einer neuen Wahrnehmung der Architektur führen.

Wie für Richard Meier das Museum für Angewandte Kunst entwickelt sich für Ungers das DAM zum Ausgangspunkt zahlreicher Aufträge im Bereich der Hochkultur. Die themengenerierende Funktion, die der Wohnungsbau im ersten Teil seines Werdegangs hatte, haben nun öffentliche und institutionelle Bauaufgaben, wo er seinen zunehmend repräsentativen und zugleich archetypischen Raumdispositionen nachgehen wird. Hier leistet besonders das im Gegensatz zum Wohnungsbau typlogisch robuste Museum räumlichen Abstraktionen Vorschub. Von der kompositorischen Beschränkung und der Zurücknahme formaler Mittel ver-

55 Ludwig Mies van der Rohe, Musterhaus auf der Deutschen Bauaustellung, Berlin 1931

56 Richard Meier, Museum für Angewandte Kunst, Frankurt 1985

spricht sich Ungers einen erhöhten Erlebnisgrad seiner Gebäude, aus der „Thematisierung der Architektur gleichzeitig eine Vermenschlichung des Bauens"[232]. Wie bereits beim Entwurf für das Wallraf-Richartz-Museum geht es ihm darum, das Individuum essentiellen Phänomenen zu konfrontieren. Daß er dabei Materialisierungsfragen und die räumliche-konstruktive Artikulation ausblendet, steht für ihn nicht im Widerspruch zu einer sinnlichen Raumerfahrung – vielmehr erschließt er mit dieser Verweigerungshaltung einen diffusen Humanismusbegriff, der eine Reflexion innerarchitektonischer Traditionen beinhaltet. Die Abstraktion der thematisierten Architektur „erfüllt die Bedürfnisse des Menschen"[233]. Im Inneren des DAM treffen Besucher auf Raumdispositionen, die Architektur als Resultat intellektueller Arbeit ausweisen sollen, wobei es Ungers um den „Wechsel von Mauerschale, Wand und Gitter" beziehungsweise um „Raum und seine Verwandlungsstufen" geht.[234] In seinen entwerferischen Konzepten will Ungers individuelle Recherchen mit einem universellen Kanon verquicken, worin sich sein Museumsinterieur grundsätzlich von den idealen Interieurs des Neuen Bauens unterscheidet. Aufschlußreich ist hier der Diskurs, den Ungers über die „Kontinuität" der architektonischen Form und entsprechender Erlebnissequenzen führt: „Das morphologische Konzept des Entwurfs enthält die Verwandlung des Raumes im Sinne einer unendlichen Kontinuität von Innen- und Außenraum."[235] Hier zeigt sich wie im Wohnungsbau des historischen Funktionalismus das Projekt eines objektivierbaren, universellen Raumes, doch ist der Sinnzusammenhang

57 Ernst May, Siedlung Bruchfeld, Frankfurt 1929

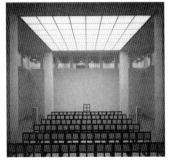

58 O. M. Ungers, Vortragssaal im Deutschen Architektur Museum, Frankfurt 1984

111

dieses Raumes ein anderer. Entsprechend anders ist im DAM das Vokabular von Kontinuität und Unendlichkeit besetzt. Demonstrationsgebiet ist nicht mehr die Peripherie wie beim Neuen Frankfurt der Weimarer Republik, sondern Wallmanns Museumsufer. Dort werden für die Hochkultur präzise Reservate abgesteckt, um bestimmte Zielgruppen anzusprechen. Ein solches Reservat bearbeitet Ungers. Nun aus der größtmöglichen Distanz zum Thema Wohnen operierend, weist Ungers dem Haus seine zentrale Rolle als Bild der Architektur zu: Für die Museumsbesucher wird das das abstrakte *Haus im Haus* zum Fokus und Ziel im Untergeschoß des DAM. Seine vier Eckstützen rahmen im Vortragssaal ein Baldachinmotiv, so daß der Redner durch das architekturtheoretische Konstrukt liturgische Präsenz erhält. Auf unmittelbare Art illustriert die Saalgeometrie das von Pierre Bourdieu beschriebene „kulturelle Kräftefeld", in dessen Zentrum die Museumsbesucher nach „Zeremonien und Ritualen" gelangen, um an einem autonomen Diskurs über Architektur teilzunehmen.[236] „Aus Räumen weißen Lichtes beginnt sich", Klotz zufolge, „die Gestalt zu formen, als würden aus einer gegenstandslos metaphysischen Sphäre die realen Umrisse, Formen und Bedeutungen hervortreten."[237] Unübersehbar wird der Manifestcharakter dieser Räume im Jahre 1985, als Klotz Ungers dort eine monographische Ausstellung einrichtet.

Trotz seiner abstrakten Aura fügt sich die DAM-Innenwelt in die Ausgleichsmechanismen des Sozialstaats ein, handelt es sich doch um einen mit einer didaktischen Rolle versehenen Schauraum. Wie die Förderer des Neuen Frankfurt bezweckt Heinrich Klotz, mit dem Architekturmuseum den Stellenwert der Architektur im städtischen Raum zu beeinflussen – indem er diese entideologisiert und hochkulturell ausrichtet. Seine Anliegen bringt er 1984 mit der umstrittenen Eröffnungsausstellung *Die Revision der Moderne. Postmoderne Architektur 1960–1980* programmatisch zum Ausdruck.[238] Die Repositionierung der Disziplin erfolgt durch die Einführung einer für Frankfurt neuartigen Ebene der Vermittlung und Mediatisierung, wobei Klotz entscheidend zur Historisierung der Moderne und Ausgrenzung des Nachkriegsfunktionalismus beiträgt. Diesbezüglich wird das Office for Metropolitan Architecture bald ebenso sein Interesse wecken wie Ungers, sieht er doch gerade bei Rem Koolhaas einen Beleg dafür, daß „die Sprache der Moderne nur noch haltbar scheint, sobald sie durch narrative Ausdeutungen der Form erweitert und verlebendigt wird"[239].

Mit den Versuchen, die Architekturdiskussion gegenüber Tendenzen wie der damals maßgebenden angelsächsisch-italienisch dominierten Postmoderne zu öffnen, läßt sich die bis 1988 dauernde Ära des DAM-Gründungsdirektors als Fortsetzung einer publizistischen Tätigkeit sehen.[240] Seit seinem Lehrauftrag an der Yale University 1971 versucht Klotz, die Architekturdiskussion in der Bundesrepublik für zeitgenössische Formen der Reflexivität zu erschließen. Aufgrund seiner eigenen Biographie und kritischer Erfahrungen als Praktiker ist Ungers prädestiniert, das „kulturelle Kräftefeld" mit Klotz abzustecken. Dieser Prozeß erfolgt schubweise seit den fünfziger Jahren.

Ein Praktiker wie Ungers entwickelt schon früh gegenüber Stadt und Gesellschaft ein an abstrakten Modellierungen orientiertes Raumverständnis. Von der Tabula Rasa des Wiederaufbaus noch geprägt, entfaltet er während der anschließenden Hochkonjunktur im Massenwohnungsbau seine Kernkompetenz. Hier stehen ihm topologische Kriterien wie Großform, System oder Cluster zur Verfügung. In der Entwurfsmethodik weiter zugespitzt, kommen Fragestellungen wie Standardisierung und Infrastrukturalismus in den Berliner Lehrstuhl-Veröffentlichungen zum Ausdruck. Ein Entwurf wie das Wallraf-Richartz-Museum sowie, ebenfalls 1975, ein Vortrag anläßlich der Dortmunder Architekturtage dokumentieren, wie diese abstrakte Topologie schließlich hinterfragt und an ein verändertes Klima angepaßt wird. 1975 hat Architektur für Ungers „Urbanitätscharakter", vermeidet als „gestalterischer Organisator der Umwelt" jedoch den „Objektcharakter"[241]. Im Zusammenhang mit dem Dortmun-

59/60 ‚Haus im Haus‘ und Innenhof des Deutschen Architektur Museums

113

der Vortrag weist Cepl auf die Kontinuität des Großformgedankens hin, doch muß das völlig veränderte Umfeld berücksichtigt werden, in dem Ungers seine Ansätze nun vorträgt.[242] Die Rezession, eine Delegitimierung des Massenwohnungsbaus und das Europäische Jahr für Denkmalpflege veranlassen ihn zunehmend, Begriffe wie Umwelt und Urbanität anhand isolierter architektonischer Inseln zu untersuchen. Von unbedeutenden Ausnahmen abgesehen, wird er im weiteren Verlauf seiner Karriere keine Siedlungen mehr errichten. Die in den sechziger Jahren auf städtische Funktionszusammenhänge übertragene Systematisierung kehrt fortan in konzis definierten Reservaten wieder. Dabei geht Ungers von einem Publikum aus, das seine Bedürfnisse nach symbolischem Kapital in thematisch autonomer Architektur verkörpert sieht. Schauraum morphologischer Prinzipien ist fortan das Objekt.

Die Stadt in der Stadt: Messe Frankfurt

In der ersten Hälfte der achtziger Jahre erlauben Neu- und Ergänzungsbauten für die Messe Frankfurt Ungers zum ersten Mal, seine nach 1967 entwickelten Themen in einem städtebaulichen Maßstab umzusetzen. Es handelt sich um Folgeaufträge aus dem Masterplan, den er 1980 zusammen mit dem Frankfurter Planungsbüro Albert Speer erarbeitet. Für Ungers sind die resultierenden Projekte so etwas wie ein Quantensprung: Mit den Neubauten kann er an den Größenmaßstab des Märkischen Viertels anknüpfen und sich zugleich als Architekt repräsentativer Räume für die Privatwirtschaft etablieren.[243] Die Messe, eine Schnittstelle von städtischer Öffentlichkeit und Markt, ist der am Stadtrand gelegene Kontrapunkt zu den Kulturbauten im Stadtzentrum. Die gleichzeitige Transformation beider Orte kann als Merkmal der unter Walter Wallmann betriebenen Urbanitätspolitik gesehen werden. Bezeichnend ist hier die Frage der Identitätsstiftung, die Ungers in Zusammenhang mit seinen Messebauten stellt, wo er „Frankfurt am Main als den Platz des Austausches und des Handels, als den man die Messe versteht, signalisieren" möchte.[244] Wie das Museumsufer und das Gebiet um den Römer können Ungers' Eingriffe in der Folge zu den Bemühungen gezählt werden, die ökonomischen Logiken des Frankfurter Stadtraums punktuell einer hochkulturellen Artikulation zu konfrontieren.
Der Masterplan schlägt die formale und atmosphärische Vereinheitlichung des Areals vor. Bei den geplanten Neubauten sollen dem roten Mainsand-

stein angeglichene Fassadenmaterialien eingesetzt werden, um den Bezug zur bestehenden Festhalle von Friedrich von Thiersch (1908) sowie den historischen Bauten der Altstadt herzustellen. Für das Messegelände schlägt Ungers zwei neue typologische Schwerpunkte vor: Agora und Galleria. Als monumentale Platzanlage schließt die Agora an die historische Festhalle im Stammgelände der Messe an: ein gefaßter Platzraum, der sich bestehenden und neuen Hallenbauten einschreibt und diese durch Arkaden und geometrisierende Elemente zu einem Ganzen zusammenspannt. Die Galleria setzt im neueren Gelände westlich der S-Bahnlinie einen zweiten Schwerpunkt – einen glasgedeckten Passagenraum zwischen zwei Messehallen, der einen zeichenhaften Akzent ins Nebeneinander der neutralen Messebauten einführt.

Am westlichen Ende des Messegeländes realisiert Ungers mit dem Messehaus 9 einen Abschluß, den er durch die geschoßweise erfolgende Abtreppung des Bauvolumens in Richtung Stadtrand morphologisch betont. Im ersten Entwurf für das Messehaus 9 sind die Dachbalustraden mit künstlichen Bäumen wie in einer barocken Landschaftsarchitektur bestückt, um den quasi topographischen Maßstab des Gebäudes zu überhöhen.[245] Wie bei der rötlichen Fassade sucht Ungers über die Balustrade den Bezug zur Festhalle am entgegengesetzten Ende des Areals[246]; dagegen leitet er aus der Überdachung der großen Fläche keine gestalterischen Themen ab und spricht der Artikulation von konstruktiven Zusammenhängen gar die in der Messearchitektur übliche Relevanz ab.[247] Die Seitenfassaden leben mit ihrer extremen Länge und Flächigkeit ganz vom Muster unterschiedlicher Öffnungen (Tore, Fenster, Lüftungselemente), die in eine aus rot durchgefärbten Betonpaneelen bestehende Haut eingelassen sind. Das ganz auf dem quadratischen Grundmodul aufgebaute Fassadenbild trägt zur graphischen Abstraktion der von Ungers ins Messeareal eingeführten Baukörper bei.

Zwischen den Hallen 5 und 9 erstreckt sich die Galleria, der räumlich-inszenatorische Schwerpunkt der Messeerweiterung. Über ihren dreischiffig organisierten Grundriß wölbt sich ein gläsernes Tonnendach, wobei Ungers bei der Galleria ebenfalls mit graphischer Verfremdung operiert. Die weißen Stahlbinder der Dachtonne und, darin eingestellt, eine Folge von monumentalen Arkadenbögen gliedern die Längsachse staffagenartig in ihrer Tiefe. Die Arkadenbögen, deren Speichen die Dachtonne aufspannen, erscheinen dem Publikum wie das Zitat eines klassischen Arkadenfensters, weil Ungers die konstruktive Artikulation des Tragsystems völlig zurücknimmt.

Im Unterschied zur zeitgleich realisierten Arkade der Schirn ist in der Galleria der Bezug zum 19. Jahrhundert zu einer Bildformel abstrahiert. Die abstrakte Materialisierung der Tragkonstruktion erlaubt Ungers vielmehr, ein einzelnes architektonisches Motiv in maßstabsloser Überhöhung vorzuführen, so wie dies beim *Haus im Haus* im Deutschen Architektur Museum zur gleichen Zeit der Fall ist. In beiden Fällen begünstigt die architektonische Staffage eine konzeptionelle Verwischung von Innen- und Außenraum. In dem Maße, wie die Arkadenbögen die unmittelbar angrenzenden Teile der Hallenbauten überragen, wirkt die Galleria über ihre unmittelbare Umgebung hinaus. Zum stereometrischen Körper isoliert, tritt das Tonnendach im Stadtraum in Erscheinung.

Den historischen Passagentyp hatte Ungers schon 1965 aufgegriffen, als er im Wettbewerb Museen Preußischer Kulturbesitz Joseph Paxtons Kristallpalast zitierte.[248] Räumliche und morphologische Potentiale der Passage hatten ihn somit bereits zu einem Zeitpunkt interessiert, als die deutsche Architekturszene noch überwiegend von den sinnstiftenden Botschaften der aufgelockerten Stadt und der Transparenz eingenommen war. Der Wettbewerb war Teil der Planungen für das Westberliner Kulturzentrum am Kemperplatz, wo das Raumkontinuum der Stadtlandschaft einen passenden Rahmen für Hans Scharouns Philharmonie (1960–1963) und die Neue Nationalgalerie (1962–1968) von Mies van der Rohe bildet. Anders als diese Solitäre thematisiert Ungers nicht die monumentale Zeichenhaftigkeit, sondern die Heterogenität des Programms eines aus unterschiedlichen Sammlungen zusammengesetzten Museums. Mit Konstruktionen aus Glas, Mauerwerk und Stahl schlägt er einen aus unterschiedlichen Typo-

61 Ungers' erste Bauten für die Messe Frankfurt, Halle 9 und Galleria, 1980–1984

logien zusammengesetzten Cluster vor. Wie später in der Messe Frankfurt hält ein langgezogenes Passagenelement das dichte Konglomerat zusammen. Als durchsichtige Großform entwickelt das Paxton-Zitat zugleich eine Innenräumlichkeit, über die Ungers eine Gegenhaltung zu Scharouns Leitbild der offenen Stadtlandschaft einnimmt.

Knapp zwei Jahrzehnte nach dem Berliner Entwurf kommen dem Passagenmotiv in Frankfurt gänzlich neue Bedeutungen zu. Angesichts der Bemühungen der Messe um Identität stellt Ungers symbolisches Kapital zur Verfügung – zeigt doch seine gläserne Passage den Versuch, dem von neutralen Hallenvolumen und Verkehrsinfrastrukturen geprägten Kontext zu einer städtebaugeschichtlich kodierten Artikulation zu verhelfen. Die Assemblage von Stadtmotiven, die Ungers ins Areal einführt (Galleria, Agora, Turm), begegnet dem transitorischen, flexiblen Charakter der Messe mit hochkulturellen Gesten. Dem weitläufigen Konglomerat von Halle 5, Halle 9 und Galleria haftet eine ähnliche Problematik an wie Flughafen und Mall – „Nicht-Orten", wie Marc Augé[249] sie genannt hat. Auf gewaltigen Nutzflächen wird eine zeitlich befristete Öffentlichkeit produziert. Gemäß einem streng kontrollierten Programm bewegt sich das Messepublikum in einem aus der Stadt ausgekoppelten Raumverbund. Dieses synthetische Interieur weist einen Verfremdungsgrad auf, für den Ungers' Schüler Koolhaas den Begriff „junkspace" einführen wird.[250] Nicht-Orte und Junkspace erfordern andere Stellungnahmen als die Probleme der verkehrsgerechten und aufgelockerten Stadt, auf die Ungers während der sechziger Jahre Antworten gegeben hat. Seine Interventionen im Messeareal sind dennoch vor dem Hintergrund der früheren Moderne-Kritik zu verstehen. Für den dekontextualisierten Raumverbund der Messe entwickelt er eine „gestalterische Ordnung", die als eine Beschränkung der visuellen Komplexität beschrieben werden kann.[251] Seine entwerferischen Hauptentscheide betreffen die zeichenhafte Überhöhung der neutralen Behälterarchitekturen. So konzentriert er sich auf den Ausdruck der Außenhülle sowie auf die Schaffung eines zentralen Orientierungspunkts in Form der Galleria, wo er dem Zweckcharakter der Messehallen ein isoliertes Raumerlebnis vorschaltet. Diese zeremonielle Achse funktioniert auf vergleichbar didaktisch-szenographische Weise wie das Haus im Haus im Deutschen Architektur Museum: als ein graphisch überhöhter Archetyp zur Demonstration einfachster räumlicher Organisationsprinzipien. Derselben Aufmerksamkeitsökonomie folgen weitere Eingriffe ins Messeareal, am prominentesten das 1984 fertiggestellte Torhaus, wo Ungers erstmals ein Bauwerk im Maßstab der Hochhausarchitektur realisiert.

Das Hochhaus als Gegenstand morphologischer Wandlungen

Das Torhaus ist das Verwaltungszentrum der Messe- und Ausstellungs-GmbH und zugleich das weithin sichtbare Zeichen des Unternehmens. Innerhalb des von Bahndämmen in einen östlichen und einen westlichen Teil zerschnittenen Messegeländes fungiert es als Bindeglied. Als Hochhaus erhebt es sich über einem fünfgeschossigen Sockel, der als trapezförmiges Paßstück in einer Gleisverzweigung sitzt. Sein Fußabdruck ist von der Geometrie der Bahndämme definiert, aus denen sich der von gläsernen Passagen durchquerte Gebäudesockel als gekrümmte Extrusion erhebt. Von ungewöhnlicher Schlankheit, ist der eigentliche Turm auf Fernwirkung angelegt. Vierundzwanziggeschossig, zerfällt er in einen muralen Mantel und einen verspiegelten Schaft, die Ungers archetypisch als Steinhaus und Glashaus bezeichnet.[252] Den verfremdeten Arkadenbögen der Galleria vergleichbar, sind diese wie unabhängige, ineinandergestellte modulare Komponenten ausgebildet. Ungers setzt die Abstraktion im zentralen Tormotiv fort. Er legt den Schaft des Glashauses durch eine achtgeschossige quadratische Aussparung in den Lochfassaden des äußeren Steinhauses frei. Mit dem Schaft, der seinerseits ein Atrium birgt, gewährt die gläserne Taille des Hochhauses einen Durchblick.[253]
In seiner Raumstruktur kann das Torhaus eine Programmatik beanspruchen wie das zeitgleich errichtete Deutsche Architektur Museum. Mit der morphologischen Verwandlung greift Ungers ein Thema auf, das sich bereits im Zuge seines Umgangs mit dem Funktionalismus abzeichnet. Was gegen Ende der fünfziger Jahre bei seinen Wohnungsbauprojekten in Gestalt von Clusterfigurationen zu Grundrißmodulationen führte, entwickelt sich im Zuge der Historisierung von seiner Bezugssysteme zunehmend zu einem Ausgangspunkt für die Auseinandersetzung mit Schinkels Gestalttheorien, aber auch mit in die Renaissance zurückreichenden Architekturtraktaten. Als Demonstrationsobjekt unterscheidet sich das Torhaus von der Messehalle 9 und der Galleria, deren abstrakter Schematismus auch als eine Strategie für den Umgang mit thematisch nur bedingt zu kontrollierenden Behälterbauten gesehen werden kann. Doch thematisiert der Bau auch die harten städtischen Randbedingungen: Wie dies bereits im Entwurf für das Kölner Wallraf-Richartz-Museum der Fall gewesen war[254], kollidiert der Grundriß geradezu mit der Gleisgeometrie. Infolge seiner paßgenauen Einschreibung ins Gleisgebiet entstehen an Brandwände erinnernde Seitenfassaden. Wie beim spekulativen Wohnungsbau des 19. Jahrhunderts betonen diese nackten Ansich-

ten die Extrusion des Baukörpers aus einer vorgegebenen Parzelle. Ungers verbindet die abstrakten Modulationen der vertikalen Komposition mit der anonymen und spekulativen Wirklichkeit der Stadt, deren Brachialität Gegenstand der TU-Publikation *Berliner Brandwände* gewesen war.[255] Das Torhaus bewegt sich zwischen Monument und Infrastruktur, zumal es in ein System horizontaler (Passerellen) und vertikaler Raumbeziehungen (Atrium) eingespannt ist. Diese linearen Elemente relativieren das figurative Moment des Tors und zeigen ebenfalls das Nachleben von Untersuchungen und Entwürfen aus der Berliner Zeit. Vom Wettbewerb Flughafen Tegel von 1966 reichen diese über Lehrstuhlveröffentlichungen wie *Schnellbahn und Gebäude, Berlin 1995, Blocksanierung und Parken*[256] bis zum städtebaulichen Wettbewerb Tiergartenviertel, umfassen aber auch die Rezension des Frankfurter Nordwestzentrums, die das Ehepaar Ungers in *Architectural Forum* veröffentlicht.[257]

Wie das Nordwestzentrum ist das Torhaus ein abstrakter Raumknoten in einem Erschließungssystem. Und wie das in der Großsiedlung gelegene Einkaufszentrum verfügt es über keine eigene Eingangssituation und ist durch eine vom Boden abgehobene Weginfrastruktur mit seinem Kontext verbunden. Diesen systemischen Bezug ordnet Ungers jedoch seinen kompositorischen Anliegen unter: Für das auf Fernwirkung angelegte Tormotiv sind die Passerellen von untergeordneter Bedeutung. Auch im Ideenwettbewerb Paulsplatz zeigt sich der Versuch, den Vorgaben der Verkehrsplanung eine städtebauliche Dominante entgegenzustellen, indem Ungers ein Hochhaus als Reiterbauwerk mitten über die Berliner Straße vorschlägt: In der Schneise des Wiederaufbaus wird eine dem Expreßverkehr dienende Rampe als infrastrukturelles Ereignis gefeiert. Maßstäblich und räumlich gerät Ungers jedoch in Konflikt mit den klassizierenden Motiven, die er am anderen Ende des Planungsperimeters zur Aussonderung und Inszenierung des Paulsplatzes aufbietet. So führt gerade die Verzettelung dieses Projekts vor, wie Ungers im späteren Teil seiner Karriere das Spannungsverhältnis Infrastruktur-Städtebau – das sich noch im Kölner Museum als entwerferisch produktiv erwiesen hatte – immer weniger zur Übereinstimmung mit den Vorstellungen einer restaurativ bestückten Urbanität bringen kann.

Wie die City mit ihrer Hochhaussilhouette entfaltet das Torhaus seine Wirkung auf das Gleisfeld vor dem Frankfurter Hauptbahnhof.[258] Seine Kommunikationsangebote können auf die seit den sechziger Jahren artikulierte Kritik am International Style bezogen werden. Nicht nur in Frankfurt dem Vorwurf inhaltlicher Armut ausgesetzt, wird der Hochhausarchitektur nach der Rezession der siebziger Jahre erneut konzeptionelle Aufmerksamkeit zuteil. Den technisch-konstruktiven Anliegen der Vertreter des britischen High-Tech stehen nun Versuche in den Vereinigten Staaten gegenüber, dem Hochhaus über narrativ-reflexive Entwurfsansätze kulturelle Signifikanz zu verleihen.[259] An der unmittelbaren Wirklichkeit der in den achtziger Jahren für die Frankfurter City zunehmend wichtiger werdenden Bauaufgabe Hochhaus wird Ungers jedoch unbeteiligt bleiben. Auch sein Torhaus ist letztlich weniger in Zusammenhang mit der Hochhaus-Diskussion der Postmoderne anzusiedeln als im gedanklich-morphologischen Raum der *Thematisierungen,* die Ungers als „Rückführung aus der Sackgasse des reinen Funktionalismus" bezeichnet. Die Arbeit am eigenen architekturtheoretischen Vermächtnis ist abgeschlossen, während das Torhaus realisiert wird: Die *Thematisierung der Architektur* erscheint im Jahre 1982 und stellt Ungers' bisherige Architektur als Produkt von fünf Thematisierungen dar.[260] Hier lassen sich sowohl das „Thema der Transformation oder die Morphologie der Gestalt" (Thema 1) als auch das „Thema der Inkorporation oder ‚die Puppe in der Puppe'" (Thema 3, auch das ‚Haus im Haus' bezeichnend) dem Torhaus zuordnen, das Ungers in der Monographie von 1985 als „ein signifikantes und thematisch bestimmbares Bauwerk" bezeichnen wird.[261]

Für das damals in Frankfurt und Köln angesiedelte Büro Ungers kommt den Aufträgen der Messe Frankfurt große strategische Bedeutung zu. Nach der Wende wird Ungers die Messe Berlin erneuern. In Frankfurt entwickelt er in den achtziger Jahren Umnutzungsvorschläge für zwei benach-

62/63 Ungers' Messe-Torhaus und die Frankfurter Skyline

barte Gewerbegebiete unweit des Messeareals, wobei er gemäß dem Prinzip der Stadt in der Stadt einen Katalog urbaner Bausteine für die geplante Ausdehnung der City nach Westen vorschlägt.[262] Besonders das Projekt City-West von 1985 zeigt, wie die Metapher der Stadt in der Stadt nun jene zugkräftigen Bilder zur Verfügung stellt, die Grundeigentümer und Investoren bei der Vermarktung ehemaliger Industrie- und Gewerbeflächen einsetzen werden. Für die mit der Deindustrialisierung frei werdenden innerstädtischen Entwicklungsgebiete erscheinen heterogene Morphologien und urbane Bildzeichen als attraktive Leitbilder, weil sie Szenarien der Immobilienwirtschaft mit dem Diskurs um Identität kurzschließen. Die von Ungers eingesetzten Bildzeichen beziehen sich nicht auf die industrielle Vergangenheit des jeweiligen Ortes, sondern auf die vormoderne Stadt: Stadttor, Doppeltürme, Zitadelle et cetera. Ökonomisch unterscheiden sich die aus der Montage dieser Motive entstehenden urbanen Inseln diametral vom Kontext Westberlin. Während in Frankfurt nach vermarktbaren Bildern für die Entwicklung eines brachliegenden Areals gesucht wird, dienten in Westberlin städtebauliche Fragmente und Relikte als Stabilisatoren innerhalb der schrumpfenden Stadt. Zugleich bedeuteten sie Widerstand gegen die Flächensanierungspolitik des Berliner Senats.
Paradoxerweise erhält Ungers in der Hochkonjunktur Frankfurts die Gelegenheit, die Idee der Assemblage morphologischer Fragmente anzuwenden. Was erstmals im Entwurf für ein Studentenwohnheim in Enschede (1964) und darauf im Wettbewerb Museen Preußischer Kulturbesitz (1965) erscheint, um schließlich im Leitbild des Stadtarchipels beziehungsweise

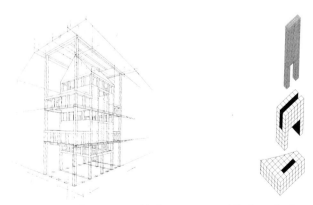

64/65 *Die Puppe in der Puppe*: Architekturmuseum und Torhaus als ‚thematische' Bauwerke

der Stadt in der Stadt aufzugehen, kann er auf dem Areal der Messe Frankfurt zum ersten Mal in Ansätzen verwirklichen. Mehr als in allen anderen realisierten Entwürfen nach seiner Rückkehr aus den Vereinigten Staaten finden Ungers' in den sechziger und siebziger Jahren entwickelte entwerferische und pädagogische Hypothesen im Messeareal eine Vergegenwärtigung – im Dispositiv der postmodernen Dienstleistungsstadt.

Gesamtkunstwerk im Hyperspace

Seine vor dem Hintergrund der Funktionalismuskritik und der städtebaulichen Probleme Westberlins entwickelten Thesen weiß Ungers erfolgreich auf ein diametral anderes Publikum auszurichten. Wie die Homepage der Messe-GmbH zum Thema „Identität und Leitbild" zeigt, identifiziert sich das Unternehmen nicht nur mit seinen Bauten, sondern eignet sich auch seine Metaphern an: „Im Laufe der Zeit hat sich auf dem drittgrößten Messegelände der Welt eine Stadt in der Stadt entwickelt. Die architektonischen Richtungen wie Jugendstil, Bauhaus und Postmoderne ergeben in ihrem heutigen Ensemble ein Gesamtkunstwerk."[263] Die auf dem Messeareal verteilten Bildzeichen befriedigen die Distinktionsbedürfnisse eines Auftraggebers, der in seinem Marketing beansprucht, dem Messepublikum das Erlebnis eines Architekturparks zu bieten.

Zusammen mit der Galleria bildet das Torhaus ein Superzeichen, das an den westlichen Ausfallachsen Frankfurts den Messeplatz nach außen signalisiert. Zugleich interpretiert er das Messeareal als eine Exklave der Innenstadt. Um ihren Charakter als kollektiven Ort im Stadtbild zu versinnbildlichen, stattet Ungers die Galleria mit Assoziationen zur Urbanität des 19. Jahrhunderts aus.[264] Sie übernimmt insofern eine Rolle wie der in den gleichen Jahren im Financial District von Manhattan errichtete Winter Garden. Die von Cesar Pelli als Angelpunkt seines World Financial Center entworfene Arkade versteht sich als Gegengewicht zu den benachbarten Zwillingstürmen von Minoru Yamasaki. Schon vor seiner Fertigstellung (1973) galt das World Trade Center aufgrund seiner repetitiven Ästhetik und seiner städtebaulichen Abstraktheit als überholt. Wie Ungers reagiert Pelli mit einer historisierenden Passagentypologie auf einen als gesichtslos wahrgenommenen Kontext. Im modern kodierten städtebaulichen Umfeld des World Trade Center fungiert die im Winter Garden angebotene synthetische Öffentlichkeit als Korrektiv.

Fredric Jameson bemüht den Begriff „hyperspace", um den Kontrollcharakter derartiger Schauräume begreifen zu können. Dabei handelt es sich um einen Raumzustand, der in der postmodernen Stadt mit der Durchdringung von kulturellen Symboliken und ökonomischen Logiken einhergeht und eine Entortung des Individuums zur Folge hat.[265] Wenn auch in Frankfurt ein anderer städtebaulicher Kontext als in Manhattan oder dem von Jameson diskutierte Los Angeles vorliegt, lassen sich im Zusammenhang mit Ungers' Messebauten dennoch Attribute des *hyperspace* aufzählen. Eine Mischung von architektonischen Versatzstücken und transitorischer Öffentlichkeit, die Jameson in John Portmans Bonaventure Hotel (1976) als „disjunction from the surrounding city [...] its equivalent and replacement or substitute", „a total space, a complete world, a kind of miniature city [...], a new collective practice, a new mode in which individuals move and congregate" analysiert[266], tritt auch beim Ausbau des Messeareals zutage. Dort sind Ungers' Rauminszenierungen von strategischer Bedeutung für die Verortung des in transnationale Zusammenhänge eingespannten Unternehmens. Galleria und Torhaus können somit als raumhaltige Symbole der Messe bezeichnet werden. Obwohl der Begriff *branding* um 1980 noch nicht zur Verfügung steht, zeugt die Namensgebung bereits

66 Galleria, Portalmotiv als Superzeichen im Messeareal

67 Fußgängerzone in der Frankfurter Innenstadt

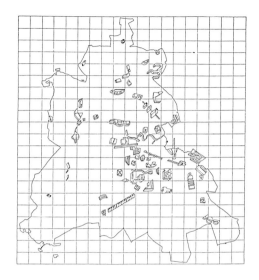

68 Der Grüne Stadtarchipel, *Plan der selektiven Stadt-Inseln für Westberlin*, 1977

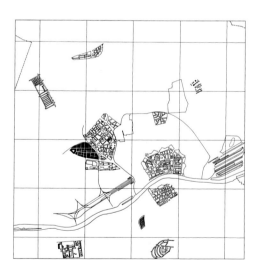

69 Übertragung der Archipel-Idee auf Frankfurt für Ungers' Studie City-West, 1985

vom einer Verkoppelung von Mehrwert und Identität (vom taktischen Einsatz von Identität). Was die Schirn im Stadtzentrum an geschichtlichen Bezügen suggeriert, leisten Passage und Tor auf dem Messeareal: eine Projektion von Urbanität.

An Versatzstücke gebunden, ist diese szenographische Urbanität geradezu ein Gegensatz zu infrastrukturell definierten öffentlichen Orten wie dem Nordwestzentrum: weniger Ausdruck der Ausgleichsmechanismen des Sozialstaates als vielmehr ein Symptom von Jamesons *hyperspace*. Dieser von globalen Beziehungen bestimmte Raum führt zu einer Ikonographie, welche, Jameson zufolge, sich in „populist insertion into the city fabric"[267] äußert. Ungers' Superzeichen kommunizieren mit unterschiedlichen Öffentlichkeiten – innerhalb und außerhalb des Messeareals. Sie entwickeln ein medial wirksames, von einem latenten Historismus unterstütztes Bild, das die Messe an die Stadt Frankfurt bindet. Ungers' Interventionen im Messeareal sowie seine Entwürfe für die angrenzende City-West sind untrennbar mit der vom Postfordismus vorgegebenen Ausdifferenzierung und Privatisierung des Stadtraums verknüpft. Die taktische Rolle, die architektonischen Bildern im Zuge marktwirtschaftlich orientierter Aufwertungsstrategien zukommt, ist zugleich ein Grund dafür, daß in Frankfurt die kritische Dimension fehlt, die analogen entwerferischen Motiven im Westberliner Kontext innewohnte. Insofern kann postmoderner *hyperspace* als Ursache für eine Neuverortung der architektonischen Praxis und ihrer Narrationen verstanden werden.

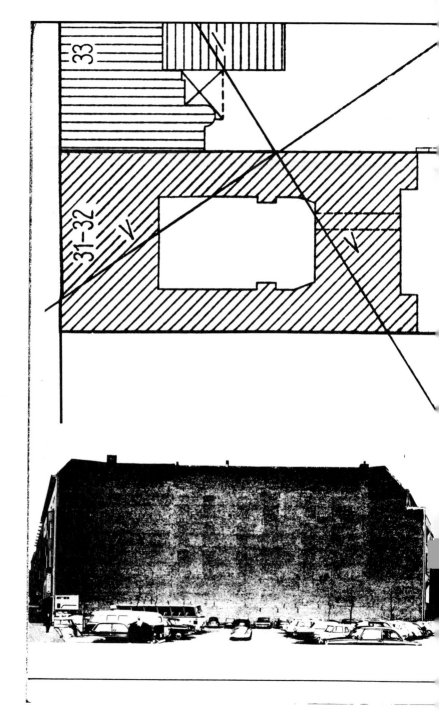

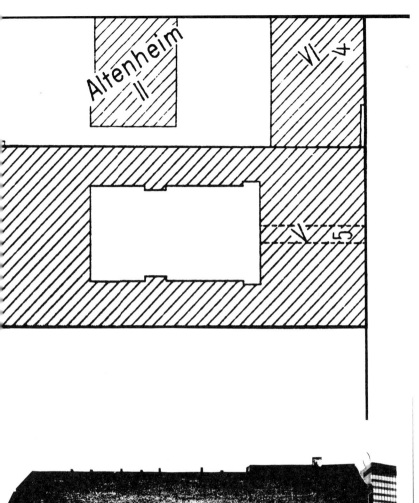

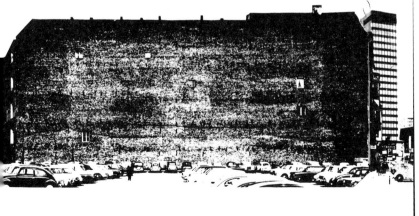

4 Architektur als Architektur

Ungers' Bauten und Entwürfe für Frankfurt zeichnen sich durch ihren monadischen Charakter aus. Die Messebauten und das Deutsche Architekturmuseum, aber auch das Gutachten für den Paulsplatz funktionieren als abgezirkelte Bereiche: Zum Bild abstrahierte Architektur tritt dem städtischen Publikum auf bühnenartigen Räumen gegenüber. Zugleich verändert sich in Frankfurt der Boden, auf den architektonische Konzepte fallen, indem hier identitätsstiftende Marken den Wunsch nach einer Imagekorrektur zu erfüllen haben. Ungers' Bezüge zum Kanon der Architekturgeschichte erweisen sich auf besondere Weise als geeignet, affirmative Bilder des Lokalen zu evozieren. Die Theoretisierung des Fragments und zufällig zusammenfallender Gegensätze büßt dabei ihre kritische Tragweite ein: Ungers ist weder interessiert noch in der Lage, sein Konzept der *coincidentia oppositorum* den Nikolaus von Kues gebührenden Grad an entwerferischer Komplexität und phänomenologischer Differenz zu verleihen. Besonders im Studienauftrag für den Paulsplatz läßt sich, bei aufgesetztem architekturtheoretischen Sinngehalt, eine konzeptionelle Verarmung beobachten. Als ein Korrektiv am Nachkriegs-Städtebau desavouiert dieser Vorschlag den Archipel-Gedanken geradezu, wird doch dem problematischen Kontext der fünfziger Jahre ein Katalog stadtkosmetischer Maßnahmen und kultureller Bezüge überblendet. Ungers' Frankfurter Projekte sind zugleich Beleg dafür, daß das in den siebziger Jahren eingeforderte Eigenrecht der Architektur die Voraussetzung für die erfolgreiche Repositionierung der Repräsentanten der Disziplin in der postmodernen Stadt bildet. Seit den frühen achtziger Jahren ist er imstande, seine theoretischen Konzepte in der Wirklichkeit einer westdeutschen Stadt anzuwenden. Dabei zeigt der Zeitraum seit seinen Erfahrungen in Westberlin ein Jahrzehnt zuvor eine Wandlung im Verhältnis zwischen Architekturdiskursen und urbanem Raum. Das mehrfach erwähnte Archipel-Konzept erweist sich hier als Angelpunkt, der in der politischen und städtebaulichen Einmaligkeit Westberlins wurzelt. Mitte der siebziger Jahre in einer Serie von Artikeln vorgetragen, handelt es sich dabei um ein Entwicklungsleitbild für das wirtschaftlich und demographisch geschrumpfte, durch blockierte Verkehrsplanungen gelähmte Westberlin.[268] In einem umfassenderen Sinn definiert der Archi-

70 (Seite 126–127) Lehrstuhl Ungers, TU Berlin, *Berliner Brandwände*, 1969

pel eine Form der Intervention in städtische Zusammenhänge, die Architektur gerade auf den von Jameson beschriebenen *hyperspace* scheint.

Identitätspolitik und Architekturpolitik

Die den Archipel auszeichnenden Referenzen zu einer bruchstückhaft vorhandenen Geschichte beginnen in Ungers' Berliner Zeit. Die Problematisierung einer unterbrochenen architektonischen Moderne, die Spannungsverhältnis zwischen der Stadtlandschaft des romantischem Klassizismus und der Nachkriegsmoderne, die Begegnung zeitgenössischer städtebaulicher Infrastrukturen mit der geopolitischen Gegebenheit der Mauer bewirken und schließlich die Ereignisse von 1967 machen Westberlin für Ungers zum Katalysator – gerade auch die Zusammenarbeit mit Studenten an der Technischen Universität, wo Koolhaas zufolge ein „Inventar von Möglichkeiten" gemeinsam durchgespielt wird.[269] Diese Versuchsanordnungen in der ummauerten Stadt führen auch in Ungers' eigenen Entwürfen zu thematischen Ladungen, die sich von seiner frühen Tätigkeit in Köln und im Rheinland unterscheiden.

Der erhöhte Sinngehalt, den gerade das Fragmentarische in Berlin besitzt, zeigt besonders der Entwurf für die Museen Preußischer Kulturbesitz (1965). Nach dem endgültigen Untergang Preußens und seiner Kunstinstitutionen im Krieg sowie der Abkoppelung der verbliebenen Museen im Ostteil der Stadt zeigt auch das Westberliner Kulturforum alle Dimensionen des Verlusts. Während Mies van der Rohe dort die ‚Neue' Nationalgalerie zur klassizierenden Insel stilisiert, formuliert Ungers seinen Entwurf im Schatten der damals erst wenige Jahre alten Mauer als Stadt in der Stadt – als ein kompaktes Aggregat aus heterogenen Bauteilen, das mehrfache Lesbarkeiten anbietet. In Abgrenzung gegenüber den Spätwerken der heroischen Moderne bezeichnet Ungers „Fragmentarisierung" als die Essenz des eigenen Entwurfs.[270] Unterschiedliche Typologien, Volumetrien, gar architektonische Sprachen begegnen einander in einer dichten, teppichartigen Struktur mit den Fügungsprinzipien einer Miniaturstadt. Dabei ist die Kippfigur von Innen- und Außenraum ein frühes Beispiel für seine Bezugnahme auf Leon Battista Albertis Analogie vom Haus als Abbild der Stadt. Die zur Gewinnung von „Bildungsgesetzen" für Wohnungsbau und Siedlungsplanung erschlossene Analogie[271] wird Ungers im weiteren Verlauf seiner Karriere zunehmend als identitätsstiftenden Faktor in institutionellen Bauten einsetzen. Mit einer nach innen gestülpten

Öffentlichkeit und dem zentralen Passagenelement grenzt Ungers seinen Cluster von der offenen Geste des damals entstehenden Kulturforums ab. Indirekt kritisieren die latenten Bezüge zum 19. Jahrhundert das im öffentlichen Bauen in der Bundesrepublik damals verbreitete Pavillonkonzept. Konzeptionell wird das Raumverständnis des Archipels aber auch bereits durch die Versuchsanordnungen in Ungers' Berliner Lehre vorbereitet. So verarbeitet das Projekt für die Tiergarten-Museen Elemente aus einer Vorlesungsreihe über Museen, in der Ungers ab 1964 historische und zeitgenössische Raumtypologien in einen Dialog zueinander setzt.[272] Die Collage aus städtebaulichen und architektonischen Fragmenten beziehungsweise die wechselseitige Beziehung zwischen Stadt und Haus ist zugleich das Thema verschiedener am Lehrstuhl verfaßter Studentenarbeiten. Im gleichen Viertel wie Ungers' Tiergarten-Entwurf befassen sich die Studenten seines Seminars mit dem Thema Architekturmuseum.[273] Unter seiner Anleitung nehmen sie die Überreste der Villa von der Heydt zum Anlaß für ein Weiterarbeiten mit vorgefundenen Elementen, das sich der morphologischen Ungebundenheit des Pavillonkonzepts verweigert. Statt dessen kommt es früh zu einer Auseinandersetzung mit der großbürgerlichen Architektur des Historismus, deren Fragmente sich physisch dem Leitbild der aufgelockerten Stadt sperren. Verschiedene Aufgabenstellungen des Entwurfskurses, aber auch manche von Ungers' eigenen Arbeiten begegnen dem stadträumlichen Dispositiv mit Zynismus. Ein Jahr nach dem Wettbewerb für die Tiergartenmuseen verfaßt Eckart Reissinger seine Diplomarbeit für einen Bauplatz unmittelbar hinter der Mauer auf dem ehemaligen Leipziger Platz – ein hypothetischer Akt in unmittelbarer Nähe zum Todesstreifen.[274]

Wie beim Kulturforum diesseits der Mauer schwingen beim Leipziger Platz die Erinnerungen an die zerstörte Großstadt mit, insbesondere an die Geschichte der königlichen Residenzstadt. Vom barocken Oktogon des Leipziger Platzes gibt es damals nur noch Umrisse. Reissinger besetzt die Leerstelle mit einem zur messerscharfen Scheibe abstrahierten Bürohochhaus. Dieses erhebt sich auf dem Fußabdruck eines berühmten – ungebauten – Bauwerks. 1797 hatte David Gilly für die Platzmitte ein Denkmal für Friedrich den Großen vorgesehen, dessen Sockel Reissinger sich als historische Textur aneignet. Die Montage wird durch sechs freistehende Kuben ergänzt, die das im Krieg zerstörte Oktogon des Platzes aufspannen, ohne jedoch die einstigen Blockrandbebauungen wiederherzustellen. Mit diesem städtebaulichen Gravitationsfeld scheint Reissinger das Archipel-Konzept vorwegzunehmen.[275] Sein Interesse an der Dichte

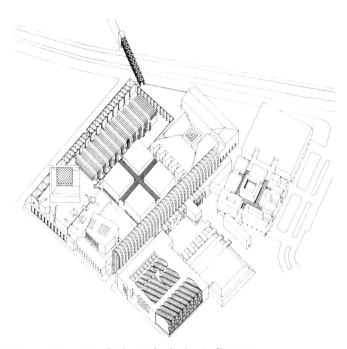

71 O.M. Ungers, Museen Preußischer Kulturbesitz, Berlin 1965

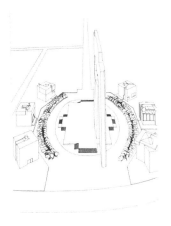

72 Hochhaus Leipziger Platz mit Stadtvillen, Eckart Reissinger am Lehrstuhl Ungers, 1967

der untergegangenen Großstadt hindert ihn jedoch nicht daran, den Platz neu als Assemblage skulptural differenzierter Volumen zu lesen. Die sechs Kuben nehmen eine Baugattung vorweg, die Ungers von Cornell aus weiter erforschen wird: die Stadtvilla.

1977 und 1978 werden in Berlin zwei Sommerakademien durchgeführt, die sich vor dem Hintergrund des demographischen und wirtschaftlichen Schrumpfungsprozesses mit vernachlässigten Altbaugebieten auseinandersetzen. Die Resultate beider Veranstaltungen münden in Lehrstuhlpublikationen[276] und Artikel in Fachzeitschriften, mit denen sich Ungers in der seit der Fertigstellung des Märkischen Viertels stark politisierten Diskussion um Wohnungsraum und Städtebau zurückmeldet. Nach einer Vorgänger-Veranstaltung in Manhattan, wo 1976 eine Cornell-Sommerakademie mit dem Titel *Gotham City* dem Block gewidmet war[277], verlagert Ungers das Einsatzgebiet für seine Studenten nach Berlin, was sich im Hinblick auf die eigene Arbeit als taktisch weitsichtiger erweist.

The Urban Villa ist der Versuch, dem architektonischen Projekt eine neue Zukunft zu schenken: Über historische Referenzen wird das singuläre

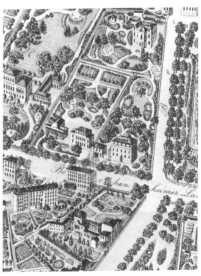

73 Lehrstuhlpublikation im Anschluß an die Cornell Summer Academy in Berlin, 1977

74 Historische Stadtvillen im Frankfurter Westend

Objekt im urbanen Raum rehabilitiert. Denn im Unterschied zu Reissingers Diplomarbeit für den Leipziger Platz geht es nicht um Kommentar oder Kritik, sondern darum, den Wohnungsbau thematisch neu auszurichten. Der hybride Bautyp Stadtvilla, während der sechziger Jahre bereits in verschiedenen Anläufen am Lehrstuhl Ungers untersucht, gelangt erstmals 1974 in einem städtebaulichen Wettbewerb zum Einsatz.[278] Als Beweggründe für die Untersuchung anläßlich der Sommerakademie 1977 hebt Ungers in der Einleitung drei Faktoren hervor: erstens, die durch rückläufige Geburtenzahlen sowie durch den Abwanderungstrend in die Vororte verursachte Schrumpfung der städtischen Bevölkerung; zweitens, die besonders in Berlin ausgeprägte Trägheit des privaten Bausektors, die durch die Dominanz der Wohnungsbaupolitik des Staates und der öffentlich geförderten Wohnbaugenossenschaften bedingt sei; drittens, die mangelnde Qualität und die Normierung des durch diese Förderung geschaffenen Wohnangebots und vor allem ihre fehlende Anpassung an die sozialökonomisch bedingte Ausdifferenzierung von Wohnbedürfnissen seit den sechziger Jahren.

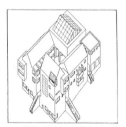

75 Entwurfsbeispiele für städtische Mietvillen, aus: *The Urban Villa*, 1977

76 Die südliche Friedrichstadt mit der Mauer

Die Studie durchsucht die Geschichte des Wohnungsbaus nach Alternativen. Anhand von Wohntypen aus dem 19. und 20. Jahrhundert werden mögliche Anhaltspunkte für die Pluralisierung eines Wohnungsmarkts vorgeführt, der subjektiv erlebbare Gegensätze zuläßt. Als konzeptioneller Fundus dienen hier sowohl der Historismus als auch die Klassische Moderne. Ausgeklammert sind die in *Berliner Brandwände* thematisierten Hofrandbebauungen, deren Maßstab dem für die Studie zentralen Argument der Individualisierung zuwiderläuft. Die im Beitrag von Hans Kollhoff angeführten Beispiele verweisen vielmehr auf Stadterweiterungen, deren Bebauung durch eine Zwischenform von dichter Urbanität und vorstädtischen Eigenschaften geprägt ist.[279] Die damit zusammenhängenden Quartiere und stadträumlichen Konstellationen sind im Fall des 19. Jahrhunderts bürgerlich konnotiert – im Gegensatz zu den proletarisch-kleinbürgerlich geprägten Mietskasernen. In Berlin gilt dies für die Tiergartengegend mit ihrer gründerzeitlichen Bebauung längs des Landwehrkanals, einer Gegend also, die Ungers im Zusammenhang mit den eigenen Museumsplanungen sowie dem Fakultätswettbewerb seiner Studenten vertraut ist. Im weiteren werden die bürgerlichen – und im Unterschied zur weitgehend zerstörten Bausubstanz am Tiergarten noch intakten – Wohngegenden im Berliner Westend und in Grunewald angeführt. Aufschlußreich ist, daß die Übersicht auch das für die Etablierung einer großbürgerlichen Wohnkultur entscheidende Frankfurt umfaßt. Während die Dokumentation die Bauzeugen des Neuen Frankfurt übergeht, wird im Stadtteil Westend eine Serie herrschaftlicher Wohnbauten aus dem zweiten und dritten Drittel des 19. Jahrhunderts vorgeführt. Diese Bausubstanz im unweit der Universität gelegenen Westend, die sich nach 1968 zum Ort alternativer Wohnformen (Kommunen) entwickelt, belegt die Qualität einer Typologie, sich an veränderte gesellschaftliche Bedingungen anzupassen. Zum Gegenstand des Widerstands gegen die Abbruchdrohungen (Hausbesetzungen) geworden, läßt sich die historische Bausubstanz im Frankfurter Westend als Beispiel für die in der Sommerakademie thematisierte Aneignung und Individualisierung von Wohnformen anführen und so dem rigiden Funktionalismus gegenüberstellen.

Auf einer anderen Ebene verkörpert sich im Frankfurter Westend – wie in den dokumentierten Westberliner Wohnvierteln – eine Erinnerung an das im Anschluß an die Weimarer Republik untergegangene städtische Großbürgertum: an die von Edgar Salin als Trägerin von Urbanität beschriebene Gesellschaftsschicht. Bürgerliche Konnotationen vergegenwärtigt *The Urban Villa* auch im Fall der architektonischen Moderne des 20. Jahrhunderts, so in Berlin der Entwurf von Paul Mebes für den Beamtenwohn-verein – im Gegensatz zum genossenschaftlichen Wohnungsbau der Wei-marer Republik oder der Wohnhöfe der Gemeinde Wien nach 1918, denen der Lehrstuhl Ungers 1969 die Publikation *Die Wiener Superblocks* gewid-met hatte. Eine vergleichbare bürgerliche Sichtung des 20. Jahrhunderts findet sich in den weiteren Arbeiten, die in *The Urban Villa* dokumentiert sind: Gropius' Meisterhäuser in Dessau, Le Corbusiers Weissenhof-Häu-ser, Wrights Suntop Homes in Ardmore, Roths Doldertalhäuser in Zürich sowie die eine wenige Jahre vor der Sommerakademie fertiggestellte Sied-lung von Atelier 5 in Bern-Brunnadern. Alle Beispiele zeigen innerhalb der kanonischen Moderne und ihrer zeitgenössischen Fortsetzung (während der siebziger Jahre) Ansätze zum Fortbestand bürgerlicher Wohnvorstel-lungen. In Maßstab, Status und Material verweisen sie nicht auf ‚proleta-rische' Themenstellungen des Massenwohnungsbaus wie Kollektivierung, Funktionalisierung, Industrialisierung und Existenzminimum, die in den Berliner Lehrstuhlpublikationen noch maßgebend gewesen waren.[280]

Der Spannweite dieser historischen Referenzen entspricht die Breite der Kategorie der Stadtvilla – Giorgio Grassi zufolge gerade deswegen ein typologischer Widerspruch.[281] So umschreibt bei Ungers die Stadtvilla ein über eine Reihe von retrospektiven Merkmalen konstruiertes und ver-satiles Konzept. Indem sie im Maßstab von der Flächensanierungspoli-tik abweicht, verspricht die Stadtvilla erneut über den Wohnungsbau im städtischen Kontexten zu intervenieren. An einer konzeptionellen Unge-bundenheit scheint Ungers gerade darum zu liegen, weil ihm dies in einer Umbruchphase ermöglicht, sich angesichts der sozialökonomisch stärker ausdifferenzierten Stadt zu repositionieren: Die Stadtvilla verkörpert fle-xiblere Interventionsmöglichkeiten im Stadtgefüge als die vom Fordis-mus bestimmten und auf den starren Schemen des Funktionalismus beru-henden Praktiken der großen Baugesellschaften.[282] Aufschlußreich ist, wie Ungers' Einleitung die Frage der Partizipation aufgreift – eine Preisgabe der architektonischen Kontrolle. Innovationen sollen durch Einbezie-hung und Aktivierung der Bewohner erzielt werden, wobei die Stadtvilla eine „Individualisierung und Demokratisierung" des Wohnungsmarkts bewirken soll.

Ungers versucht, Städter in einer von Marktkräften bestimmten Umge-bung neu zu verorten: „Seen from a political point of view, the promo-tion of smaller housing types also favors a wide distribution of home ownership and at the same time improves the independence and self-de-termination of the owner. It represents a shift from the dependent tenant to the independent home owner who can make his own decisions about his personal environment. A more pluralistic market can develop from the mainly state-controlled one from which private initiative has been pushed out [...]."[283] Die progressive Wende in der Wohnungsfrage wird somit in der Stimulierung der Nachfrage und des Konsumverhaltens gesehen. *The Urban Villa* bewertet die Personalisierung und Differenzierung von Wohnbedürfnissen als architektonisches Potential für ein „pluralistic urban environment with mutually unresolved contradictions as opposed to a unified one-dimensional urban system"[284]. Obschon unbewußt, nimmt diese Durchdringung von ökonomischen Argumenten und subjektiven Faktoren bereits Elemente der postmodernen Identitätspolitik vorweg. Sie führt zu einer Verlagerung der Bewertungskriterien von Urbanität.

Schon der Entwurf für die Tiergartenmuseen hatte „unresolved contradictions" untersucht, doch mit seiner Konzentration auf Massenwohnungsbau und Vorfertigung hatte sich Ungers im weiteren Verlauf der sechziger Jahre dem Paradigma der fordistischen Standardisierung und Serialisierung verschrieben. Wiewohl vereinzelte Abweichungen und Verunreinigungen als Momente des *as found* in diese Megastrukturen eingelagert waren, ging es ihm doch darum, das architektonische Objekt in einem „Feld einander überlagernder Bezugsstrukturen" aufzulösen.[285] Vorfertigung, Verkehrssysteme und städtebauliche Megastrukturen sind angesichts von Rezession und Ressourcenkrise nicht mehr dazu geeignet, formale Komplexität zu transportieren. Ungers erkennt in der Differenzierung von Lebensstilen und Wohnbedürfnissen eine Möglichkeit, seine entwerferischen Interessen auf ein gewandeltes sozialökonomisches und politisches Klima zu übertragen. Das architektonische Objekt übernimmt dabei eine themengenerierende Rolle.

Zwischen behutsamer Stadterneuerung und kritischer Rekonstruktion

The Urban Villa stellt der wohlfahrtsstaatlichen Bevormundung die Vorzüge der Privatinitiative gegenüber. Zwar bleiben derartige Vorstellungen in Westberlin elitär, da der privaten Bautätigkeit bis zur Wende eine marginale Rolle zukommt, als Modell ist die Stadtvilla jedoch visionär: Sie trägt zur Rehabilitierung des architektonischen Projekts bei, indem sie das Thema Wohnungsbau für die im Funktionalismus tabuisierte Erzeugung von Differenz öffnet. Sie verortet – wie das mit beiden Sommerakademien verknüpfte Konzept des Stadtarchipels – die Architekturproduktion in einem *relationalen Raum*. Ungers vermag hier seinen bisherigen Umgang mit morphologischen Fragmenten erfolgreich zu vergegenwärtigen und anzureichern, während seine Schüler sich ein Repertoire aneignen, um den Wohnungsbau als urbanes Thema neu zu besetzen.[286]

Ursprünglich als mehrteiliges Programm angelegt, findet nur eine weitere Sommerakademie in Berlin statt. Lautete der Arbeitstitel zunächst *Kunst und Architektur im öffentlichen Raum*[287], wird die Sommerakademie von 1978 schließlich unter dem Titel *The Urban Garden* durchgeführt.[288] Sie befaßt sich mit einem konkreten Westberliner Viertel, in dem Ungers selber durch die Teilnahme an Wettbewerben beruflich engagiert ist und wo es mittelfristig zur Realisierung seiner Entwürfe kommen wird. Die von Cornell-Studenten für die südliche Friedrichsstadt verfaßten Entwürfe untersuchen jenen Teil Kreuzbergs, der durch den Zweiten Weltkrieg sowie die anschließenden Flächensanierungen den größten Teil seiner historischen Bausubstanz verloren hat. Im Schatten der Mauer gelegen, bildet die südliche Friedrichsstadt mit ihrem hohen Anteil an Sozialwohnungen und Ausländern im Hinblick auf die Realisierung der Berliner Stadtautobahn eine willkommene Manövriermasse – nicht unähnlich dem Frankfurter Westend. Zwischen Landwehrkanal und Mauer eingespannt, bildet die südliche Friedrichsstadt mit ihren Relikten gründerzeitlicher Bebauungen, Brachflächen und ihrem ausgedehnten Bestand aus der Nachkriegsmoderne abermals eine ‚grüne‘ Insel im seinerseits isolierten Westberliner Territorium. *The Urban Garden* kann somit als eine entscheidende Fallstudie für das Konzept Stadtarchipel gesehen werden.

1979 verlegen Ungers und sein Lehrstuhl-Team eine Publikation, um die über historische Referenzen legitimierten Thesen der Sommerakademie vom Vorjahr innerhalb der Fachöffentlichkeit zu empfehlen.[289] In dem Artikel *Cities within the City*, den die Zeitschrift *Lotus* veröffentlicht, schlägt Ungers sogar vor, eine Veranstaltung wie die Sommerakademie mit „international architects and planners" durchzuführen.[290] Im Unterschied zu den von Heinrich Klotz und François Burkhardt bereits ab 1974 veranstalteten Workshops[291] ginge es darum, Gäste nach Berlin einzuladen und diese länger Zeit an realen Projekten arbeiten zu lassen. Genau dies wird sich im Rahmen der Internationalen Bauausstellung (IBA) abzeichnen.

Gerade der mit den Cornell-Sommerakademien erschlossene denkmalpflegerische Kontext ist ein Indiz für Ungers' Suche nach Auswegen aus dem Dilemma, in das er als einer der Entwerfer des Märkischen Viertels geraten war – bleibt doch sein Ruf als Wohnungsbau-Architekt und architektonischer Vordenker in Berlin so lange beschädigt, wie er mit der Städtebaupolitik der sechziger Jahre assoziiert wird. Insofern spielt bereits *The Urban Villa* eine strategische Rolle, wie dies auch die im September 1977 gebotene Möglichkeit zur Präsentation vor einem Ausschuß der Berliner SPD veranschaulicht.[292]

Damals, nach den Protesten im Frankfurter Westend, haben in Berlin-Kreuzberg Instandbesetzungen und Bürgerproteste bereits Aufmerksamkeit auf die fortschreitende Zerstörung von Wohnraum und Quartierstrukturen gelenkt. Als 1979 politisch und personell die Weichen für die IBA gestellt sind, verfügt Ungers durch die kontinuierliche Auseinandersetzung mit Berlin wieder über eine Diskurshoheit. Sein im Rahmen der Sommerakademien entwerferisch erprobter kuratorischer Zugriff auf den schrumpfenden Stadtkörper findet im Leitbild der IBA indirekt eine Umsetzung. Nachdem die ursprüngliche Idee eines konzentrierten Ausstellungsparks in der südlichen Tiergartengegend verworfen ist, wird eine Strategie dezentraler Interventionsgebiete beschlossen. Unter der Devise „Die Innenstadt als Wohnort" wird auf lokalen Inseln das identitätsbildende Potential einzelner städtebaulicher Interventionen untersucht.[293]

77 O.M. Ungers, Wohnblock Köthener Straße, Berlin 1985–1991

Die für 1984 vorgesehene, infolge politischer und administrativer Turbulenzen jedoch auf das 750-Jahr-Jubiläum Berlins 1987 verschobene Ausstellung zerfällt in zwei Kategorien: Stadtneubau und Stadterneuerung. Hardt-Waltherr Hämer wird als Kommissar für die auf Kreuzberg konzentrierte Stadterneuerung („IBA Alt") eingesetzt, Josef Paul Kleihues und Ungers übernehmen den Stadtneubau („IBA Neu") im Bereich südliche Friedrichsstadt. Nach kurzer Zeit tritt Ungers von seinem Amt als Kommissar jedoch zurück, wofür Jasper Cepl zwei Gründe nennt: zum einen der mit dieser Stellung verbundene Verzicht auf eine eigene Bautätigkeit in Berlin, zum anderen die verstärkte Zusammenarbeit mit dem in Berlin ansässigen und auch aufgrund seiner Veröffentlichungen im *Tagesspiegel* einflußreichen Josef Paul Kleihues.[294] Dessen Stellung innerhalb der IBA entwickelt sich auch deshalb zum Problem, weil Kleihues als Anwalt der Stadtreparatur eine Ungers entgegengesetzte Haltung einnimmt. Unter Kleihues' Ägide demonstriert die IBA Neu im Tiergartenviertel und aufgrund der in Kreuzberg betriebenen Praxis der „behutsamen Stadterneuerung" eine zunehmend restaurative Architekturpolitik. Hier entstehen zugleich die Grundlagen der „Kritischen Rekonstruktion", die dem wiedervereinten Berlin unter Senatsbaudirektor Hans Stimmann als Devise auferlegt wird.

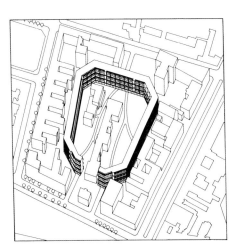
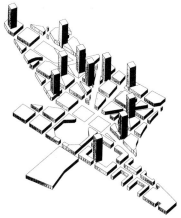

78/79 Entwürfe für einen Wohnblock am Rand des Tiergartenviertels, 1973, und für das Debis-Areal am Potsdamer Platz, 1992

Indem die Stadtreparatur Identität in kontinuierlichen stadträumlichen Figuren verortet, zielt sie in entgegengesetzte Richtung zur Politik der starken Form und des urbanen Fragments, die für Ungers' Grünen Archipel und die damit verknüpfte Metapher der Stadt in der Stadt ausschlaggebend waren. Auch die an der Sommerakademie theoretisierte Stadtvilla bleibt – trotz Realisierung eines Stadtvillen-Ensembles an der Rauchstraße – stadtmorphologisch eine Randerscheinung.[295] Denn das Kernprogramm der IBA ist die Versöhnung des Massenwohnungsbaus mit der Blockrandtypologie des 19. Jahrhunderts, weshalb auch die Bauausstellung um den sozialen Wohnungsbau organisiert ist. Die beiden Bauten, die Ungers im Verlauf der achtziger Jahre in Kreuzberg planen und nach der IBA realisieren wird, der Wohnblock Köthener Straße (1985–1991) und das Familiengericht Berlin (1989–1995), stehen in klarem Gegensatz zur Stadtreparatur. Das Archipel-Konzept akzeptiert mit der Schrumpfung erstmals eine Westberliner Gegebenheit. Doch indem es Eigentumsfragen ausklammert, basiert dieses Entwicklungsleitbild trotzdem auf einem wenig realistischen Dispositiv. Denn eine Kuratierung von Fragmenten zu skulpturalen Ensembles setzt Enteignungen voraus. Während der Archipel mit seiner Poetik der Abwesenheit ein Verständnis für das Häßliche, Unfertige und für das nur noch bruchstückhaft Erhaltene voraussetzt, bieten Kleihues und die Anhänger der Stadtreparatur mit ihrer Bevorzugung des 19. Jahrhunderts und des Berliner Blockrandes einen einfacheren – mehr oder weniger rekonstruktiven – Zugang zur Geschichte an.

Mit der programmatischen Abkehr von Großsiedlungen in der Peripherie konzentriert sich auch die IBA auf die Verschränkung mit den Relikten der Stadt des 19. Jahrhunderts, anstatt unterschiedliche Zeitspuren zu thematisieren. Nur wenige Arbeiten – darunter ein Entwurf von OMA für die südliche Friedrichstraße – werden die unwiederbringlichen Brüche im Stadtgewebe thematisieren.

Bereits 1977 bemerkt Ungers gegenüber Klotz, daß man dem Tiergartenviertel „das Klischee einer gewöhnlichen Blockrandbebauung aufoktroyieren" wolle. Die Rede ist vom Ideenwettbewerb, an dem Ungers mit seinem Cornell-Studenten Koolhaas teilgenommen hat, den jedoch eine frühere Generation seiner Berliner Studenten gewonnen haben. Ihr Vorschlag sehe „ein zweites Kreuzberg oder ein zweites Schöneberg" vor, wogegen für Ungers 1973 die noch jungen Bauten des Kulturforums eine „Vorstellung von einem Berlin" verkörpern, „in dem die Ausdrucksweisen verschiedener Kulturen zusammengetragen" seien; deshalb verlange dieser Ort differenziertere Antworten.[296] Als die IBA 1983 ihren Wettbewerb zur Neugestaltung und baulichen Ergänzung des Kulturforums veranstaltet, zeigt sich Ungers gegenüber den unterschiedlichen Ausdrucksweisen der Moderne deutlich weniger offen. Seine Ausblendungsgeste erinnert vielmehr an den zeitgenössischen Vorschlag für den Frankfurter Paulsplatz. Mit einem Arkadenbau wird die klassizistische Genealogie von Schlüter zu Mies van der Rohe hervorgehoben und stadträumlich monumentalisiert: Ungers rahmt Matthäuskirche und Neue Nationalgalerie, blendet hingegen Scharouns Philharmonie und Staatsbibliothek aus – eine Relektüre des Ortes, die gerade die Koexistenz von unterschiedlichen Traditionen der Moderne negiert.

Spuren des Grünen Archipels erscheinen in den frühen neunziger Jahren noch im Ideenwettbewerb „Berlin morgen" oder auch in Ungers' zweitplaziertem Wettbewerbsbeitrag für die Bebauung des Debis-Areals am Potsdamer Platz (1992), der als Alternative zum Historismus und zum umgesetzten Siegerprojekt von Hilmer & Sattler gesehen werden kann.[297] Doch in seinen darauffolgenden Bauaufträgen – nun in der eigentlichen Friedrichstadt, dem Bezirk Berlin Mitte – fügt sich Ungers ganz den Satzungen der *Kritischen Rekonstruktion* der Ära Stimmann. Seine 1999 gemeinsam mit Stefan Vieths veröffentlichte Schrift *Die dialektische Stadt* geht zwar von der Metapher der „Stadt als Folie" und dem „diskursiven Charakter" der Stadt aus, doch zwischen den vertretenen Thesen besteht kaum noch ein Bezug zur Praxis von Ungers' Büro, das damals mit immer umfangreicheren Bauaufträgen der Privatwirtschaft und der öffentlichen Hand betraut ist.

Identität sichtbar machen

Christine Hannemann und Werner Sewing beschreiben Westberlin als Ort der Positionierung einer „sich selbst erzeugenden Szene"[298]. Ein Teil der Architektenschaft um Oswald Mathias Ungers und Josef Paul Kleihues versuche in den siebziger Jahren, die Haltung des „Nicht-Bauens" (Dieter Hoffmann-Axthelm)[299] zu überwinden und eine Gegenhaltung zum bisherigen Systemzusammenhang einzunehmen. Hier heben Hannemann und Sewing die Lernerfahrung einer Architektengeneration hervor, die „von der Bühne Berlin aus langfristig eine ‚Spielberechtigung' auf allen urbanen Bühnen, auf denen das Spiel ‚Europäische Stadt' inszeniert wird", entwickelt. Westberlin bilde die „evolutionäre Nische"[300], wo neben künftigen Laufbahnen auch Diskurshoheiten und – wie im Fall Ungers – erneutes

Expertentum vorbereitet werden. Zentral ist hier die Bindung des sozialen Wohnungsbaus an die historische Stadt, die im Zuge der IBA medial erfolgreich vermittelt wird. Bereits 1978 stellt die italienische Zeitschrift *Lotus* Berlin im Rahmen von Workshops, Sommerakademien und weiterer Veranstaltungen auf eine Stufe mit Bologna, dem damaligen Eldorado der Denkmalpflege und der behutsamen Stadterneuerung.[301] Allerdings wird eine Politik der Stadterneuerung, wie sie unter Bolognas kommunistischer Stadtregierung in den sechziger und frühen siebziger Jahren möglich war, in Berlin erst mit einiger Verzögerung ihre politische Unterstützung finden: In der großen Koalition, die im Verbund mit den mächtigen Wohnbaugenossenschaften für Wohnungsbau und Stadtplanung in Westberlin zuständig ist, stoßen die Einwände gegen die Flächensanierung vorerst auf wenig Gehör. Bis 1979 herrscht, mit den Worten von Hannemann und Sewing, ein „Ungleichgewicht zwischen einer technokratischen Senatsbauverwaltung und einer eher baukünstlerisch orientierten freien Architektenschaft"[302]. Die Instrumentalisierung des Lokalen geht vorerst von dieser Szene und nicht – wie in Frankfurt – von der Politik aus. Nach anfänglicher Skepsis gegenüber den Ideen der IBA[303] wird der Berliner Senat die Partikularität des Ortes als politisches Kapital erschließen und letztlich die Ausstellung als Aushängeschild für seine geläuterte Städtebaupolitik nutzen. Hier erweist sich die Hinwendung zur Geschichte als ein willkommenes Instrument, um Identitätspolitik stadträumlich sichtbar zu machen.[304]

80 Demonstration im Frankfurter Häuserkampf, 1973

81 Ungers' IBA-Wohnblock in Berlin-Kreuzberg

Während die IBA Identität und Urbanität über den anonymen Blockrand und das traditionelle Mietshaus rekonstruiert, übernimmt in Frankfurt der städtebauliche Ausnahmefall diese Funktion: das singuläre öffentliche Gebäude. Dieser Unterschied liegt zum einen an den konkreten Aufgaben, die sich nach dem Wiederaufbau im Stadtzentrum stellen, und an einer vergleichsweise eindeutigen Zentrum/Rand-Konfiguration, die gerade den Phantomschmerz im historischen Kern lokalisiert. Doch zum anderen besitzt Frankfurt spezifische institutionelle und politische Voraussetzungen, die einerseits die Problematisierung, andererseits die Lösung städtebaulicher Defizite beeinflussen. Die in der Wallmann-Ära errichteten Bauten sind nicht Produkt einer lokal verankerten Szene. Entspechend wird die Begegnung auswärtiger ‚Autoren‘ mit dem lokalen Kontext durch die Architekturpolitk zelebriert, wogegen die internationalisierende, allerdings von lokalen Entwerfern stammende Hochhausarchitektur das erwünschte weltstädtische Image gerade nicht zu liefern vermag.[305] Dies gilt auch für den Stadtplaner und Messearchitekten Albert Speer oder die Entwerfer des Nordwestzentrums Apel, Bekker, Beckert, deren Nachfolge-Büro ABB die Konzernzentrale der Deutschen Bank im umkämpften Frankfurter Westend konzipiert. Die bis 1984 errichteten verspiegelten Zwillingstürme sind ursprünglich als Hotel für die Hyatt-Kette konzipiert; ihre endgültige Nutzung sowie zeichenhafte Präsenz an der Taunusanlage werden mit dem Spitznamen ‚Soll und Haben‘ bedacht. Wie die Großsiedlungen der Peripherie wird der Inter-

82/83 City-Druck in Frankfurt: Eckbebauung Alte Gasse/Schäfergasse und Hauptsitz Deutsche Bank an der Taunusanlage

national Style bis mit *Krankfurt* assoziiert – ein Negativ-Image, zu dem in die achtziger Jahren auch die offene Drogenszene in der Taunusanlage beiträgt.

Vor diesem Hintergrund aus Klischees und Realitäten gilt es auch die Produktions- und Rezeptionsbedingungen der Architektur zu begreifen. So sind in Frankfurt Voraussetzungen, wie sie in Berlin zur Mobilisierung einer gegen den Systemzusammenhang der Planung antretenden Szene geführt haben, nicht gegeben. Die Kritik an den bislang gültigen Modellen des technokratisch ausgerichteten Städtebaus wird hier nicht von einer politisch mobilisierten Architekturszene sondern von geisteswissenschaftlich orientierten Eliten artikuliert. Eine mit der Technischen Universität Berlin vergleichbare Ausbildungsstätte, die zur Sozialisierung und Politisierung vieler Architekten geführt hätte, existiert in Frankfurt nicht. Ebensowenig ist vor der Gründung des Deutschen Architekturmuseums eine Institution auszumachen, die über Tagungen, Symposien oder Publikationen im lokalen Architekturdiskurs für Impulse hätte sorgen können; zudem haben die entscheidenden Fachmedien ihren Sitz in anderen Städten des Landes. So beruht die Besetzung der Architektur mit neuen Inhalten auf den Zielsetzungen der Kultur- und Städtebaupolitik. Sie ist vielmehr seit Anfang in politischen Strategien verankert, weshalb sich besonders unter Oberbürgermeister Walter Wallmann ein *top down*-Prozeß ausmachen läßt.

Wie der Fall der Dom/Römerberg-Überbauung gezeigt hat, werden in Frankfurt historische Zusammenhänge aktiviert, um ein neues Publikum an die Innenstadt zu binden. Hier ist die Vergegenwärtigung der Rolle Frankfurts im Heiligen Römischen Reich Deutscher Nation nicht nur als Nostalgie zu sehen. Sie kann – wie die Anleihen bei Salins Urbanitätsbegriff – ebenso auf die aus dem Postfordismus hervorgehenden Raummodellierungen bezogen werden. Unter neuen Vorzeichen wird nach 1977 das ‚extraterritoriale‘ Bild der Freien Reichsstadt rekonfiguriert: Wie die von den weltlichen und kirchlichen Territorien des Reichs unabhängige Handels- und älteste Messestadt[306] überschreitet jetzt die Global City den nationalstaatlich gefaßten Raum. Frankfurt überflügelt mit dem Bedeutungszuwachs von Finanzplatz, Flughafen und Messe und als Standort der Europäischen Zentralbank die anderen Wirtschaftszentren der Bundesrepublik. Die Vergegenwärtigung von Traditionen, die hinter die Entstehung des modernen Nationalstaat zurückreichen, bietet in Anbetracht des abstrakten transnationalen Bezugsraums der Finanzmärkte Identifikationspotential. Entsprechend anders als in Westberlin werden in Frankfurt die Spuren der Nachkriegsmoderne sowie die Zerstörungen des Zweiten Weltkriegs bearbeitet.

Auf den Kontext Westberlin trifft eine Stimulation des Stadtbildes über Kulturpolitik nur bedingt zu.[307] Aufgrund der ökonomischen Nischensituation der Stadt scheint etwa Christine Hannemanns und Werner Sewings Behauptung fraglich, daß Westberlin die „Rolle des Pioniers in der Ausprägung festivalisierter Stadtpolitik" zukomme.[308] Wirtschaftlichen Druck als Ursache für eine Image-Konstruktion über Architekturikonen kennt die Insel Berlin nicht. Der Innovationszwang wurzelt vielmehr im geopolitischen Dispositiv des Kalten Krieges und in der Definition Westberlins als ‚Schaufenster der freien Welt' beziehungsweise der sozialen Marktwirtschaft. Weil die für diese Innovationen nach Berlin fließenden Gelder bis zum Ende der deutschen Teilung in der Bundesrepublik politisch unumstritten bleiben, vermag sich eine ökonomische Ausnahmesituation von der 1957 durchgeführten Interbau bis zur IBA zu halten. Ein Wandel in der Architekturproduktion läßt sich lediglich dort feststellen, wo der mit öffentlichen Mitteln geförderte Wohnungsbau durch die lokale Szene als entwerferisches Thema neu besetzt wird. Doch die architekturpolitische Neuausrichtung ist formaler Art. Als Ungers mit der Stadtvilla versucht, auch die ökonomischen Bedingungen anzutasten und für den Wohnungsbau mehr Privatinitiative fordert, bleibt die Resonanz gering. Obschon fortan im Berliner Wohnungsbau identitätspolitische und stadträumliche Differenzierungen berücksichtigt werden, bleiben auch unter der behutsamen Stadterneuerung Trägerschaften und Publikum im wesentlichen unverändert: Die IBA verändert die strukturellen Voraussetzungen der Westberliner Architekturproduktion nicht. Und obwohl sich die Neubaugebiete zu Plattformen für die Entwürfe international renommierter Architekten entwickeln, bleibt die neuartige Verbindung von Entwurfshandschriften und gefördertem Wohnungsbau fest im lokalen Kontext verankert. Dagegen führt der Entwicklungsschub, dem Frankfurt nach der Rezession ausgesetzt ist, zu einer Verschiebung der städtebaulichen Themenfelder. Denn gegenüber der bisherigen Modellierung des Stadtraums findet ein inhaltlicher Bruch statt. Dieser hängt mit den maßstäblichen Bezügen zusammen, die nicht nur zu einer Bedeutungsverschiebung des Lokalen führen, sondern das Verhältnis von Raum und Ort grundlegend transformieren. So sind nun ökonomische Interessen im Spiel, die den Standort stärker in Konkurrenz zu anderen Finanzplätzen treten lassen und einen für die Außenwahrnehmung maßgebenden Ort, das Stadtzentrum, zum Mittelpunkt inszenatorischer Überlegungen machen.

Indem sie parallel zur funktionalen Ausdifferenzierung des Großraums Frankfurt stattfindet, kann die Ausrichtung des Stadtzentrums auf hochkulturelle Nutzungen ebenfalls auf die Globalisierung bezogen werden. Die in den achtziger Jahren realisierte Frankfurter Museumslandschaft trägt zur Entstehung eines neuen Aufmerksamkeitsregimes bei. Mit ihrer gemeinsamen, auf einen Imagewechsel ausgerichteten Zweckbestimmung fügen sich die Museen zu einem erlebnisorientierten Gesamtraum. Diesem liegt wie der IBA ein Dispositiv zugrunde. Im selben Jahr, als der politische Beschluß zur Durchführung der Berliner Ausstellung gefällt wird, legt man in Frankfurt den Museumsentwicklungsplan fest. Zwar versucht man hier wie in Berlin, mit Architekturpolitik einen Abschied von der technokratischen Stadtmodellierung zu markieren und die Stadtbevölkerung in eine neue Identitätspolitik einzubinden. In Frankfurt ist jedoch nicht der Wohnungsbau für die Korrektur maßgebend, sondern das Museum. Dieses bedingt gegenüber dem sozialen Wohnungsbau ein anderes Publikum und eine erhöhte Medialität der Architektur. Obschon sich das Museum als eine Geschichte und Gegenwart reflektierende Institution auch nach innen richtet, an die Adresse der Stadtbewohner, wendet sich das mit öffentlichen Mitteln massiv geförderte neue Image der ‚Kulturstadt' vornehmlich an Besucher, Arbeitgeber und Investoren. Wie die Schaffung von massiven Kapazitäten im Dienstleistungssektor oder der gezielte Ausbau der Messe Frankfurt ist die Verklammerung der Architekturpolitik mit der städtischen Hochkultur ein strategischer Entscheid. Insofern ist auch die Reflexivität, von der die Architektur des postmodernen Museums angetrieben wird, nicht von den ökonomischen Dynamiken des Postfordismus zu trennen. Die strategische Verbindung von ‚Architekturereignissen' und Stadtentwicklung betont geradezu den Anspruch auf einen autonomen Diskurs – so auch Ungers' immer wieder an die Adresse seiner Kritiker formulierten Überlegungen zum Primat der reinen Form.[309] Doch je mehr sich die auf Bilder angewiesene Standortpolitik entfaltet, um so mehr zeigt sich, daß Ungers konzeptionell prädestiniert ist, seine Architektur in den Erlebniszusammenhang der postmodernen Urbanität einzuführen. Seit den sechziger Jahren hat er Archetypen, zeichenhafte Fragmente und bühnenhaft abstrahierte Stadträume untersucht. Im Gegensatz zum Wohnungsbau gestatten ihm fortan hochkulturelle und institutionelle Bauaufgaben, diese Themen wirkungsvoll umzusetzen.

Kontinuitäten, Brüche, neue Sinnzusammenhänge:
Ungers' Umweltbegriff

Ungers' Werdegang ist von einer kontinuierlichen Abschottung und Klärung des Architekturbegriffs gekennzeichnet. Diese Suche ist von Brüchen und Zufällen nicht frei. Nachdem er das eigene Werk mit theoretischen Fundamenten ausgestattet hat, ist hinter seinem Autonomie-Diskurs kaum noch zu erkennen, daß entwerferische Empirie, äußere Faktoren und Zeitströmungen einen wesentlichen Anteil an seiner beruflichen Positionierung hatten.

Entwicklungen in Westberlin und Frankfurt, insbesondere die Konflikte von 1967, haben für ihn vorübergehend die Ausdehnung, später jedoch die Einengung entwerferischer Interessen zur Folge. Seine Begegnung mit den politischen, wirtschaftlichen und gesellschaftlichen Kontexten dieser Städte vermag die sukzessiv erfolgende Ausgrenzung des Nichtarchitektonischen zu erklären. Andererseits ist es Ungers selber, der mit seinen Texten dazu beiträgt, daß sein Werk als zeitlose, von technologischen und ökonomischen Bindungen freie Abarbeitung von Anliegen der architektonischen Form rezipiert wird. Dieser Prozeß der Auseinandersetzung erreicht im *Haus ohne Eigenschaften*, von seinem Bewohner selber als „Paradiesgarten" bezeichnet, in den neunziger Jahren seine persönlichste Quintessenz.[310] Mit seiner minimalistischen Askese erscheint Ungers' letztes Kölner Wohnhaus als schlüssiges Gegenstück zu jenem plastisch-expressiven Vorgängerbau, der ihm 1959 internationale Aufmerksamkeit verschafft hatte.

Die ästhetische und diskursive Autonomie, die Ungers für seine Arbeit in Anspruch nimmt, veranlaßt ihn zu einer wiederholten Ausgrenzung des Nichtarchitektonischen. Doch zeigt seine lange Karriere, wie sich diese Grenzen jeweils verändert haben. Auf ein eingeweihtes Publikum angewiesen, ist Autonomie nicht von den Rezeptionsbedingungen der Architektur zu trennen. So verweist das zur abstrakten Stereometrie verknappte Haus ohne Eigenschaften unweigerlich auf den Kontext Kunst, der für Ungers auch aufgrund der eigenen Sammlungstätigkeit wichtig ist. Die Verknappung des herrschaftlichen Wohnsitzes zu einem Raumdiagramm, bei dem Innen und Außen gleichsam austauschbar sind, hat bereits in den typologischen Untersuchungen der siebziger Jahre ihre Vorläufer. Durch die Einführung von neuen Bilderzählungen in den städtischen Raum demontiert Ungers damals den städtebaulichen Infrastrukturalismus, dem er selber verfallen war.

Das Bekenntnis zur Eigengesetzlichkeit der architektonischen Form erhält im Rückblick auf seine berufliche Krise nach 1967 besonderen Nachdruck. Sowohl für Ungers als auch für seine Interpreten lassen sich die Auseinandersetzung mit Brandwänden, die Analyse einer fragmentierten urbanen Landschaft, die Montage von stadträumlichen Episoden zum Archipel als Wegmarken entlang eines persönlich durchlittenen Erkenntnisprozesses darstellen.[311] 2008 hat Pier Vittorio Aureli Ungers' Archipel-Konzept im Licht der Gegenwart als eine „metacritique of urbanization" relegitimiert.[312] Die Vorstellung einer robusten, starken Form in den städtebaulichen Hinterlassenschaften des 20. Jahrhunderts (die letztlich auch Rem Koolhaas beschäftigt) sind für Aureli Anlaß, in Ungers' Autonomieverständnis eine ethisch-politische Dimension zu erkennen. Aufgrund ihrer „inertia"[313] vermöge sich die architektonische Form einer durch undifferenzierte Infrastrukturen bestimmten Räumlichkeit entgegenzustellen. Die Organisation des städtischen Zusammenlebens bedingt für Aureli eine „absolute" Gesinnung der Architektur: „architecture must address the city, even when the city has no goal for architecture."[314] Diese radikale Autonomisierung der architektonischen Form ist als Reaktion nachvollziehbar, als in der Rezession der siebziger Jahre vom fordistischen Wachstumsparadigma keine konzeptionellen Impulse mehr ausgehen. Im Fall

84 ‚Haus ohne Eigenschaften', eigenes Wohnhaus in Köln, 1994–1996

des Märkischen Viertels haben die Auswüchse des westdeutschen Systemzusammenhangs Ungers vor Augen geführt, daß sich die Steuerung großmaßstäblicher Bauprozesse und entweferische Subjektivität nicht miteinander vereinbaren lassen. Doch auch seine Positionsbezüge nach dem erfolgreichen Wiedereinstieg in die Praxis heben die Unvereinbarkeit einer persönlichen Recherche mit dem System hervor. Nun bildet nicht mehr technokratischer Konformismus das Feindbild, sondern die gemaßregelte Architekturproduktion der Gegenwart. Die „despotic law of difference and novelty" macht Aureli zufolge das Archipel-Konzept gerade heute relevant, weil es eine „partisan view of the city" anbietet.[315]
Ungers' Diskurs von der Zeitlosigkeit der Architektur, die sich Verschleiß und massenkultureller Vereinnahmung verweigert, findet bei Fritz Neumeyer seinen Nachhall: „Die klare Identität, die er anstrebt, hat sich stets vordergründiger Gefälligkeit entzogen und sich jenseits der gesicherten Akzeptanz jener harmlosen, sozialpflegerischen Architektur bewegt."[316]
Die rhetorische Figur des Widerstands richte sich gegen eine unkritische, medial übersättigte Postmoderne und deren Akteure, welche die geistige Dimension der Architektur verkennen. So wird durch „klare Identität" indirekt die Disqualifizierung von Zeitgenossenschaft vorbereitet, die nach der Wiedervereinigung in der Diskussion um Berlin tonangebend wird. Neumeyer, zu einem gewissen Grad auch Cepl, der mit der *Intellektuellen Biographie* Ungers' mannigfache Inspirationsquellen nachzeichnet, neigen zu Darstellungen, in der die „Thematisierung der Architektur" als Ergebnis eines im Sinne von Alois Riegl oder Wilhelm Worringer gleichsam zivilisatorisch vorgegebenen Kunstwollens erscheint.
Wie seine Äußerungen im Rahmen der Berliner Sommerakademie von 1977 gezeigt haben, ist sich Ungers der sozialökonomischen Verschiebungen innerhalb des Wohlfahrtsstaats nicht nur bewußt. Die Veröffentlichung zur Stadtvilla belegt vielmehr, daß ihm daran gelegen ist, die Auffächerung der Wohnbedürfnisse als Parameter für den Entwurf zu erschließen. Als neue Zielgruppe erkennt die Studie die damals kommunalpolitisch ins Visier rückende Mittelklasse und deren Bereitschaft, für Distinktionsgewinne materielle Bindungen einzugehen. So wendet sich *The Urban Villa* an ein Publikum, das sich in seiner Mentalität vom passiven Mieter des sozialen Wohnungsbaus abhebt: Privatinitiative soll den von gemeinnützigen Bauträgern dominierten Wohnungsmarkt aufbrechen und dem „lack of entrepreneurial capabilities", dem „lack of initiative" und der „bureaucratization of the construction sector" entgegenwirken.[317] Unter „Social aspects" erwähnt die Einführung eine Rückkehr zu „personal production

methods", die von Selbsthilfegeist über Partizipation zu Stockwerkseigentum reichen können. So wie es die „personalization of lifestyle" und „social diversity" typologisch zum Ausdruck zu bringen gelte, solle auch die gebaute Umwelt durch Ausdifferenzierung bereichert werden. Nach Planungsvisionen, die in der Standardisierung und Großmaßstäblichkeit ihre Themen gefunden hatten, liefert das Individuum mit seinem „desire for independence" und „free expression of the personality" die Schlüsselwörter.[318] Somit kann die Stadtvilla als ein Gerüst zur typologischen Auslotung von sozialökonomischen Verschiebungen gesehen werden. Ferner zeigt die architekturhistorische Untermauerung der Studie einen Versuch, Wohnungsbau mit Identitätsfragen zu verknüpfen.

Als Ungers sich in der zweiten Hälfte der siebziger Jahre diskursiv neu zu positionieren beginnt, baut er den Themenkomplex Individuum-Umwelt-Erlebnis aus. Doch nicht das abstrakte Modell der Stadtvilla, sondern die standortpolitisch motivierten Bauaufgaben bieten in Frankfurt die entscheidenden Voraussetzungen. Hier wird der von Ungers bislang thematisierte Umweltbegriff der ökonomischen und räumlichen Logik des Postfordismus konfrontiert und mit dieser kurzgeschlossen. Der Diskurs der Frankfurter Stadtpolitik verknüpft die Qualität der städtischen Umwelt mit Urbanität. Dabei werden kulturpolitische Strategien und stadträumliche Organisation zunehmend auf das Prinzip der Distinktion ausgerichtet. Wie gezeigt wurde (vgl. S. 86–89), verlagert sich in der Ära Wallmann die Artikulation des Sozialen zunehmend in den Bereich der Kulturpolitik, die ihrerseits in den Bann der Standort- und Wirtschaftspolitik gerät. Wie der Urbanitätsbegriff erfährt der Umweltbegriff verschiedene Konjunkturen, die sich von der kritischen Verarbeitung des Wiederaufbaus über die Systemkritik der späten sechziger Jahre bis auf die zeitgenössische Nachhaltigkeitsdiskussion erstrecken. In ihrer Elastizität sind Umwelt und Urbanität Gegenstand parallel verlaufender und zugleich einander überlagernder Diskurse. Beide Begriffe werden zur Evolution der architektonisch-städtebaulichen Postmoderne in der Bundesrepublik beitragen. Aneignung und Instrumentalisierung führen dazu, daß Urbanität zusehends an Raumformen gebunden wird, welche die ursprüngliche gesellschaftliche und politische Dimension des Begriffs verstellen. Insbesondere dieser seit Salins Essay von 1960 stattfindende Transfer vermag zu erklären, weshalb Ungers' „metaphysische" Raumbilder[319], in der Kölner Innenstadt 1975 noch auf Unverständnis stoßend, schließlich im Frankfurter Messeareal begrüßt werden. Die Kuratierung innerstädtischer ‚Bühnen' wie in Frankfurt läßt sich gerade auf Ungers' Umweltbegriff bezie-

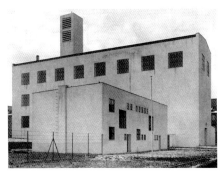

85 Rudolf Schwarz, Fronleichnamskirche, Aachen 1928–1930

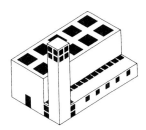

86/87 O. M. Ungers, Pfarrkirche St. Theodor und Mehrfamilienhaus Hültzstraße, Köln 1997 und 1951

hen. In seiner Definition tritt eine Ausweitung des Erlebnischarakters von Architektur zutage, welche angesichts seiner Bemühungen um räumliche Abstraktion erstaunt: „Wenn Architektur wieder zum Erlebnis werden soll, wenn sie die Umwelt bereichern und nicht veröden will, dann muß sie sich aus der Zwangsjacke des Funktionalismus befreien und sich auf ihre geistigen und künstlerischen Ausdrucksmöglichkeiten besinnen. [...] Der Mensch ist in erster Linie ein sensibles, geistiges Wesen, das sich mit seiner Umwelt identifizieren will und das Erlebnisbereiche sucht."[320] Wiederholt verwendet Ungers in seinen Projekttexten Argumentationsmuster, die an die Positionen des *Team Ten* erinnern. Noch 1976 spricht er in einer Bilanz zu seiner Entwurfsmethodik davon, den Objekt-Charakter der Architektur zu verringern – zugunsten von morphologisch wirksameren „urban characteristics"[321]. Hier könne sich gerade eine als Umwelt verstandene Architektur zu Straße, Brücke, Wand, Treppe, zu Plateau, Fußgängersystem oder Dach entwickeln.[322] Den öffentlichen Raum prägende, generische Elemente will Ungers zu Orten mit einer unverwechselbaren Erlebnisdimension umdeuten; im Zusammenhang mit dem Entwurf für das Wallraff-Richartz-Museum ist die Rede vom Gebäude „als einer Art Provokation"[323]. Hier zeigt sich, wie Ungers das konventionelle Objekt verabschiedet, um den Architekturbegriff zu erweitern und den urbanen Kontext durch neue räumliche Konfigurationen aufzuladen. Wie seine Entwürfe ab Mitte der siebziger Jahre zeigen, sind die von ihm verwendeten Begriffe mehrdeutig besetzt. So versteht er den Umweltbegriff in Westberlin noch als *environment*, als Vorwand für die Öffnung und Entgrenzung eines Architekturbegriffs, in den auch Fragen des Denkmalschutzes, der Ressourcenknappheit und Ökologie hineinspielen.[324] Zugleich führt dieser Umweltbegriff bei ihm zur Ablehnung der Stadtreparatur, die sich im Zuge der IBA schließlich durchsetzen wird.

Metamorphosen zwischen Großform, Cluster, Fragment und Bild

Nach seiner Ernennung zum Gründungsdirektor des DAM in Frankfurt veröffentlicht Heinrich Klotz seine Essaysammlung zur zeitgenössischen Architektur unter dem Titel *Gestaltung einer neuen Umwelt*. Darin findet sich der Aufruf, „jeden einzelnen Neubau in einer tieferen Verflechtung mit der Umwelt zu sehen als bisher: Architektur ist Ökologie!", wobei die „Denkmalschutzbewegung" für Klotz einen entscheidenden Anteil an diesem Bewußtseinswandel habe.[325] Der Umweltdiskurs ist beispielhaft für die Schwierigkeit, innerarchitektonische und von außen auf die Entwurfsprozesse einwirkende Faktoren zu gewichten. Er kann deshalb Aufschluß über den sich verlagernden Bedeutungszusammenhang von Architektur geben – und über die unterschiedlichen politischen, ökonomischen und institutionellen Kontexte, in denen sich Ungers bewegt. Andererseits erlaubt der Umweltdiskurs zu zeigen, wie am Übergang von der Spätmoderne zur Postmoderne Anliegen der architektonischen Form abgearbeitet werden und wie dabei Kontinuitäten zutage treten.

Die phänomenologische Dimension in Ungers' frühem Umweltbegriff muß vor dem Hintergrund der Nachkriegszeit verstanden werden, als er sich, wie die Vertreter des Team Ten, dem Begriff des Habitat verschreibt. Seine Wohn- und Schulbauten während der fünfziger Jahre zeigen den Abgrenzungsversuch gegenüber den Vertretern des Funktionalismus, deren Ansprüche die Kontroverse am „Darmstädter Gespräch" von 1951 gelöst haben. Ungers' eigener Lehrer an der Technischen Universität Karlsruhe, Egon Eiermann, der sich vehement für einen von industrialisiertem Bauen und orthodoxen Funktionalismus bestimmtem Wiederaufbau einsetzt, verurteilt damals jegliche „Postkutschenromantik", um damit die geläutert-reflektierten Traditionsbezüge der Redner Rudolf Schwarz und Martin Heidegger zu disqualifizieren.[326] Der Kirchenarchitekt, Architektur- und Städtebautheoretiker Rudolf Schwarz (1897–1961) – gegen Ende seines Lebens Ungers' Kölner Nachbar und vorübergehend ein Gesprächspartner – deckt eine Spannbreite ab, in der sich zwei Pole von Ungers' erster Werkphase finden: Archetyp und Ausdruck. Diese führen auf den deutschen Expressionismus zurück, dessen Erbschaft der Poelzig-Schüler Schwarz in transzendenter Form über den Nationalsozialismus bis in die Nachkriegszeit gerettet hat. Zwar hatte Ungers bereits 1949 Hugo Häring einen Besuch abgestattet, doch entspricht ihm der Diskurs, den Schwarz über Bilder führt, weitaus mehr. Wie die Kunsthistoriker Wilhelm Worringer und Heinrich Wölfflin liefert Schwarz dem nach einer Fundierung seiner Arbeit suchenden Ungers morphogenetische Theorien.

Ungers wird jedoch zur vertieften Auseinandersetzung mit dem Expressionismus angeregt, als das Kölner Wohnhaus von 1959 in einem kritischen Essay von Nikolaus Pevsner als „Historizismus" dem Lager des deutschen Expressionismus zugeschlagen wird.[327] Schließlich hält ihn sogar Hans Scharoun für geeignet, die Nachfolge auf seinem Lehrstuhl an der Technischen Universität Berlin anzutreten.[328] Vor Antritt seiner Professur betreut Ungers in der Berliner Galerie Diogenes 1962 eine Ausstellung zu Hermann Finsterlin[329], ein Jahr später in der Berliner Akademie der Künste und im Museum Leverkusen Ausstellungen zur *Gläsernen Kette*.[330] Im Mai 1964, als sein Interesse am unbedingten Kunstwollen bereits den Zenit überschritten hat, nimmt er mit Bruno Zevi in Florenz als Referent an einer Konferenz zum Expressionismus teil.[331]

Sein vorübergehendes Interesse am Expressionismus bekräftigt Ungers in einer die Autonomie der Architektur als Raumkunst verteidigenden Argumentation, die sich gerade vom Diskurs des Team Ten abhebt. Zu einer frühen Stellungnahme sieht er sich veranlaßt, als seine Arbeiten und vor allem das Kölner Wohnhaus in der Fachpresse angegriffen werden und er Gelegenheit erhält, auf der Tagung „Modernes Bauen – modernes Wohnen" in Leverkusen seine Haltung darzulegen.[332] Der Umweltbegriff bildet hier die Antithese zu einem als immateriell und ahistorisch empfundenen Raum der funktionalistischen Moderne: „Architektur ist ein vitales Eindringen in eine vielschichtige, geheimnisvolle, gewachsene und geprägte Umwelt."[333] Die Verbindung, die Subjektorientierung und mystische Elemente in Ungers' Diskurs eingehen, kennzeichnet Rudolf Schwarz, dessen Schrift *Architektur als heiliges Bild* 1957 in der Zeitschrift *Baukunst und Werkform* erscheint.[334] Eine analoge Tonart bestimmt streckenweise

88/89 O. M. Ungers, Wohnblock Köln Nippes, 1956, und Wohnungscluster im Märkischen Viertel, 1962

Ungers' Antrittsvorlesung an der Technischen Universität Berlin: „Die Baukunst möchte frei sein von jeder realen Bindung, um sich ungehemmt entfalten zu können. Sie trachtet danach, die Materie und damit gleichzeitig die Realität überhaupt zu überwinden. [...] Sie will ein Gebilde schaffen, das von oben her bestimmt ist und in der Wirklichkeit ein Abbild dieser Bestimmung wiedergibt."[335]

So wird die künstlerische Freiheit von Architektur durch ihre Bindung an Grundformen relativiert, deren Wandlungsfähigkeit Ungers etwa in modulierten Figur-Grund-Kompositionen zum Ausdruck bringt. Obschon im Gegensatz zu Schwarz nicht im Sakralbau tätig, schreibt Ungers Architektur in eine Phänomenologie von immer wiederkehrenden archetypischen Situationen ein. Kompositorische Elementarfragen und zeichenhafte Strukturprinzipien verbindet er im Massenwohnungsbau, der von den späten fünfziger Jahren an ein Jahrzehnt lang das Zentrum seiner Arbeit bildet. Im Rahmen großmaßstäblicher Ensembles greift er das von seinem ehemaligen Karlsruher Lehrer Otto Ernst Schweizer entwickelte Thema der Großform auf.[336] Der westdeutschen Normalität treten die Kölner Wohnbauten schon früh entgegen. Muralität und Plastizität rücken in ein Spannungsfeld zwischen der skandinavischen Moderne und

90 Brandmauer aus Ungers' Berliner Lehrstuhlveröffentlichung, 1969

91 Aldo van Eyck, Spielplatz Dijkstraat, Amsterdam 1956

dem angelsächsischen Brutalismus und verschaffen Ungers gegen Ende der fünfziger Jahre internationale Aufmerksamkeit. In den fünfziger Jahren ist Ungers einer von wenigen Architekten, die sich mit internationalen Positionen Nachkriegszeit nicht nur auseinandersetzen, sondern mit Akteuren innerhalb der 1928 in La Sarraz gegründeten *Congrès internationaux d'architecture moderne* austauschen. Insbesondere ist Zeuge der Meinungsverschiedenheiten, die im Laufe des europäischen Wiederaufbaus entstanden sind und den Untergang des CIAM herbeiführen werden. Diese treten bereits 1951 in Hoddesdon auf, wo der Kongreß dem Thema „Heart of the City" gewidmet ist, kulminieren dann 1953 in Aix-en-Provence, wo der 9. Kongreß unter dem Titel „The Human Habitat" stattfindet und der junge Ungers den Generationenkonflikt um die nach Funktionen getrennte, aufgelockerte Stadt erlebt. In Aix-en-Provence tritt bereits Sigfried Giedion als Vertreter der Gründergeneration des CIAM mit einer Position hervor, in der sich der Versuch zeigt, die Städtebaudoktrin der *Charta von Athen* um Themen wie Erinnerung und Identität anzureichern. In seinem Beitrag sieht Giedion das Monument als ein Bedürfnis, als einen „Impuls", der „langfristig sich nicht unterdrücken läßt" und der sich eine Bahn verschaffen werde.[337] Dem von ihm weiterhin kanonisierten *Objekt im Raum* hält die nachwachsende CIAM-Generation ihren anthropologisch ausgerichteten Habitat-Begriff entgegen. Als Reaktion auf die daraus entstandenen Divergenzen wird zur Vorbereitung des nächsten – zehnten – CIAM-Treffens das *Team Ten* als Arbeitsgruppe gebildet. Informell schließt sich Ungers dieser Gruppierung an.[338]
Dem Durchbruch der städtebaulichen Funktionstrennung im Rahmen des europäischen Wiederaufbaus hält Team Ten Typologien und Ikonographien entgegen, die von den emotionalen und psychologischen Bedürfnissen des Individuums in der gebauten, urbanisierten Umwelt ausgehen. Dabei werden subjektbezogene Parameter wie Kontext, Alltag, Nachbarschaft, aber auch Ort und Erinnerung in die Raumdiskussion eingeführt. Team Ten problematisiert die Beziehung zwischen Objekt und Stadt – so etwa im Fall des Amsterdamer Waisenhauses von 1961, wo Aldo van Eyck eine Komposition einsetzt, die wie Ungers' Archipel später die Stadt in der Stadt reproduziert. Somit nimmt der innerhalb des CIAM zur Frontenbildung führende Gegensatz Raum-Umwelt Ungers' Versuche vorweg, Alternativen zum zonierten isomorphen Raum des Funktionalismus zu artikulieren.
Die Cluster-Figurationen, welche die Grundriß-Komposition seiner frühen Kölner Wohnsiedlungen kennzeichnen und im dann Märkischen Vier-

tel großmaßstäblich zur Anwendung gelangen werden, finden sich einerseits bei den Vertretern des Team Ten, andererseits auch bei Louis Kahn. Allerdings ist die transzendentale Dimensionen von Kahns Strukturalismus mit den Bauaufträgen im deutschen Sozialstaat schwer vereinbar. Problemstellungen und Generationszugehörigkeit verbinden Ungers und das Team Ten ideell. Ein gemeinsames Anliegen ist die Auflösung des architektonischen Objekts und seine Anreicherung mit neuen programmatischen Inhalten. Ungers' experimenteller Infrastrukturalismus im Westberliner Territorium wird jedoch zeigen, wie seine Auffassung von Umwelt stärker sinnlich-phänomenologisch ausgerichtet – letztlich wieder an der Produktion von Form interessiert ist. So neigen Alison und Peter Smithson, die am nächsten mit Ungers in Kontakt stehenden Wortführer des Team Ten, stärker zu einem vom gesellschaftlichen Alltag und dem Ideal des *belonging* geprägten Umweltbegriff.

Ungers' Umweltvorstellung schon früh anhaftende abstrakte Bildhaftigkeit zeigt Beziehungen zu den gestaltpsychologischen Untersuchungen von Kevin Lynch.[339] *The Image of the City* thematisiert die Bildhaftigkeit von städtischen Umwelten, wobei Lynchs Erkenntnisinteresse archetypischen Raumsituationen gilt, die sich einer Kontrolle durch die zeitgenössische Planung in den zerfallenden amerikanischen Innenstädten widersetzen. Wenngleich *The Image of the City* auf Feldstudien beruht, die während der fünfziger Jahre in Boston, Jersey City und Los Angeles durchgeführt wurden, fügen sich die von ihm aufgegriffenen Themenkreise in die frühe Urbanitätsdiskussion der Bundesrepublik ein. Mit der Verbindung von Umwelt und Bild scheint Lynch bereits die Identitätspolitik der Postmoderne vorwegzunehmen: „Image strength rises when the landmark coincides with a concentration of association. [...] if we are to make our environment meaningful, such a coincidence of association and imageability is necessary."[339b] Bedeutung soll in dieser Umwelt durch visuelle Hierarchien und die Logik subjektiver Ausdifferenzierung gestiftet werden. Lynch ersetzt durch ein relationales Raumverständnis den zweidimensionalen, isomorphen Handlungsraum des Funktionalismus. Für Ungers ist Westberlin das Labor, um mit Studenten Räume und Programme auf ihre identitätsstiftenden Potentiale zu überprüfen. Lynchs Konzept der „imageability" vergleichbar, dienen zeichenhafte Setzungen zur Erzeugung von Erlebnisqualitäten im implodierten Stadtterritorium. Fallweise werden natürliche, bauliche oder infrastrukturelle Parameter überhöht, um als Experimente mit morphologischen Verdichtungen Scharouns funktional entflochtene Stadtlandschaft herauszufordern. Über diese Kritik am Westberliner Leitbild kommt es bereits zu gedanklichen Vorleistungen an der Idee des Stadtarchipels.

In dem Anspruch, erlebbare Umwelten zu gestalten und die eigene Tätigkeit in bestehenden Kontexten zu verorten, kann eine Suche nach Erzählstrukturen gesehen werden, die sich von großen Teilen der zeitgenössischen Architekturproduktion abheben – so etwa der in Nachkriegsdeutschland ausgeblendete Expressionismus, in dem Ungers Ausdrucksmöglichkeiten erkennt, die durch die „Zwangsjacke"[340] des Funktionalismus tabuisiert worden seien. Vorübergehend im Dunstkreis eines wiederentdeckten Expressionismus hatte Ungers zusammen mit Reinhard Gieselmann eine subjektzentrierte, „geheimnisvolle" Umwelt beschrieben, um Alternativen zur Erlebnisarmut zeitgenössischer Raummodellierungen zu verteidigen.[341] Auch Alexander Mitscherlichs *Die Unwirtlichkeit unserer Städte*, das die Nivellierung und Ausdruckslosigkeit der im Zuge des Wiederaufbaus entstandenen Stadtzentren sozialpsychologisch diagnostiziert, muß als ein Hintergrund für Ungers' Suche nach Identitätsmerkmalen genannt werden. In diesem Licht erstaunt schließlich die Hinwendung zum radikalen technokratischen Professionalismus, die sich bei Ungers an der TU Berlin Mitte der sechziger Jahre vollzieht. Im Rahmen seiner Wettbewerbsentwürfe und Forschungen scheint er fortan einzig an konzeptionell zugespitzten Fragen der Vorfertigung und der Koordination von Verkehrs- und Bausystemen interessiert zu sein. Wie jedoch die Lehrstuhlpublikation über die monumentalen Wohnhöfe der Gemeinde Wien nach

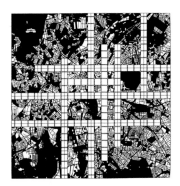 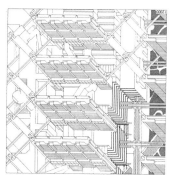

92/93 *Berlin 1995. Planungsmodelle für eine Fünfmillionenstadt im Übergang zu den siebziger Jahren*, Lehrstuhl Ungers, TU Berlin, 1969

1918 bezeugt, verliert er hier keineswegs sein Interesse an stadträumlich wirksamen elementaren Gesten.[342] Selbst die vorübergehende Faszination für ein Bauen mit industriell herstellbaren Komponenten läßt sich auf den Metamorphose-Gedanken beziehen: Die Bausysteme nehmen als ‚wachsende‘ Großformen ebenfalls am städtischen Gesamtkontext teil.[343] Insofern weitet Ungers den technokratischen Professionalismus aus, um subjektive Erlebnispotentiale durch objektive Parameter noch zu überhöhen. Auch *Berlin 1995* greift lokale Eigenheiten auf – die Studie, die den Lehrstuhl Ungers zuletzt auf dem Höhepunkt eines abstrakten Infrastrukturalismus zeigt. Doch ist der territoriale Raster im Grunde genommen ein Anlaß, den regionalen Maßstab auszuloten, den das polyzentrische, von Grünräumen und Verkehrsinfrastrukturen geprägte Berlin bereits vor seiner Teilung aufweist. Die Studie von 1969 kann durchaus als Rückgriff auf die schon vor der Industrialisierung und Vergroßstädterung unter Friedrich Wilhelm IV. geprägte Metapher der ‚Havellandschaft‘ gesehen werden. Diese bildet einen Angelpunkt für Ungers’ Beziehung zum 19. Jahrhundert und zeichnet einen weiteren Weg zum Grünen Archipel vor. Mit der Havellandschaft wird das Bild einer mit Bauten und Parks für Angehörige des preußischen Königshauses bestückten Landschaft auf das Territorium zwischen den Residenzstädten Potsdam und Berlin übertragen. Für die Ausformulierung des in landschaftsräumliche und architektonische Episoden gegliederten Erlebnisraums sind die Arbeiten von Peter Joseph Lenné und Karl Friedrich Schinkel entscheidend. An diesem romantischen Arte-

94/95 Inseln, Fragmente: Grüner Stadtarchipel und Wohnblock Köthener Straße

159

fakt – insbesondere an Schloß und Park Glienicke bei Potsdam – wird sich Ungers zunehmend orientieren, um sein Gegenbild zur Stadtlandschaft der Moderne historisch zu legitimieren.[344] Doch wie später die Frankfurter Projekte zeigen, vermittelt ein besonders bei Schinkel früh vorhandenes Verständnis für Bilder und szenographische Momente Impulse für die Kuratierung der urbanen Umwelt.[345] Was in *Berlin 1995* auf den ersten Blick als megastrukturalistisches Planungsspiel erscheint, fügt sich also zugleich in den Gesamtkontext von Ungers' Werk. Die Begegnung von abstrakter Kombinatorik mit natürlichen und historischen Gegebenheiten kann als Vorstufe zur Montage eines „infinite catalogue of urban forms" gesehen werden.[346]

Einen solchen Katalog zeigt bereits die im selben Jahr wie *Berlin 1995* entstandene Untersuchung *Berliner Brandwände*.[347] Den Platz von Verkehrsinfrastrukturen und innovativen Bausystemen nimmt in dieser Studie die endlos repetierte Berliner Mietshaus ein, dessen Brandmauern im Sinne des *as found* behandelt werden. *Berliner Brandwände* richtet den Blick auf die in der Regel unsichtbaren Fügungsprinzipien der Morphologie. Durch den Krieg und die späteren Flächensanierungen nun entblößt, werden diese Texturen als identifikatorische Elemente behandelt. Brandwände sind konstitutive Elemente von Großformen, die ihrerseits auf Ereignisse verweisen, die für die Entwicklung Berlins konstitutiven Charakter haben. Im Fall der spekulativen Typologien der Verstädterung sowie der Zerstörung der modernen Großstadt im Zweiten Weltkrieg verweisen die blinden Fassaden auf die pathologische Dimension im Modernisierungs- und Urbanisierungsprozeß in Deutschland. Die Studie von 1969 weist eine der zeitgenössischen Industriefotografie von Bernd und Hilla Becher oder Ed Rushas Dokumentation des Strip von Los Angeles verwandten Blickwinkel auf. Nicht die architekturhistorischen Einzelheiten der Berliner Mietskaserne werden festgehalten, sondern übergeordnete Strukturmerkmale. So tritt der Systemzusammenhang zutage, der in der Stadt des 19. Jahrhunderts die Beziehung zwischen Morphologie und Grundstücksspekulation bestimmte. Vom Zusammenbruch desselben Systems – physisch, ökonomisch, gesellschaftlich – legt der Katalog von skulpturalen Konfigurationen ein stummes Zeugnis ab. Wenngleich unausgesprochen, zeichnet sich in *Berliner Brandwände* die Umwelt ab, um deren Erhaltenswürdigkeit in den siebziger Jahren politisch, wirtschaftlich und gesellschaftlich gerungen wird.

Aufgrund seiner konzeptionellen Offenheit ist der Begriff Umwelt leistungsfähig, als in den siebziger Jahren das Soziale im Bereich ästhetischer

Subjektivität neu verortet wird. Diese Verlagerung läßt sich in Ungers' Umwelt-Diskurs feststellen, in dem von der „sozialen Leistung der Architektur" die Rede ist, die „das Lebensgefühl der Benutzer zu intensivieren" vermöge. Dies geschehe weniger durch einen „materiellen Aufwand" als vielmehr im „Sinne einer Sublimierung der von und für den Menschen gestalteten Umwelt"[348].Unter einer delegitimierten Praxis in der Bundesrepublik erlaubt der Umwelt-Begriff Akteuren wie Ungers, die veränderten Bedingungen der Stadt und – insbesondere – den Wandel von Urbanität auszuloten. Indem er das architektonische Projekt als eine sperrige Intervention in entfremdete urbane Umwelten thematisiert, dringt Ungers zwangsläufig zur Frage der Subjektivität des Städters vor.

Vergeistigte Archetypen

In die Periode seines akademischen Exils in den USA fallen Veränderungen, die sich als neue Bedeutungsschichten auf Agglomeration und Zentrum auswirken. Diese werden in den siebziger Jahren zu diskursiv stärker reflektierten und problematisierten Räumen, nachdem Großsiedlungen, Zentrumsplanungen und die zunehmende Zersiedelung der Stadtregion den Begriff vom „Bauen als Umweltzerstörung" in Umlauf gebracht haben.[349] Deshalb muß der Umweltbegriff, den Ungers innerarchitektonisch verfolgt, im Hinblick auf eine gesellschaftlich breiter verankerte Reflexion über urbanen Raum im Sinne eines vom Systemzusammenhang bedrohten Kontexts betrachtet werden. Angesichts einer doppelten Krise – Ressourcen und Technokratie – ist es jetzt möglich, Widerstand über ästhetische Strategien zu artikulieren und über die Autonomie der Form politische Strategien zu kommunizieren.[350]
Eine Querverbindung zu Pop-Erlebniswelten zeigt sich etwa 1973 im Erklärungstext zum städtebaulichen Wettbewerb für das Berliner Tiergartenviertel. Die hier von Ungers verwendeten Begriffe „Intensivierung", „urbanes Feld" und „Identität"[351] können, wie das seit den sechziger Jahren in der amerikanischen Kunst aufkommende Environment, bereits als Ansätze zu einer architektonischen Kuratierung der Stadt verstanden werden. Den Entwurf bestimmen heterogene Eingriffe, die jeweils „eine überlokale Signifikanz, mehr in Form eines spezifischen ‚Environments' als eines Gebäudes im herkömmlichen Sinn" aufweisen.[352] Dieses Environment resultiert nicht aus der autonomen architektonischen Setzung, sondern aus der Thematisierung von Verkehrsinfrastrukturen, bezie-

hungsweise daraus, daß architektonische Objekte ihre Identität aus der Einschreibung in eine von Verkehrsinfrastrukturen und politischen Grenzen bestimmte Stadtlandschaft beziehen. Indem besonders die surrealen Elemente der zeitgenössischen Stadt thematisiert werden, erweist sich der Tiergarten-Entwurf als eine Persiflage der üblichen städtebaulichen Organisationskriterien. Im Konstruktivismus der einzelnen Fragmente tritt Koolhaas' Handschrift in Erscheinung sowie dessen zur gleichen Zeit beginnende Faszination für radikal abgeschottete, hypertrophe metropolitane Inseln, die 1978 in *Delirious New York* als „Culture of Congestion" vorgestellt wird.[353] Vorübergehend ist auch Ungers daran gelegen, „den praktischen Ernst der Realität im Spiel aufzulösen". So bekennt er nach einem knappen Jahrzehnt im Kontext der *ivy league* im Gespräch mit Heinrich Klotz, daß „erzählerische Qualitäten" den meisten Architekten der Bundesrepublik Deutschland „fremd" seien.[354] Seine Aussagen aus der zweiten Hälfte der siebziger Jahre belegen, daß er weiter mit dem Umweltbegriff arbeitet, dabei jedoch internationale Strömungen rezipiert, die ihn ganz vom Einfluß des Team Ten lösen werden.[355] In der 1976 im New Yorker Cooper Hewitt Museum von Hans Hollein kuratierten Ausstellung „MAN TransFORMS" ist er mit einer Installation vertreten. In seinem Katalogbeitrag spielt er Objektcharakter und Umweltcharakter der Architektur gegeneinander aus, wobei er dem Umweltbegriff einen urbanen Charakter zubilligt: „The emphasis in design should be on the urban character of architecture and not on its qualities as an object. Architecture as an environment can incorporate urban functions emphasizing the connector and mediator function."[356] Als Umwelt aufgefaßt, übernimmt Architektur nicht nur Vermittlungsfunktionen, sondern wird sogar – der Stadtvilla vergleichbar – zu einem Gegenstand der Partizipation und individuellen Verwirklichung: „What is required is the design of minimum solutions which allow a maximum of interpretations. [...] design is transformed from an authoritatian act into an act of self-expression and an instrument of participation."[357] So finden sich in *City Metaphors*, dem Essay zur Installation im Cooper Hewitt Museum, ähnliche Formulierungen wie im Jahr darauf anläßlich der Berliner Cornell-Sommerakademie, wo Ungers ebenfalls Partizipation im Zusammenhang mit der Stadtvilla aufwirft.[358] Doch drei Jahre später erscheint in *Werk-Archithese* ein Beitrag von ihm mit dem Titel „Für eine visionäre Architektur der Erinnerung."[359] Hier wird Umwelt nicht mehr als Handlungsraum begriffen sondern als Raum, in dem Bilder und Bedeutungen kollektiv gespeichert sind. Diese gilt es – Rossis Konzept der „Città analoga" nicht unähnlich – freizulegen und zu aktivieren. Nicht mehr der „Entwurf einer vollständig neuen Umwelt" sondern die „Rekonstruktion der vorhandenen" bildet jetzt den „visionären Akt". Wenngleich nicht als Plädoyer für eine inzwischen politisch mehrheitsfähige Stadtreparatur zu verstehen, weist dieses Verständnis von Umwelt dem Architekten eine neue interpretatorische Rolle zu. Disziplinäres Wissen berechtigt ihn, den geistigen, geschichtlichen und gesellschaftlichen Raum, in dem die individuellen und kollektiven Bilder gespeichert sind, kuratorisch zu verwalten und im Sinne eines symbolischen Kapitals zu organisieren. Dieser Anspruch zeigt, wie Ungers den ursprünglich stadträumlich motivierten Umweltbegriff auf in sich abgeschlossene Kompositionen zurückzubinden beginnt. Hier zeichnet sich in der Besetzung des Begriffs eine inhaltliche Wende ab. Umwelt bezeichnet nun weniger eine subjektiv erlebbare Phänomenologie des urbanen Raums als einen geistigen Raum, in dem Ungers den Entwurf über innerarchitektonische und historische Verweise neu zu verorten versucht. Dabei macht er für die eigene Arbeit das Prinzip der Distinktion geltend.

Die vom Funktionalismus thematisierte Normierung ersetzt er nun durch kulturelle Normen. Diese sind nicht an physiologischen Bedürfnissen oder – wie etwa Le Corbusiers *Modulor* – an der Harmonie einer universellen Maßkoordination orientiert. So geht es ihm vielmehr darum, den Menschen „in seiner Gesamtheit als geistiges und kulturelles Wesen" zu erreichen, womit er der Einbindung des Individuums in kulturelle Traditionen vorrangige Bedeutung zumißt.[360] Zu diesem Zweck können Urbilder und Archetypen zum Einsatz kommen, die es über die Strategie der architektonischen Thematisierung wachzurufen gilt. Geistige Vergegenwärtigung und architektonische Artikulation spannen somit einen erweiterten Umweltbegriff auf, zu dem Ungers in seiner Arbeit sukzessive vorstößt.

Über das von Maurice Halbwachs entwickelte und durch Aldo Rossi in die Architekturdiskussion eingeführte Konzept der kollektiven Erinnerung sowie Anleihen bei Carl Gustav Jungs Begriff des Archetyps sucht Ungers nun Gewähr gegen einen Individualismus, den er konzeptionell für unkontrollierbar hält: „ [...] erst wenn man in der Lage ist, die Phänomene der Umwelt auf Typisches und Archetypisches zu reduzieren und in Bildern, in einer Anschauung von Grundtypen zu strukturieren, erst dann kann man die wirklichen Eigenschaften, Möglichkeiten und krea-

tiven Ansätze in den Dingen, Zwängen und Forderungen erkennen und in einem Prozeß der phantasievollen Verwandlung verändern, künstlerisch oder intellektuell überhöhen, vergeistigen und in Elemente der Kultur verwandeln."[361]
In diesem evolutiv-morphologischen Verständnis, das von Heinrich Wölfflin über Rudolf Schwarz bis zum Interieur des Deutschen Architektur Museums reicht, ist auch der Grund dafür zu sehen, warum Ungers sich nicht für die Dissonanzen einer *Collage City* interessieren wird, wie sie vom Gegenspieler Colin Rowe in Cornell geltend gemacht werden.[362] Nachdem er Begriffe wie Feld, Infrastruktur und System hinter sich gelassen hat, nähert sich Ungers letztlich wieder dem Raum- und Objektbegriff der Klassischen Moderne an. Und hier verhalten sich Konzepte, die – wie Collage City oder die von Josef Paul Kleihues vertretene Stadtreparatur – von der Wiederherstellung morphologischer Texturen ausgehen, antithetisch zu dem Ungers vorschwebenden Kunstwollen.

96 O.M. Ungers, Umbau und Erweiterung der Messe Frankfurt, 1980–1983

97 Rhode, Kellermann, Wawrowsky & Partner, Revitalisierung des Nordwestzentrums zur gedeckten Mall, 1986–1987

Im kulturpolitischen Kontext der achtziger Jahre leistet Umwelt weniger der Öffnung als einer disziplinären Abschottung der Architektur Vorschub. Architektonische Narrationen, die Geschichte und Differenz aufgreifen, büßen angesichts solcher Normierung ihren oppositionellen Charakter ein: Die Form transportiert weder Widerstand noch Kritik. So bewegt sich Ungers in Frankfurt erneut auf einen Systemzusammenhang zu. In diesen sich einzubringen zahlt sich weitaus besser aus, als dies beim radikalen Infrastrukturalismus der sechziger Jahre der Fall gewesen war. Die Dividende hat sozialökonomische Ursachen, die letztlich in der von Harvey und Jameson analysierten Beziehung von Raum und Ort wurzelt. 1980 ist mit dem Umweltbegriff keine system- beziehungsweise wachstumskritische Botschaft mehr verbunden. Vielmehr wird Umwelt selber zu einem Medium, über welches der auf die flexible Akkumulation ausgerichtete Wohlfahrtsstaat Identitäten affektiv verortet.[363] In ihrer durch den Postfordismus bedingten Funktionalisierung nimmt Umwelt auch Aspekte des von Jürgen Hasse entwickelten Atmosphäre-Begriffs vorweg.[364] Sie mutiert von einem mit politischen Forderungen verbundenen Begriff zum Medium des Distinktionsgewinns, in dem die für die Postmoderne typische „ästhetische Handlungsrationalität" lokalisiert wird.[365] Die für das Stadterlebnis konstitutiven reflexiven und konsumorientierten Verhaltensweisen bewirken, daß der Umweltbegriff sich vom Topos des Widerstands zu einem Organisationsprinzip der postmodernen Urbanität wandelt.

Seine Begegnung mit politischen und wirtschaftlichen Realitäten des Postfordismus ist nicht nur für den weiteren Verlauf von Ungers' Karriere, sondern für die Entstehung eines neuen Professionalismus entscheidend. Hier kommt Frankfurt – ungeachtet seiner Extraterritorialität als Global City – eine Vorreiterrolle zu. Der neue Sinnzusammenhang von Urbanität setzt auf punktuelle Interventionen, auf eine gezielt bestimmte Gruppen ansprechende Architekturpolitik. Ungers steht zum Zeitpunkt des kulturpolitischen Wechsels in Frankfurt sozusagen auf der richtigen Seite. Wie seine Handhabung des Umweltbegriffs zeigt, ist er nach der sukzessiven Ausblendung von ökonomischen und gesellschaftlichen Parametern in den späten siebziger Jahren in der Lage, seine Architektur als symbolisches Kapital zur Verfügung zu stellen.

Architektur als symbolisches Kapital

Nikolaus Kuhnert und Peter Neitzke haben darauf hingewiesen, daß der Schritt zu einer Repositionierung der Disziplin bereits in den frühen sechziger Jahren erfolgt sei, als neben Ungers vor allem eine italienische Avantgarde mit Saverio Muratori, Carlo Aymonino und Aldo Rossi ihren Beitrag zur Veränderung der Themenstellungen der Architektur geleistet habe: „Die Wiederentdeckung des Stadtraumes trat an die Stelle, die im Neuen Bauen soziale Utopien eingenommen hatten."[366] Wenngleich Ungers die städtebaulichen Typologien des Wiederaufbaus sehr früh hinterfragt, bleiben entsprechende Untersuchungen während der Hochkonjunktur der sechziger Jahre wirkungslos, wie Ungers' eigene Auseinandersetzung mit der Großform und der strukturalistischen *group form* zeigt. So legt der Professionalismus, dem er aufgrund seiner Aufträge im Massenwohnungsbau verpflichtet ist, nicht nahe, den Stadtraum als Gegenstand wachstumskritischer Narrationen zu konzeptionalisieren. Obwohl bereits anfangs der sechziger Jahre formuliert[367], werden innerarchitektonisch motivierte, funktionalismuskritische Begrifflichkeiten in Deutschland erst mit einer zeitlichen Verzögerung von zwei Jahrzehnten entwerferisch relevant. Die von Kuhnert und Neitzke auf die frühen sechziger Jahre bezogene Wiederentdeckung des Stadtraumes wirkt sich auf Ungers erst aus, als die Theoretisierung von morphologischen und infrastrukturellen Parametern ihre Anziehungskraft verloren hat.

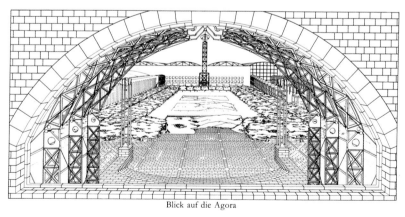

Blick auf die Agora

98 O.M. Ungers, Leitbild für die Messe Frankfurt, 1980

Italien bietet unter diesen Voraussetzungen eine Orientierung, wird doch im Rahmen der aus dem Wiederaufbau hervorgehenden Wohnungsbauprogramme die Frage der Identität schon früh aufgegriffen. Identifikationspotential in architekturtheoretischer Hinsicht liefern Autoren aus dem Umkreis der Zeitschrift *Casabella-Continuità*. So verbreitetet Ernesto Rogers, zwischen 1953 und 1964 Chefredakteur und Mitbegründer des Mailänder Büros BBPR, den Begriff der *preesistenze ambientali*, um den architektonischen Ort als Produkt vielschichtiger Bedingungen zu begreifen. Dieser Diskurs bietet sich nicht nur als Gegenfigur zur technokratischen Modellierung des urbanen Raumes und als zentraler Beitrag zu einem neuen Umweltbegriff an. Vordenker wie Rogers und später sein Schüler Aldo Rossi rehabilitieren Architekten als Entwerfer innerhalb der historischen Stadt. Dieser Verluste, Brüche und Fragmente thematisierende Diskurs ermöglicht Architekten gleichzeitig, sich in denkmalpflegerische Belange einzubringen.

Die Anziehungskraft Italiens interpretiert Werner Sewing dahingehend, daß dort früh „eine historisch fundierte Rehabilitierung des Künstlerischen vorbereitet" werde, wobei es sich gerade um Tendenzen handle, die vom „ironisch gebrochenen pragmatischen Geschichtsverständnis der soziologisch informierten Amerikaner Venturi und Scott Brown" auf grundlegende Weise abwichen. Für die Repositionierung deutscher Architekten bietet sich nicht die ironisierende Distanz, sondern der „Führungsanspruch einer hermetisch reinen Lehre" an – ein Bezugspunkt, der sich

99 Aldo Rossi, *La città analoga*, 1976

bei Ungers „zunächst noch leise, aber unüberhörbar artikuliert"[368]. Im Gegensatz zur angelsächsischen Postmoderne gehen (Neo-)Rationalisten wie Rossi oder Giorgio Grassi von Narrationen aus, die auf nichts anderes als auf sich selbst verweisen – wie Ungers später beim DAM. Bei Rossi umfaßt diese Haltung ebenfalls eine Disqualifikation des Außerarchitektonischen. Als Autor versteht er es, Architektur zu dekontaminieren und mit einer gesellschaftlichen Tragweite auszustatten, wobei die Stadt den entscheidenden Resonanzraum bildet

Mit seinem Zugriff auf die Architekturgeschichte beziehungsweise seinem programmatischen Buch *L'architettura della città* macht Rossi für das architektonische Objekt in der Stadt eine taktische Überlegenheit geltend. Anstatt die Stadt als technologisch-infrastrukturelles System zu begreifen, reduziert er die urbane Umwelt (Urbanität) auf Fragenkomplexe (Bilder), die sich ‚entwerferisch' bearbeiten lassen.[369] Als eine Antwort auf das Versagen der Stadtplanung in kultureller Hinsicht wird der architektonische Entwurf als subjektiver künstlerischer Akt rehabilitiert. Indem Rossi das Projekt auch in den Kontext der *preesistenze ambientali* und der Vorarbeiten von Saverio Muratori stellt, hebt er zugleich die Eigenschaft des Entwurfs als Analyseinstrument hervor. Mit gleichsam wissenschaftlichem Anspruch werden die Vergegenwärtigung von Tradition und entwerferische Subjektivität verkoppelt.

Das in *L'architettura della città* vertretene Programm, wonach es die morphologischen Bindungen und Potentiale des architektonischen Objekts für die stadträumliche Organisation zu erschließen gilt, weiß Rossi als Kurator der Mailänder Triennale zu verbreiten. Sein Katalogtext betont die Selbstreferentialität der Architektur: „Nella Mostra si è cercato di dare la massima importanza al momento figurativo dell'architettura: tenendo conto anche del valore autonomo, del prodotto in sè, del progetto architettonico."[370] Dieses Eigenrecht des architektonischen Produkts führt der Essay unter anderem anhand der Arbeiten von Ungers vor. Gezeigt werden jedoch nicht dessen zeitgenössischen Entwürfe, sondern die frühen Bauten im Rheinland, die Rossi seit dem Besuch bei Ungers vertraut sind. Zum Zeitpunkt der Triennale sieht sich Rossi wie Ungers mit der Übermacht gesellschaftlicher, technischer und ökonomischer Bedingungen konfrontiert, die damals auf den geförderten Wohnungsbau einwirken. Für Rossi wird die Realisierung der Siedlung Monte Amiata in der Mailänder Satellitenstadt Gallaratese 2 wie für Ungers das Märkische Viertel zu einem Verhängnis. Die Konflikte, die bis zur Besetzung des leerstehenden Komplexes reichen werden, stehen jedoch in einer anderen Beziehung zum ausgeführten

Wohnblock. Bereits mit seiner Abstrahierung zur Kulisse einer Vision der Weißen Moderne hatte Rossi Entfremdung formal und typologisch thematisiert. Doch ist nur ein begrenztes Fachpublikum bereit, diese Sprachspiele zu rezipieren. Wie in Westberlin ist auch in Mailand der Stadtrand der Ort, an dem architektonische Autorenschaft und wohlfahrtsstaatliche Ausgleichsmechanismen miteinander in Konflikt geraten. Während Gallaratese für Rossi erst am Beginn seiner Karriere steht, diesen daher zu keiner Kurskorrektur zwingt, ist Ungers aufgrund der Erfahrungen im Märkischen Viertel gezwungen, seine bisherigen Positionen im Wohnungsbau zu überdenken. Zum Zeitpunkt der Triennale hat Ungers, im Gegensatz zu Rossi, seine theoretischen Positionen noch keineswegs geklärt. Unterschiedliche Quellen und Allianzen zeichnen damals seine Auseinandersetzung mit Wohnungsbau, Infrastrukturen und Vorfertigung aus. Zentral ist hier die Rolle der Forschungstätigkeit, die im Zusammenhang mit dem Entwurfskurs an der Technischen Universität Berlin steht und an der unterschiedliche Lehrstuhlmitarbeiter beteiligt sind. 1966 setzt die publizistische Verwertung der am Lehrstuhl Ungers entstehenden Dokumentationen, Analysen und Thesen in Form der *Veröffentlichungen zur Architektur* ein. Im Zusammenhang mit der Funktion dieser Publikationen muß der kollektive Charakter der architektonischen Wissensproduktion angesprochen werden. So fließen die gemeinsam mit Studenten in den Entwurfskursen und Seminaren entwickelten Konzepte zusammen mit den unrealisierten Wettbewerbsentwürfen aus der zweiten Hälfte der sechziger Jahre in einen Ideenpool, aus dem Ungers zu schöpfen versteht.[371] Die Zeit an der TU Berlin trägt einerseits zum Transfer internationaler Tendenzen in die ‚konservative' Bundesrepublik, andererseits zur Entstehung eines persönlichen Ideenpools bei. Letzteres liegt daran, daß Ungers in der Formulierung seiner Aufgabenstellungen die individuelle Reflexion jeweils seinem eigenen Erkenntnisinteresse unterzuordnen versteht. Durch die straffe Führung des Lehrstuhls lassen sich die zwischen Versuchsanordnungen und Entwurfsaufgaben angesiedelten Studentenarbeiten nach außen als Produkte einer koordinierten Forschungstätigkeit vermitteln. Als Grundlage für die verlegerischen Aktivitäten dient eine lehrstuhleigene Druckpresse, die die Resultate von Entwurfsübungen, Seminaren und Tagungen veröffentlicht. In der inhaltlichen und publizistischen Kontrolle, die Ungers und seine Mitarbeiter über das von Studenten erarbeitete Material ausüben, zeigt sich ein pädagogisches Konzept, das im Gegensatz zum damals aufkommenden Projektstudium autoritär erscheint. An vielen Architekturschulen am Ende der sechziger Jahre eingefordert, verspricht das Projektstudium eine stärkere interdisziplinäre Vernetzung und gesellschaftliche Einbindung von Architektur – eine Systemkritik durch Neuverortung, wie sie auch in der Auflösung und Reorganisation zahlreicher Architekturfakultäten zutage treten wird.[372] Nach dem Weggang von Westberlin weiß Ungers seine publizistischen Aktivitäten fortzusetzen, als Liselotte Ungers in Köln den *Studioverlag für Architektur* gründet. Den *Veröffentlichungen zur Architektur* vergleichbar, werden im Selbstverlag Resultate der mit Cornell-Studenten durchgeführten Berliner Sommerakademien veröffentlicht. Die beiden Veranstaltungen von 1977 und 1978 zeigen, daß die Stadt ihre Rolle als Themengenerator nicht verliert, als Ungers in den USA lehrt – wenngleich er sich dort dem Schicksal zerfallender Innenstädte konfrontiert sieht.[373] Neben den Wettbewerben und den Workshops am Internationalen Design Zentrum, an denen er in Westberlin teilnimmt, bilden die Versuchsanordnungen des Entwurfsunterrichts für Ungers einen Ausgangspunkt, um die Beziehung zwischen Architektur und Stadt neu zu erschließen. Den entscheidenden Schritt bilden hier die Stadtvilla und der Grüne Archipel – zwei aus dem Austausch mit Studenten und Lehrstuhlmitarbeitern hervorgehende Konzepte.

Dieser spekulative Zugang zur Wissensproduktion – Forschung als Entwurf und als kollektiver Prozeß – unterscheidet sich von der retroaktiven Theoretisierung, der Ungers sein Architekturverständnis später unterziehen wird.[374] Doch die Triennale übersieht Ungers' zeitgenössische Entwurfsspekulation, indem Rossis Katalogbeitrag auf eine zurückliegende Werkphase verweist. Ungers scheint seinerseits von der Triennale Impulse zu empfangen, die ihn zu einer neuen Bewertung der Geschichte führen werden, wie 1975 der Wettbewerbsbeitrag für das Wallraf-Richartz Museum vorführen wird. Das eigenschaftslose architektonische Vokabular, mit dem Ungers sich den stereometrischen Kompositionen von Aldo Rossi oder auch Giorgio Grassi annähert, kann auf den Beitrag der Triennale bezogen werden. Diese nimmt eine formale Relektüre der Architektur der Klassischen Moderne vor, die dem Funktionalismus und Technizismus eine Absage erteilt. Im *razionalismo* wird ein auf die Aura verlorener Utopien setzendes Bild der Moderne rekonstruiert, in dessen Zentrum das architektonische Objekt steht. Dieser abstrakte Historismus kommt in Rossis Gallaratese-Block oder Grassis Entwurf für die Regionalverwaltung Triest zum Ausdruck. Er leitet über zu einer entwerferischen Subjektivität, in der die Begegnung der visionären Moderne mit der zeitgenössischen Stadt ausgelotet wird. Damit unterscheidet sich der *razionalismo* erneut vom angelsächsischen Pop. So bietet der latente Historismus, der in Ungers' Arbeiten nach 1980 eindeutiger zutage treten wird, Gewähr vor der Willkür des Zitats. Zum Bild abstrahiert, schafft der Historismus zugleich eine Ausgangslage für die geforderte Autonomie der Architektur. Er unterstützt konzeptionell auch Ungers' szenographische Artikulation des städtischen Raums. Entscheidend in diesem Dispositiv sind die Italien-Bezüge, wobei De Chiricos dystopische und surreale Narration direkt, Schinkels romantischer Klassizismus indirekt zur Bildfindung dienen.

Zum Zeitpunkt der Triennale verabschiedet sich Ungers nicht nur vom Infrastrukturalismus der späten sechziger Jahre, sondern läßt auch das strukturalistische Erbe des Team Ten endgültig hinter sich. Indem er sein thematisches Umfeld verlagert und gleichzeitig mit der Produktion von umfangreichen theoretischen Texten beginnt, ist er auf neue Narrationen angewiesen. Die von Alberti übernommene Metapher vom Haus als Stadt veranschaulicht er mit der Hadriansvilla in Tivoli, die Bildhaftigkeit der Architektur mit Referenzen zu Italo Calvinos Roman *Die unsichtbaren Städte*.[375]

Seit Beginn seiner beruflichen Tätigkeit ein Sammler von architekturtheoretischen Traktaten, identifiziert sich Ungers von den späten siebziger Jahren an zunehmend mit dem intellektuellen Kontext der italienischen Renaissance.[376] Wie Bezüge zu Sebastiano Serlio im Gutachten Paulsplatz zeigen, macht er die theoretische Durchdringung der eigenen Arbeit zu seinem Markenzeichen. Er wird dieses kulturelle Kapital zur Schau stellen, als er seine Bautätigkeit wieder aufgreift. So unterstreichen die Referenzen zur Architekturgeschichte der Vormoderne einen Habitus, in dem kritische Reflexion mit zeitgenössischer Professionalität verknüpft wird. Für die Herausbildung einer postmodernen Professionalität ist der Bezugspunkt Italien wegweisend, so auch der poetische Realismus, den die Vertreter der späteren Deutschschweizer *Tendenza* mit Rossis Lehrtätigkeit an der ETH Zürich in der ersten Hälfte der siebziger Jahre verbinden.[377]

Indem der Realismus die Möglichkeit zu einer entpolitisierten entwerferischen Annäherung an den Kontext Stadt anbietet, ist er für die verunsicherte Nach-1968er-Studentengeneration attraktiv. Insofern sind Realismus und Rationalismus-Symptome der von Werner Sewing erwähnten „Rehabilitierung des Künstlerischen". Mit einem subjektiven und autobiographisch gefärbten Zugang zur Architektur- und Städtebaugeschichte liefert gerade Rossi in mannigfaltigen Rollen – Kurator, Entwerfer, Kritiker, Erzähler, Künstler, Lehrer – strategische Impulse zur Repositionierung der Architekturproduktion.[378]

Die Überwindung von Blockaden und Widerständen

Während der Postmoderne verändert sich die Bedeutung der Architektur für die symbolische Ökonomie der Stadt. Frankfurt führt nach 1977 die Entstehung eines neuen Aufmerksamkeitsregimes vor Augen, bei dem singuläre Objekte und Erlebnisräume im städtebaulichen Zusammenhang neu gewichtet werden. Im Zuge sozioalkonomischer Verschiebungen übernimmt Architektur im Kontext ‚Kultur' neue Aufgaben, wobei ihre Produkte auf spezifische Publikumssegmente ausgerichtet werden. Eine erfolgreiche Einführung von Architektur in diesen Kontext setzt eine Mediatisierung des Architekturbetriebs voraus. Wie die Verknüpfung von Standortpolitik und Städtebaupolitik in Frankfurt oder die Berliner IBA gezeigt haben, wird die postmoderne Architekturproduktion durch lokale Voraussetzungen (politisch, gesellschaftlich, institutionell et cetera) konditioniert. Doch ist es die internationale Architekturdiskussion, die zur Etablierung – im Fall von Ungers: zur Neuausrichtung – maßgebender Autorenpersönlichkeiten beiträgt. Hier zeigt sich erneut der Vorbildcharakter, den Italien bei der Etablierung neuer Diskurshoheiten spielt. Ab 1980 findet in Venedig im regelmäßigen Turnus die Architekturbiennale statt. Programmatisch ist bereits *La presenza del passato,* der Titel der von Paolo Portoghesi kuratierten ersten Biennale, an welcher Ungers mit einer Installation prominent vertreten ist. In den *Corderie* ist eine interna-

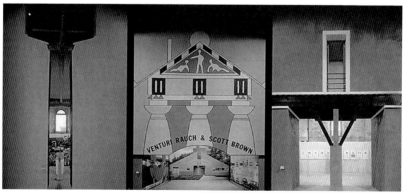

100 *Strada Novissima* der Architekturbiennale 1980, links Ungers' Beitrag

tionale Gruppenausstellung als eine mit Fassadenkulissen bestückte Ausstellungsstraße eingerichtet. Als Zugang zu seiner Ausstellungskoje an der *Strada novissima* wählt Ungers ein Magritte-Zitat: eine glatte Wand, in welche der Umriß einer Säule eingeschnitten ist, legt die Mechanismen architektonischer Kommunikation offen. Zweidimensional und mit Zitaten arbeitend, sind die Visitenkarten 20 zeitgenössischer ‚Autoren' entlang der *Strada novissima* für die damals entstehende mediale Architekturlandschaft bezeichnend.[379]

Da zur Zeit der ersten Biennale baulich wenig Realisationen vorliegen, tragen Installationen, Modelle und graphische Darstellungen zur Szenenbildung der Postmoderne bei. Die Repräsentation und Theoretisierung der Architektur bietet ein besonderes Identifikationspotential, wobei die Zeichnung einen zentralen Stellenwert besitzt. Diese entwickelt sich auf Symposien, in Ausstellungen und Publikationen zum zentralen Kommunikationsmittel und Bezugssystem. Von universellen Codes befreit, wird die graphische Repräsentation von Architektur zunehmend zum Anlaß, um persönliche Handschriften zu entfalten. Sie funktioniert als Transmissionsriemen und Tauschwährung einer fernab der Baupraxis sich positionierenden Szene. Neben den wirtschaftlichen und institutionellen Blockaden der siebziger Jahre spielen auch Veränderungen im Kunstmarkt und im Verlagswesen eine Rolle: Einerseits kommt es zur Gründung alternativer Architekturzeitschriften, andererseits beginnen sich Kunstsamm-

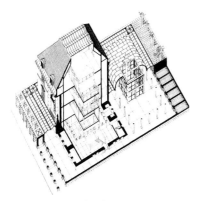

101 Deutsches Architektur Museum mit dem *Haus im Haus*

102 *City Metaphors*, Ungers-Installation am Cooper Hewitt Museum, New York 1976

ler für die Architekturzeichnung zu interessieren, während Architekten für den Kunstmarkt Skizzen zu produzieren beginnen. Entscheidend ist hier die auf Architekturzeichnungen spezialisierte Galerie, die Max Protech 1978 in New York eröffnet. Um dieselbe Zeit werden in Montreal und Frankfurt mit dem Canadian Centre for Architecture beziehungsweise dem Deutschen Architektur Museum zwei Institutionen gegründet, deren Sammlungs- und Ausstellungstätigkeit die Konjunktur ungebauter zeitgenössischer Architekten weiter erhöht.

Die Architekturzeichnung hat sowohl für Heinrich Klotz, den Direktor, als auch für Ungers, den Architekten des DAM, einen besonderen Wert. Die neuartige Frankfurter Sammlung führt Entwicklungen vor, die seit den sechziger Jahren vor allem in Italien und im angelsächsischen Raum stattfinden. Als ein Eckpfeiler des Museumsprogramms konfrontieren Zeichnungen das westdeutsche Publikum einer Dimension der zeitgenössischen Architekturkultur, die sich signifikant vom utilitaristischen Verständnis der Nachkriegsmoderne abhebt. Hier nimmt Ungers eine Zwischenstellung ein. Graphische Stilisierung und diagrammatische Abstraktion hatten bereits in den Arbeiten der sechziger Jahre einen prominenten Platz eingenommen – vor allem die Nähe zum russischen Konstruktivismus, durch die Ungers und seinem Berliner Entwurfskurs größere Aufmerksamkeit zuteil geworden war. Diese Ikonographie löst in den siebziger Jahren ein anderes mediales Paradigma ab, als es zur erzwungenen Pause in Ungers' Baupraxis kommt und unterschiedliche Tendenzen seine Entwurfsforschung beeinflussen. Vorübergehend nimmt er mit seiner eigenen Architektur auf Papier eine reflexive Distanz ein, wie sie sich bei Vordenkern jenseits des Atlantiks wie Peter Eisenman oder John Hejduk, bald aber auch bei Rem Koolhaas, Bernard Tschumi und Daniel Libeskind ausmachen läßt. Das unter der Leitung von Peter Eisenman stehende Institute for Architecture und Urban Studies in New York ist 1981 der Ort der ersten Ungers-Monographie, die Kenneth Frampton mit einem einleitenden Essay versieht.[380]

Ab 1968 an Cornell lehrend und Beziehungen zu den Diskursgemeinschaften der amerikanischen Ostküste aufbauend, bleibt Ungers ein ‚deutscher' Architekt, dessen Werk eng mit den ideellen und physischen Zuständen deutscher Städte verbunden ist. Auch sein Interesse an der entwerferischen Subjektivität des Rationalismus ist nicht verständlich, wenn man nicht die spezifisch deutsche Perspektive nach der Delegitimierung des Massenwohnungsbaus in Betracht zieht.

Wie der ausgedünnte Torso Berlin scheint auch das geographisch isolierte Ithaca auf Ungers einen Einfluß zu haben: Während einer Art Inkubationszeit wird er in Cornell in seinem modellhaft abstrahierten Stadtverständnis bestärkt, reichert dieses jedoch mit neuen narrativen Elementen an. Bezeichnend für die Wahrnehmung, die ihm innerhalb der verunsicherten deutschen Architekturszene zuteil wird, ist 1976 die Einleitung zum Katalog eines in Berlin veranstalteten Symposiums: „Oswald Mathias Ungers ist [...] ist ein Reisender, er bringt im Koffer die Architektur der anderen Länder nach Berlin, seine Entwürfe sind deshalb immer fremd, immer formalistisch, immer aufregend."[381] Räumlich-institutionelle Umwelten verbindet Charles Jencks damals mit dem Architekten-Habitus – so den „underheated rural or academic place" mit einer Tendenz zu ideologisch-moralischer Überhitzung, während die „overheated urban society" einen Professionalismus hervorbringe, der wie der camp „morally cool" sei.[382] Dieses Klima eines reflexiven Formalismus, der etwa auf Eisenmans IAUS bezogen werden kann, ist auf intellektuelle und institutionelle Milieus angewiesen, die New York damals aufweist – Frankfurt jedoch nicht. Systemkritik und gesellschaftliche Ausdifferenzierung bringen hier Reflexionsformen hervor, die sich nicht ohne weiteres auf die Architekturproduktion übertragen lassen. So stehen sowohl Ungers als auch Klotz mit ihrem Autonomieverständnis – für Ungers das ‚Thema', für Klotz die ‚Fiktion' der Architektur – in der Bundesrepublik unter Legitimationsdruck.

Im Licht der Biennale von 1980 vollzieht Ungers den Anschluß an internationale Entwicklungen. Wenngleich er damals zu den wenigen international rezipierten deutschen Architekten gehört, sorgen seine Bauten und Entwürfe innerhalb der Architekturkultur der Bundesrepublik für Irritationen. Zu den Vorbehalten gehört eine als übertrieben empfundene Theoretisierung bei gleichzeitiger Abwesenheit räumlicher Qualitäten. Der „intellektuelle Höhenflug" wird vom Publikum zwar zur Kenntnis genommen, doch muß sich Ungers sagen lassen, „daß Ihre Architektur, Herr Ungers, dazu tendiert, keine Sinnlichkeit zu haben [...], keines Ihrer Gebäude benutzt werden kann, ohne daß man die Gebrauchsanweisung des Architekten dafür hat"[383]. Reflexiver Formalismus ist als Architekturverständnis auf Akteure wie Heinrich Klotz angewiesen. Nicht nur als DAM-Gründungsdirektor, sondern auch aufgrund seiner politischen Kontakte trägt dieser Vermittler entscheidend dazu bei, daß sich Frankfurt zu einem Umschlagplatz entwickelt. Ebenfalls in Frankfurt, wo Jürgen

Habermas 1980 für eine „selbstkritische Fortsetzung der Moderne" plädiert, werden die neuen Formen der Architekturproduktion und -rezeption problematisiert.[384] In seiner Festrede zur Annahme des Adorno-Preises geißelt Habermas die Postmoderne als ein restauratives Projekt. Zum Zeitpunkt der Rede in der Paulskirche hat die Öffentlichkeit der Bundesrepublik hat erst ansatzweise die architektonische Postmoderne zur Kenntnis genommen. Habermas' Gedanken sind jedoch symptomatisch für die Vorbehalte, auf die erste spektakuläre Realisierungen wie James Stirlings Stuttgarter Landesgalerie (1983) stoßen werden. Für Habermas verkörpert bereits „Die Gegenwart der Vergangenheit", das Motto von Portoghesi Biennale in Venedig, „eine affektive Strömung, die in die Poren aller intellektuellen Bereiche eingedrungen ist und Theorien der Nachaufklärung, der Postmoderne, der Nachgeschichte usw., kurz einen neuen Konservativismus auf den Plan gerufen hat. Damit kontrastieren Adorno und sein Werk."[385] Der nach seinem einstigen Professor benannte Preis ist für ihn Anlaß, sich die Argumente der Kritischen Theorie zu vergegenwärtigen und dabei die Idee der Moderne und der Autonomie der Kunst zu verteidigen. Insofern manifestiert sich hier ein Diskurs, der es 1980 erschwert, Ungers' Zugehörigkeit zum einen oder anderen Lager benennen. Dessen berufliche Identität und Kulturverständnis scheinen vielmehr durch Habermas' Äußerungen bestätigt zu werden. Dieser richtet sich gegen die seit 1968 erhobenen Forderungen nach einem Ende der bürgerlichen Avantgarde und insbesondere gegen „Programm und mißlingende Praxis falscher Aufhebung" der Autonomie der Kultur zugunsten von Sprachspielen und Mehrfachkodierungen.[386] Habermas sieht vielmehr die Chance reflektierter Autonomie in einer „differenzierteren Rückkoppelung der modernen Kultur", wobei „Expertenkultur" und „Lebenswelt" einander begegnen und durchdringen sollen.[387] Der Verabschiedung der Moderne setzt er entgegen, „daß wir eher aus den Verirrungen, die das Projekt der Moderne begleitet haben, lernen [...], statt die Moderne und ihr Projekt selbst verloren geben sollten"[388]. Zur kritischen Fortsetzung müsse die Moderne vor jenen Zugriffen geschützt werden, die ihr Projekt durch Historisierung außer Kraft setzen. Aus Ungers' Sicht ließe sich etwa die konsequente Ablehnung der gefälligen Stadtreparatur anführen. Dem bereits in den siebziger Jahren sich verbreitenden Kontextualismus hält er den Glauben an das Fragment und – in Anlehnung an die *coincidentia oppositorum* bei Nikolaus von Kues – an den Zusammenfall der Gegensätze entgegen. Wie die Theorie des Grünen Archipels gezeigt hat, geht es nicht darum, die Spuren und Brüche der Moderne zu leugnen.

Ungers entwickelt seinen Standpunkt gleichsam als Kurator der modernen Großstadt, jener Hinterlassenschaft, deren „Verirrungen" zu reflektieren und zu kommentieren erforderlich sei. Sein Bekenntnis zu disziplinärer Autonomie und sein Widerstand gegen eine populistisch „falsche Aufhebung der Kultur" macht ihn durchaus zu einem Vertreter der von Habermas erhofften „Expertenkultur."[389]
Die Postmoderne kann als Fortschreibung und zugleich als Verarbeitung der architektonischen Moderne beschrieben werden. Sie ist ebenso Ausdruck eines ökonomischen und kulturellen Ausdifferenzierungsprozesses in kapitalistischen Gesellschaften.[390] Diese Faktoren machen sich in der Bundesrepublik in der Neubewertung der Stadtzentren bemerkbar, die sich im Zuge von Wirtschaftskrise und allgemeiner Wachstumskritik zu Projektionsflächen für das Lokale entwickeln. Von den Achtundsechziger-Ereignissen gefördert, kommt es zur Hinterfragung der Normalität der westdeutschen Gesellschaft und zum Widerstand gegen technokratisches Systemdenken. Angesichts einer als verdrängt erfahrenen Geschichte kristallisiert sich die Stadt zunehmend zum Raum der Identitätsfindung. Dieser Prozeß umfaßt einen längeren Zeitraum, in dessen Mitte gerade das Städtebauförderungsgesetz von 1971 gesehen werden kann. So weist Lutz Niethammer auf die Ära von Bundeskanzler Willy Brandt hin (1969– 1974) hin, in der eine paradigmatische „Begegnung zwischen (reformerischer) Macht und (oppositionellem) Geist" stattgefunden habe.[391] Die in der westdeutschen Gesellschaft bereits in den sechziger Jahren entwickelten „Identitätsansätze"[392] verlieren auch unter den Paradigmenwechseln der siebziger Jahre nicht ihre systemkritische Funktion. Sie werden vielmehr unter neuen Vorzeichen an veränderte politische und wirtschaftliche Realitäten angepaßt. Solche Kontinuität kann etwa im postmodernen „Erinnerungsmanagement" (Assmann) oder bei konservativen Politikern und beobachtet werden, die sich im Verbund mit Stadtplanern und Architekten den Begriff der Urbanität aneignen, um so auf den Prozeß gesellschaftlicher Ausdifferenzierung und Reflexivisierung reagieren zu können.

Ein neuer Resonanzraum für Architektur

Mit dem Begriff Urbanisierung beschreibt Henri Lefebvre die Rolle der Stadt als Produzentin des Raums. Jenseits materieller Räume bezeichne Urbanisierung eine Entwicklung, die auf eine neue zivilisatorische Stufe hin führt: die Produktion einer Reflexivität, die sich als Ideologie, Kritik und Widerstand im Bewußtsein der Individuen der verstädterten Gesellschaft artikulieren kann. In diesem Prozeß werden gegensätzliche Interessen, die im städtischen Raum schon immer aufeinandergeprallt sind, zu Differenzen verarbeitet: „Das Urbane als Form formt um, was es zusammenbringt (konzentriert). Es schafft bewußte Unterschiede da, wo unbewußte bestanden [...]. Als umformende Form entstrukturiert das Urbane seine Elemente [...] und strukturiert sie neu."[393] Mit der Verwischung von kulturellen und ökonomischen Sphären führt die Stadt der Postmoderne diese entstrukturierende Kraft des Urbanen erneut vor. Als Fachleute der Differenz profitieren Architekten wie Ungers von diesem Urbanisierungsprozeß.

Als Praktiker, der Ungers auch ist, das Verhältnis von Stadt zu Objekt in den sechziger Jahren zu problematisieren beginnen, heißt das die eigene berufliche Identität im Systemzusammenhang der staatlichen Ausgleichsmechanismen zu hinterfragen. Doch es ist nicht die wissenschaftliche Ergründung der Performanz von Architektur im städtischen Raum, die zum Funktionswandel ihrer Produkte führen wird. In entwerferisch-konzeptioneller Hinsicht bleibt die Ausbeute des von Ungers und seinen Studenten an der TU Berlin zusammengetragenen Ideenpools gering. Der Funktionswandel der Architektur beruht vielmehr auf einem neuen Aufmerksamkeitsregime – auf einer strukturellen Transformation des urbanen Raums im westdeutschen Wohlfahrtsstaat. Denn die Rolle, die eine Stadt wie Frankfurt als Transmissionsstelle zwischen der sozialen Marktwirtschaft und der sich globalisierenden Wirtschaft übernimmt, verändert auch die symbolische Ökonomie, in die die Architekturproduktion eingespannt ist. Die dabei entstehende neue Nachfrage nach kulturellem Kapital macht gerade eine in ihrer Autonomie „thematisierte" Architektur attraktiv. Frankfurt bringt das Publikum hervor, das gewillt ist, diese Architektur als Ausdruck einer entsprechenden Urbanität zu konsumieren.

Im Frankfurt der achtziger Jahre erkennt der Frankfurter Soziologe Walter Prigge einen affirmativen Diskurs, durch den „diejenigen Lebensstile legitim ausgegrenzt werden, die sich nicht ‚urban' verhalten oder sich dem Zustimmungsdruck entziehen, indem sie die herrschende Urbanität kritisieren oder sich antistädtisch artikulieren"[394]. So vermöge der Urbanitätsdiskurs mit seiner „Definitionsmacht über das Städtische die potentiell antagonistischen Kräfteverhältnisse in den Auseinandersetzungen um die Entwicklungsrichtung der Stadt als gegensätzliche Kräfte zu integrieren"[395]. Urbanität ist Prigge zufolge eine Figuration von der Macht, eine „Raumform", in der strukturelle Probleme ausgeblendet würden.[396]

Unter Walter Wallmann – und mit der tatkräftigen Mitwirkung des ‚Architekturpolitikers' Heinrich Klotz – wird dem südlichen Mainufer eine zentrale Funktion für die Außenwahrnehmung Frankfurts zuteil. Die ‚heimliche Hauptstadt' der Republik versteht es, sich an der Hochkultur des untergegangenen preußischen Staates zu orientieren. So weckt die Bezeichnung Museumsufer Assoziationen zur Museumsinsel des wilhelminischen Berlin, das im Zuge eines postmodernen Erinnerungsmanagements neu erschlossen wird. Mit griffigen Traditionsbezügen verknüpft, übernehmen Kulturbauten eine hybride Funktion. Einerseits sollen sie das Wirtschaftswachstum festigen, indem sie das negative Image von „Mainhattan" korrigieren und die Stadt auch für den Städtetourismus positionieren. Andererseits kommt den neugegründeten oder erweiterten Museen eine viel umfassendere Aufgabe zu. Die *Vision* der Kulturstadt Frankfurt rückt in den Brennpunkt einer Lokalpolitik, in der Wachstum nicht mehr als mehrheitsfähiger Begriff zur Verfügung steht. Wirkungsgrad und Anziehungskraft von urbaner Kultur können in Frankfurt wie in den von Zukin analysierten Städten der Vereinigten Staaten auf ein Ende gesellschaftsübergreifender Visionen bezogen werden. Wenngleich dieses Ende in der Bundesrepublik anders abgefedert wird und sich der Staat keineswegs zurückzieht – sondern im Gegenteil neue Interventionsbereiche definiert –, wird die Beziehung zwischen Kultur und Ökonomie rekonfiguriert. Dabei kommt es zu einer neuen Ausgangslage für die Architekturproduktion.

103/104 Altstadt Frankfurt: 2010 abgerissenes Technisches Rathaus und Visualisierung der Rekonstruktion 1944 verlorener Bausubstanz

Seit den Angriffen auf das technokratische Planungsverständnis und den im Zuge der Ressourcen- und Wirtschaftskrise sowie der Ausdifferenzierung der Mittelstandsgesellschaft im patriarchalisch gelenkten Wohlfahrtsstaat zeichnet sich in der Bundesrepublik ein Ende der Konsensgesellschaft der Nachkriegszeit ab. Die Funktionalisierung der Kultur und deren gesellschaftspolitische Rethematisierung sind Antworten auf dieses Vakuum. Doch liegt nun ein verändertes ikonographisches Dispositiv vor, das Zukin so beschreibt: „ [...] the preeminence of culture since the 1970s has occurred despite the absence of vision. [...] A deep chasm lies between the 1970s appreciation of visual culture and the absence of a master vision to control the chaos of urban life. [...] This gap offers opportunities for both access and exclusion, for both elitism and democratization."[397] Habe sich historisch die Macht einer bestimmten Gruppe über einen bestimmten Raum im Umfang der Vision ausgedrückt, die diese Akteure über den Raum und dessen Subjekte haben durchsetzen können, so verkörpere sich in der postmodernen Stadt Macht dort, wo eine Gruppe eine visuelle Ordnung in einem Teilraum überhaupt durchzusetzen vermöge.[398] Die Dimension des Visionären verlagert sich Zukin zufolge von der Umsetzung einer umfassenden Metaerzählung darauf, subjektiv ausdeutbare Erlebnisbereiche im Stadtzentrum bereitzustellen.

Der Frankfurter Museumsentwicklungsplan von 1979 ist ein Beispiel für die strategische Bedeutung, die solche Erlebnisbereiche innerhalb der postmodernen Urbanität erhalten. Gerade die auf Visualität basierende Hochkultur der bildenden Kunst ist, um konsumiert werden zu können, auf Sichtbarmachung und Öffentlichkeit angewiesen. Diese Darbietung ermöglicht der Komplex der Schirn Kunsthalle, den die Ungers-Schüler Bangert, Jansen, Scholz und Schultes als neualtes Rückgrat zwischen Dom und Römer spannen. Die szenographische Ausdifferenzierung der stadträumlichen Brache, die der Krieg und die Infrastrukturplanungen der sechziger Jahre im historischen Stadtzentrum hinterlassen haben, zeigt, wie „elitism and democratization" (Zukin) koexistieren. Als Erlebnisbereich bildet die Schirn einen Kontrast zur egalitären morphologischen Ordnung des Wiederaufbaus mit seinem Funktionszusammenhang Wohnen, Dienstleistung und Verkehr. Die das Kulturzentrum gleichsam krönende Kunsthalle ermöglicht einem bestimmten Publikum, Distinktionsgewinne zu erlangen, wobei Weginszenierung und räumliche Konfiguration in den Besuch der Wechselausstellungen hineinspielen.

Noch unmittelbarer erscheint das Prinzip der Distinktion in den Versatzstücken, mit denen Ungers im Deutschen Architektur Museum arbeitet: ‚Stadtmauer', ‚Baldachin' und ‚Urhütte' organisieren als Zitate einen Schutzraum für die Architektur. Dieser manifestiert sich auch in den winzigen Außenhöfen – Schatzkammern, in denen wetterfeste Architekturmodelle zur Schau gestellt werden sollen. Das weiße Interieur bildet das ätherische Gegenstück zum rustizierten roten Sandsteinsockel, der das umgebaute Haus umgibt: eine kuratierte Umwelt mit Straßen, Plätzen und dem Haus im Haus, das als permanente Rauminstallation im Herzen des DAM die Bedeutung der klassischen Architekturtheorie vergegenwärtigt.

Dieses abstrakte Sanktuarium ist vom Rest der Stadt abgeschottet, doch im Unterschied zu den im Westberliner Territorium verstreuten Fragmenten des Grünen Archipels ist die Insel am Frankfurter Museumsufer kein durch Bewohnung aktiviertes Stadtfragment sondern ein von Ungers didaktisch artikulierter Schauraum. Dieser demonstriert das Prinzip der „Fiktionalisierung"[399], mit dem Heinrich Klotz der Architektur wieder eine kulturelle Relevanz verschaffen will. Die kongeniale Zusammenarbeit von Ungers mit seinem Förderer kann als eine erfolgreiche Repositionierung der Architekturproduktion innerhalb des Kontexts Kultur gesehen werden, wobei das DAM als Institution die Architektur inmitten der „sanktionierten Produkte" verankert. Ungers' Autonomieverständnis ist ein Symptom für den „sakramentalen Zugang", den Pierre Bourdieu im Zusammenhang mit den Institutionen der bürgerlichen Hochkultur beschreibt.[400] Mit wachsender Distanz zum Wohnungsbau identifiziert sich Ungers zunehmend mit der bildenden Kunst als thematischem Bezugspunkt. Ein Anzeichen ist hier bereits *Kunst und Architektur im öffentlichen Raum* als Arbeitstitel für die Cornell-Sommerakademie, die 1978 schließlich als *The Urban Garden* in Berlin durchgeführt wird. Wichtig für Ungers, den Sammler zeitgenössischer Kunst und bald auch Architekten von Kunstmuseen in Hamburg, Düsseldorf und Köln, ist die Installation *Westkunst*, die er 1981 an der Messe Köln einrichten kann. 2006 verankert ihn schließlich eine große Werkschau im symbolischen Zentrum der bürgerlichen Hochkultur der Bunderepublik – in Mies van der Rohes Neuer Nationalgalerie. „Kosmos der Architektur", so der Titel der von Ungers mitkuratierten Berliner Ausstellung, entfaltet sich als Bühne, auf der das präsentierte kulturelle Kapital nicht nur aus einem fünfzig Jahre umspannenden Œuvre besteht, sondern auch Kunst, Bücher und historische Architekturmodelle aus seiner Privatsammlung umfaßt.

105/106 O.M. Ungers, Konzept für die Friedrichstraße im Ideenwettbewerb *Berlin morgen* und Neubauten für die Messe Frankfurt

Schweigende Artikulation als Narration

Wie Ungers' Interventionen in Frankfurt zeigen, laufen Thematisierung und Abstraktion buchstäblich auf die Herauslösung der Architektur aus den Produktionszusammenhängen des Städtebaus hinaus. Wie von Rossi in den sechziger Jahren theoretisch vorbereitet, übernimmt die Architektur nun eine taktische Rolle ‚gegen' die Planung ein, indem sie auf die eigene disziplinäre Tradition zurückgreift. Aus einem narrativen Freiraum heraus – in dem Traditionsbezüge zugleich ein neues Expertentum legitimieren – werden die ökonomischen und gesellschaftlichen Herausforderungen abgearbeitet, die sich auf den Verfügungsraum der Planung niedergeschlagen haben. Erst der sozialökonomische Kontext der postmodernen Stadt und der daraus hervorgehende Urbanitätsbegriff machen die Überführung von Architektur in den Raum sanktionierter Produkte attraktiv. Der damit einhergehende Diskurs wäre nicht ohne die Umschichtungen denkbar, die die Bundesrepublik seit 1968 erfährt. Andererseits spiegelt der von Ungers geführte Autonomiediskurs den Bedeutungswandel der Stadt – und der in der urbanen Umwelt abgespeicherten Bedeutungen. Ungers' Identifikation mit einem technokratischen Berufsverständnis tritt in der Besprechung des Frankfurter Nordwestzentrums noch 1970 deutlich zutage.[401] Wie seine Karriere zeigt, identifiziert er sich über die Schwelle 1967/1968 hinaus mit einem Systemzusammenhang, an dessen weiterer analytischer Durchdringung ihm durch Forschung im Bereich der Entwurfslehre und über eigene Projekte gelegen ist. Seine die Steuerbarkeit und sozialökonomische Angemessenheit dieses Systems betreffenden Zweifel werden erst später, angesichts von Ressourcenkrise und Rezession, überhand nehmen. 1977, im Jahr des Heißen Herbstes, sprechen Thomas Sieverts und Andreas Volwahsen von der „offensichtlichen Gestaltschwäche der Planungsprodukte", denen die „planungsfreien Spiel- und Entwicklungsräume" als „legitime Entwurfsräume" gegenüberstehen, wo sich „die Welt der Bedeutungen, der sinnlichen Wahrnehmung und der Gestalt entfalten kann und muß".[402] Dieses Vakuum vermag die wachsende Bedeutung zu erklären, die für Ungers ein Diskurs über Bild und Vorstellung in der Architektur erhält: als Kompensation für die delegitimierten „Produkte" des Wohnungsbaus und der Dienstleistungsarchitektur. Nicht nur die architekturtheoretisch begründeten Versatzstücke im DAM zeigen eine über Bilder organisierte Narration; auch die monumentalen Superzeichen, die Ungers in das unterdeterminierte Areal der Messe Frankfurt einführt, sprechen diese Sprache.

Eine Folge der postmodernen Standortpolitik ist, daß sie fachintern entwickelten Konzepten zum Durchbruch verhilft – so etwa die für Ungers' Werdegang wichtige Großform. Dasselbe trifft auch für die von Kevin Lynch 1960 untersuchte „imageability" zu.[403] Im selben Jahr, da Edgar Salin auf dem deutschen Städtetag einen an gesellschaftlichen, wirtschaftlichen und politischen Fragen entwickelten Urbanitätsbegriff vorgestellt hatte, publiziert Kevin Lynch *The Image of the City*. Seine bereits ganz vom subjektiven Erlebnisgehalt bestimmte Stadtvorstellung geht von einer „highly developed art of urban design" aus und sieht die Entstehung einer „critical and attentive audience". Vom Zusammenwachsen von „art and audience" erhofft er sich im Rückgriff auf Camillo Sitte eine Wende in der Identifikation mit dem urbanen Raum.[404] Obwohl *The Image of the City* zuerst als eine Kritik am *Zoning* der amerikanischen Stadtplaner zu sehen ist, nehmen hier Paradigmen wie Visualität und Erlebnisdichte wichtige Ingredienzen der postmodernen Urbanität vorweg.

Frankfurt ist nicht nur die Stadt, wo sich diese Urbanität entfaltet, sondern auch der zentrale Schauplatz ihrer Kritik, die von den Vertretern und Erben der Kritischen Theorie betrieben wird. Der seit der Nachkriegszeit vom Soziologischen Institut der Universität Frankfurt ausgehende und 1968 deutlich zunehmende Einfluß findet bis in die Architekturproduktion und -diskussion der achtziger Jahre seinen Widerhall. Um diese Zeit erkennt Habermas eine städtische Lebenswelt, die „durch nicht gestaltbare Systemzusammenhänge immer weiter mediatisiert wird" und in der „Fluchtreaktionen" auftreten.[405] Dem 19. Jahrhundert vergleichbar, verbinden sich „kompensatorische Bedürfnisse" mit einem „Zug zum Affirmativen", wobei die Architektur ihr narratives Potential verliere und wie die „Wiederherstellung von Urbanität" zum Eklektizismus verurteilt sei. Gegenüber den zeitgenössischen Bemühungen, mit „Chiffren" zu arbeiten, hegt Habermas Bedenken: „Traditionalismus ordnet sich dem Muster des politischen Konservativismus insofern ein, als er [...] Probleme, die auf einer anderen Ebene liegen, in Stilfragen umdefiniert und damit dem öffentlichen Bewußtsein entzieht."[406] In dieser Skepsis gegenüber Visualität und Mediatisierung zeigt sich ein für die Postmodernerezeption in der Bundesrepublik symptomatischer Ansatz: Öffentlicher Raum wird als Gegenstand von Instrumentalisierung und das städtische Publikum als potentielles Opfer von Vereinnahmung gesehen.

Im Zentrum des postmodernen Stadterlebnisses steht auch für Hartmut Häußermann und Walter Siebel ein passives Publikum, das der Verführungskraft kompensatorischer Bildwelten in einer „festivalisierten" Stadtentwicklung ausgeliefert sei.[407] Nach dem Verlust der politischen Mündigkeit, für die der Begriff Urbanität ursprünglich stand, sei dieses Publikum durch die zeitgenössische Ästhetisierung der Stadt manipulierbar geworden. Dort trete Urbanität als „sozialpsychologische" Kategorie in Erscheinung. Was Alexander Mitscherlich einst gefordert hatte, ist nunmehr bloßes Beiprodukt eines globalen Zusammenhangs: des Postfordismus. Entsprechend dessen ökonomischer Logik sei Urbanität „eine Kategorie des Verhaltens und der emotionalen Befindlichkeit geworden. Sie realisiert sich am reinsten im Konsum."[408] Mit der These wissen sich Häußermann und Siebel, wie Walter Prigge, dem Erbe der Frankfurter Schule verpflichtet, stellen sie doch die Umkodierung des Urbanitätsbegriffs in einen Zusammenhang mit übergeordneten Interessen, denen an der „Dethematisierung gesellschaftspolitischer Probleme" gelegen sei.[409]

Postmoderne Reflexivität zeichnet sich in der Bundesrepublik durch ein Mißtrauen gegenüber einer manipulativen und entpolitisierenden Welt der Bilder aus, was ihr Karl Heinz Bohrer zufolge Ironiefeindlichkeit eingetragen habe.[410] Groß ist die Skepsis, zu einem bloßen Zahnrad im Getriebe einer von Adorno als Feindbild dargestellten Kulturindustrie zu werden.[411] So äußern sich kaum architektonische Haltungen, die mit ironisierenden Brechungen, Mehrfachkodierungen oder mit der Ironie des *camp* arbeiten. Mit seinem Autonomieverständnis verweigert sich auch Ungers der Mediatisierung und dem vermeintlichen Zwang zur Zeitgenossenschaft. Doch wird er er dabei immer wieder von unkontrollierbaren Realitäten eingeholt. Wie seinerzeit beim Märkischen Viertel hat er sich 1994, nach Fertigstellung seines einzigen Gebäudes in den USA, gegen den Vorwurf des Formalismus zu wehren, ausgerechnet mit der Residenz der Deutschen Botschaft in Washington das „Gespenst des Faschismus" zu erwecken.[412]

Durch die in den sechziger Jahren einsetzende Auseinandersetzung mit Massenpsychologie, Kulturpolitik und Alltagskultur des ‚Dritten Reichs' werden Deutungsmuster angelegt, die sich in der deutschen Architekturkritik besonders auf die Materialikonographie auswirken. Die im Zusammenhang mit der Aufarbeitung des Nationalsozialismus eingespielten Argumentationsmuster werden insbesondere die Rezeption der postmodernen Architektur in der Bundesrepublik prägen – und Ungers angesichts seiner Bezüge zu einem hermetischen Klassizismus unfreiwillig in eine Märtyrerrolle drängen. Dieser Produktion und Kritik gleichermaßen blockierende Komplex ist eine der Ursachen dafür, daß die deutsche Architekturproduktion in ihrer Themensetzung nie wieder die Souveränität zurückerlangt, die sie vor 1933 geprägt hatte. Von den Gefechten um öffentliche Bauten wie James Stirlings Stuttgarter Landesgalerie oder dem nach der Wende ausgebrochenen Berliner Architekturstreit haben wiederholt Konflikte die öffentliche Debatte bestimmt, wie sie Heinrich Klotz mit seinem Eintreten für eine „fiktionalisierte" Architektur in den achtziger Jahren aus dem Weg zu räumen gehofft hatte.

Eine weitere Hypothek ist der kulturkonservativ orientierte Diskurs, der, im Projekt der Autonomie bei Ungers angelegt, von einer jüngeren Generationen aufgegriffen wird und sich in Gestalt eines elitären und defensiv argumentierenden Architektenhabitus durchsetzen wird. Diesen Habitus unterstützen auch interpretatorische Zugänge, die Ungers' Werk als „architektonisches Enigma" verorten und seine „schweigende Artikulation" im Sinne einer „historischen Pionierarbeit" von jeglicher Zeitgenossenschaft zu entbinden trachten.[413] Bis zur Mimikry identifiziert sich die Perspektive einer jüngeren Generation mit Ungers' eigenen Verarbeitungsleistungen – mit Erfahrungen, die ihrerseits durch die Defizite des Wiederaufbaus, die Krise der Technokratie und die Verunsicherungen der siebziger Jahre motiviert waren.

Obwohl sich seine Aufträge seit Frankfurt innerhalb eines von der Privatwirtschaft, öffentlichen Museen und Institutionen abgesteckten hegemonialen Raums bewegen, beansprucht Ungers für seine Architektur eine sperrige Unmittelbarkeit, die angesichts ihrer abstrakt rationalistischen Aura befremdet. In seinem Diskurs erweist er sich gegen häufig noch dem anthropologischen Blickwinkel des Team Ten oder dem von Christian Norberg-Schulz geprägten Themenkomplex des *Genius loci* verpflichtet.[414] Beide verweisen im Zusammenhang von Ungers' langer Schaffenszeit auf die Geschichts- und Identitätsdefizite westdeutscher Innenstädte. So können seine Arbeiten auch in den achtziger Jahre als Antworten auf einen karg gehaltenen Wiederaufbau gesehen werden. Wenngleich Norberg-Schulz mit dem Begriff des Genius Loci eine zeitlose Gültigkeit und Authentizität bestimmter räumlicher Figurationen beansprucht, ist das Lokale von den zeitgenössischen Entwicklung des Kapitalismus nicht mehr isolierbar und dessen Thematisierung durch Architekten, Saskia Sassen zufolge, aufgrund einer „multiplicity of locals" sogar konzeptionell fragwürdig.[415] Territorialität, Metaphorik und Bildhaftigkeit funktionieren in Walter Wallmanns Frankfurt anders als im ummauerten Biotop Westberlin. So implodieren Kontextualität und Urbanität wegen der divergierenden Informationssysteme, in die das Stadtzentrum eingeschrieben ist. Und mit ihnen verändern sich der Sinnzusammenhang, das Publikum und die Themen der Architektur.

Anmerkungen

1 Ungers (1999.2) 201
2 Aureli (2008.1)
3 Klotz (1977.1) 267
4 Die Bezeichnung geht ursprünglich auf eine Ausstellung von 1967 am Museum of Modern Art zurück, in der Arthur Drexler die Arbeiten von Peter Eisenman, Michael Graves, Charles Gwathmey, John Hejduk und Richard Meier vorstellt; die Publikation *Five Architects* mit Rowes einleitendem Essay erscheint erst 1972. Rowe (1972)
5 Klotz (1977.1) 264
6 Bandrillard (1978.1) 22
7 Ebd. 20
8 Salin (1960), Mitscherlich (1965)
9 Siehe z. B. Helmut Spieker: Totalitäre Architektur – Programme und Ergebnisse – Bauten und Entwürfe – Einzel- und Prachtobjekte, Stuttgart 1980
10 Bohrer (1998) 796ff
11 Ungers (1999) 201
12 Assmann/Freevert (1999) 145; Assmann (2006) 277
13 Eine medial erfolgreiche Verbindung von Charisma, Traditionalismus und Patriotismus trägt auch zur Anziehungskraft des 1980 zum US-Präsidenten gewählten Ronald Reagan bei.
14 Dies hängt nicht zuletzt mit der doppelten Abwesenheit instrumentalisierbarer Geschichte in Westberlin zusammen: Dort ist der Wiederaufbau nicht nur schweren Kriegsschäden konfrontiert, sondern der Tatsache, daß die Herrschaftssymbole und Regierungsbezirke der ehemaligen Reichshauptstadt (abgesehen vom Reichstagsgebäude) in der sowjetisch besetzten Stadthälfte liegen und somit ausschließlich für die Identitätspolitik der DDR zur Verfügung stehen. In diesem Zusammenhang sei ferner auf den 1987 unter Bundeskanzler Kohl gefällten Beschluß verwiesen, in Westberlin das Deutsche Historische Museum einzurichten, sowie auf die 1991 vom Deutschen Bundestag getroffene Entscheidung zur Verlegung der Hauptstadt in das wiedervereinigte Berlin.
15 Ungers (1977) 170
16 Ungers/Koolhaas/Riemann/Kollhoff/Ovaska (1977)
17 Ungers in: Klotz (1977.1) 266
18 Hans Küppers in: Ungers (1985) 3
19 Bis 1955 führt Ungers das Büro in einer Arbeitsgemeinschaft mit Helmut Goldschmidt. Nicht alle Werke aus dieser Phase werden deshalb in die spätere Werkliste aufgenommen. Cepl (2007) 35
20 Ungers/Vieths (1999)
21 Die Veröffentlichung von Zeichnungen, Texten und einem Wettbewerbsbeitrag ist in einen größeren Artikel über Ungers integriert und stellt ein Büro mit den Standorten

107 (S. 187) *Die Revision der Moderne: postmoderne Architektur*, Installation im Vortragssaal anlässlich der Eröffnungsausstellung am Deutschen Architektur Museum, 1984

New York, London und Berlin vor: „OMA consists of Rem Koolhaas and Elia Zenghelis with Madelon Vriesendorp and Zoe Zenghelis and works in association with O. M.
Ungers." Ungers (1976) 34
22 Klotz (1977) 285
23 Ungers (1976.2), Frampton (1979)
24 Ungers (2006.1), Ungers (2006.2)
25 Cepl (2007)
26 Cepls werkimmanente Perspektive zeigt sich bereits in Kapitelbezeichnungen wie ‚Der
    Architekt als Künstler. Vom Verlangen des Individuums sich auszudrücken', ‚Vom Frei-
    legen der Ideen, die sich in der Geschichte der Architektur gleichbleiben', ‚Räume des
    Geistes in einem geistigen Raum'.
27 Parallel dazu ist Ungers Gastdozent in Harvard, an der University of Southern Califor-
    nia und an der Hochschule für Angewandte Künste in Wien. Die Cornell-Professur legt
    Ungers erst 1983 nieder, obschon der Mittelpunkt seiner Berufspraxis sich in der zwei-
    ten Hälfte der siebziger Jahre wieder in die Bundesrepublik verlagert.
28 Ungers (1999.2) 201
29 Klotz (1977) 303
30 Ebd. 268
31 Ebd. 267
32 Ebd. 268
33 Stadtbaurat Werner Hebebrand zum Wiederaufbau der Frankfurter Altstadt (1947), zit.
    in Beyme (1992) 192ff
34 Lefebvre (1972) 128
35 Als kultureller Konflikt von Georg Simmel in *Die Großstädte und das Geistesleben*
    bereits früh analysiert. Simmel (1903)
36 Noller (1999) 133
37 Rebentisch (1994) 79
38 Die Einwohnerzahl hat 1950 ihren Vorkriegsstand annähernd wieder erreicht (532.037)
    und steigt bis 1963 auf ihren Höchststand an (691.257). In den folgenden Jahrzehn-
    ten wechseln Perioden der Bevölkerungszu- und -abnahme ab (Einwohnerstand Ende
    2010: 676.000).
39 Ungers in: Klotz (1977.1) 303
40 Bowie lebt 1976 bis 1978 in Schöneberg. Die Alben *Low* (1977), *Heroes* (1977) und
    Lodger (1979) gelten als *Berlin-Trilogie*, die Bowies endgültige Abkehr vom Glam-
    Rock markiert und zugleich ein Meilenstein der Pop-Geschichte ist – insbesondere das
    von der Mauer inspirierte Lied *Heroes*, dem in *Christiane F – Wir Kinder vom Bahnhof
    Zoo* zentrale Bedeutung zukommt.
41 Beim nächtlichen Brand in beiden Kaufhäusern verursachen die Zeitzünder nur
    begrenzten Schaden und führen zu keinen Verletzten. In ihrer Einschätzung der Kon-
    sumkultur können die Attentate in die Nähe zu den (primär theoretisch gebliebenen)
    Interventionen der Situationisten aus den fünfziger Jahren gerückt werden.
42 Der zweite Anschlag gilt einem Frankfurter Unternehmen, dem Kaufhaus Schneider.
43 1925 als weltgrößter Chemiekonzern geschaffen, spielte das Industriekonglome-
    rat nach 1933 eine entscheidende Rolle beim Versuch der Autarkisierung und Aufrü-
    stung Deutschlands. Sein Tochterunternehmen Degussa stellte das in den Vernichtungs-
    lagern verwendete Zyklon-B her. Ab 1945 wurden die I.G.Farben schrittweise in die

ursprünglichen Unternehmen aufgeteilt. Die von Hans Poelzig 1929–1930 errichtete Konzernzentrale beherbergt seit 2001 Teile der Universität Frankfurt.

44 Zielscheiben der Anschläge sind Vertreter der großen Konzerne, der Wirtschaftsverbände, der Justiz, der Bundeswehr und der alliierten Streitkräfte, gegen deren Frankfurter Kommando das RAF-Kommando „Petra Schelm" am 11. Mai 1972 ein Bombenattentat verübt.

45 Die erst 1985, nach Fassbinders Tod, stattfindende Uraufführung ist Gegenstand heftiger Kontroversen und erfolgt erst nach einer Intervention von Oberbürgermeister Walter Wallmann, welcher das Recht auf freien Ausdruck als Prämisse für die öffentliche Kulturförderung über inhaltliche Bedenken stellt. Die Vorstellung am Schauspiel Frankfurt muß wegen einer Protestaktion abgebrochen werden. Die Kontoverse um das Fassbinder-Stück vertieft 1987 die Irritationen rund um ein städtisches Bauvorhaben auf einem ehemaligen jüdischen Friedhof in der Frankfurter Innenstadt.

46 Ungers (2006.2) 123

47 Dieser Vorfall ist einer der Gründe dafür, daß Ungers die Technische Universität zugunsten eines durch Colin Rowe vermittelten Lehrauftrags an der Cornell University verläßt. Im Juni 1968 ist jedoch eine Ausgabe der *Veröffentlichungen zur Architektur* den Kongressbeiträgen gewidmet. VzA (1968.1)

48 Ungers (2006.2) 121

49 Seine Rückkehr nach Berlin ist selbst dann nicht ausgeschlossen, als er 1969 die Leitung der Architekturabteilung in Cornell übernimmt. Doch schaffen die Strukturreformen an der Technischen Universität Ausbildungsbedingungen, die Ungers' Auffassungen nicht mehr entsprechen. Cepl (2007) 300

50 *Mit dem Latein am Ende,* Der Spiegel, 08.09.1969

51 Den Generalbebauungsplan für das Märkische Viertel entwickeln Werner Düttmann, Georg Heinrichs und Hans Christian Müller; an der anschließenden Projektierung sind neben diesen Berliner Architekten Karl Fleig, Ernst Gisel, Chen Kuen Lee, Ludwig Leo, Oswald Mathias Ungers und Shadrach Woods beteiligt. Die DeGeWo verändert im Verlauf der Planungen die Ausnützung der Wohnbauten, was für Ungers die unfreiwillige Erhöhung seiner Wohnbauten auf bis zu sechzehn Geschossen zur Folge hat. Klotz (1977.1) 302

52 Klotz (1985.1)

53 VzA (1968.3)

54 So etwa die Diplomarbeit des späteren Mitarbeiters Werner Göhner, *The City as a System of Subsystems* (1973), der sich vom regionalen bis zum lokalen Maßstab ganz Ver- und Entsorgungsproblematiken widmet.

55 Gregotti (1966)

56 Cepl (2007) 256f

57 Ungers/Heyde (1970)

58 VzA (1969.2) 20

59 VzA (1967.4)

60 VzA (1968.2, 1968.5, 1968.6, 1969.2)

61 VzA (1969.2) 25 Der Infrastrukturalismus kann vor dem Hintergrund von Ungers' Praxis zugleich als Antwort auf Versäumnisse bei der Planung des Märkischen Viertels gesehen werden, dessen Realisierung nicht mit dem Ausbau des öffentlichen Verkehrsnetzes koordiniert worden war. Dieses Versäumnis verstärkt die schwere Kritik, der Ungers nach der Fertigstellung der Wohnstadt im Berliner Norden ausgesetzt ist.

62 Ebd.
63 Die Spannung zwischen abstrakter Rahmung und vorgefundenen kleinmaßstäblichen Versatzstücken spitzen Ungers und Mitarbeiter Rem Koolhaas im städtebaulichen Wettbewerb „4. Ring, Berlin- Lichterfelde" weiter zu. Wie beim Ideenwettbewerb Tiergartenviertel finden sich hier Bezüge zum russischen Konstruktivismus.
64 Klotz (1977.1) 289
65 In dieser Hinsicht knüpft der Ideenwettbewerb Tiergarten an den 1958 durchgeführten Wettbewerb „Hauptstadt Berlin" an.
66 Ungers in: Klotz (1985.1) 105
67 1975 als Arbeitsgemeinschaft von Koolhaas, Madelon Vriesendorp und Elia und Zoe Zenghelis gegründet
68 Koolhaas' Abschlußarbeit an der AA mit dem Titel *Exodus, or the Voluntary Prisoners of Architecture* besteht aus Texten, Collagen, Comics und stark vom russischen Konstruktivismus inspirierten Zeichnungen, wie sie Mitte der siebziger Jahre auch die Arbeiten von Zaha Hadid und Bernard Tschumi im Umfeld der Architectural Association prägen. Koolhaas (1995) 2–19
69 Klotz (1985.1) 102–105
70 Ungers' Einladung zu Gastkritiken in Ithaca folgen Anfang 1972 Jaap Bakema, Georges Candilis, Giancarlo de Carlo, Jullian de la Fuente, Reima Pietilä, Charles Polonyi, Brian Richards, Peter Smithson, Stefan Wewerka und Shadrach Woods. Cepl (2007) 291f
71 1961: Beschluß zur Errichtung eines U-Bahn-Netzes durch die Stadtverordnetenversammlung, 1963–1967: Bau der ersten Strecke zum Nordwestzentrum. 1969–1978: Bau der unterirdischen Stammstrecke für die S-Bahn (City-Tunnel)
72 Durch die Umbenennung des Frankfurter Verkehrsverbundes in Rhein-Main-Verkehrsverbund wird 1995 dieser neue Bezug bekräftigt.
73 dazu Werner Durth (1992): Deutsche Architekten. Biographische Verflechtungen 1900–1970, München 1992
74 Franz Adickes (1846–1915) war Frankfurter Oberbürgermeister von 1890 bis 1912. Seine weitreichenden Reformen erstreckten sich auch auf das Gebiet der Sozialpolitik. Adickes gehörte zu den Mitinitiatoren der 1913 gegründeten Frankfurter Universität.
75 Klaus Ronneberger und Roger Keil sprechen von einem „gotischen Fordismus" in Frankfurt, wo Wohnungsbauprogramme der zwanziger Jahre unter veränderten politischen Vorzeichen fortgeführt und „Kernstücke der fordistischen Infrastruktur der Nachkriegszeit" 1933–1945 angelegt werden. Hitz/Keil/Lehrer/Ronneberger/Schmid/Wolff (1995) 290
76 Walter Christaller: „Die zentralen Orte in Süddeutschland: eine ökonomisch-geographische Untersuchung über die Gesetzmäßigkeit der Verbreitung und Entwicklung der Siedlungen mit städtischen Funktionen", Darmstadt 1968 (urspr. 1933)
77 Zur Kontinuität von Raummodellierungen wie der Stadtlandschaft und den Verbindungslinien einer ‚Funktionselite' über 1945 hinaus bzw. vor 1933 siehe Durth (1992) 332–337
78 Jessop (2002) 89
79 Der Begriff wird bereits in den zwanziger Jahren erwähnt (Friedrich v. Gottl-Ottlilienfeld: Fordismus: über Industrie und technische Vernunft, Jena 1926).
80 Die Verbindung von Forschung, Planung, Produktion und Management fand einen Ausdruck im Triumphzug des von 1908 bis 1928 hergestellten Ford-Modells T und wird bereits in den zwanziger Jahren von den europäischen Vertretern des Funktiona-

lismus, auch von Hitler bewundert. Von den in Detroit durchgesetzten Rationalisie-
rungsmaßnahmen sind vor allem die Analyse von Absatzmärkten, die Organisation von
Arbeitsprozessen sowie die Besserstellung einer Arbeiterschaft hervorzuheben, der die
gewerkschaftliche Organisation untersagt wurde.

81 John Maynard Keynes (1883–1946), Ökonom und Vertreter Großbritanniens auf der
Konferenz von Bretton Woods, legt dort die konzeptionellen Grundlagen der westlichen Wirtschaftsordnung dar.

82 Der Begriff soziale Marktwirtschaft findet erstmals 1947 Verwendung. Müller-Armack
(1947) Alfred Müller-Armack (1901–1978), Nationalökonom und ab 1949 Staatssekre-
tär unter Bundeswirtschaftsminister Ludwig Erhard (1897–1977). Theoretische Grundlagen für die soziale Marktwirtschaft liefert das in den dreißiger Jahren im Umfeld des
Freiburger Ökonomen Walther Eucken (1891–1950) entwickelte Konzept des „Ordoli-
beralismus", das eine Alternative zur zentral gelenkten Wirtschaft des NS-Staates formuliert.

83 „Die städtische und regionale Politik war daher primär redistributiv, von oben nach
unten organisiert, um ökonomische und soziale Bedingungen anzugleichen." Jessop
(1995) 16

84 Dubiel (1988) 82

85 Habermas (1973.1) 68

86 Habermas (1973.2) 71/76

87 Das nach Otto Apels Tod 1966 als ABB bis heute fortbestehende Büro ist seit dem
Wiederaufbau eng mit großmaßstäblichen Vorhaben vertraut und wird für die 1979 bis
1984 an der Frankfurter Taunusanlage realisierten Doppeltürme der Konzernzentrale
der Deutschen Bank verantwortlich zeichnen.

88 Ungers, L./Ungers, O. M. (1970)

89 Verkörpert etwa durch das ab 1955 nach Plänen von Geoffrey Copcutt errichtete
Geschäftszentrum in Cumbernauld New Town. Mit Ausnahme der Niederländer Van
den Broek und Bakema hatten am Wettbewerb nur deutsche – und vor allem lokale –
Büros teilgenommen. In der Wahl des ersten Preises sowie in der gänzlichen Nichtbe-
rücksichtigung der renommierten Niederländer wird das Interesse des Auslobers an der
Zusammenarbeit mit einem mit lokalen Bauträgern vertrauten Büro vermutet. Gleiniger (1995) 204

90 Schwagenscheidt ist während der Weimarer Republik Mitarbeiter von Ernst May, mit
dem er sich 1930 bis 1933 in der Sowjetunion aufhält. Im Gründungsjahr der Bundesrepublik publiziert er sein Konzept einer „Raumstadt" als „Skizzen mit Randbemerkungen zu einem verworrenen Thema", so der Untertitel des städtebaulichen Manifests.
Schwagenscheidt (1949)

91 Dem Einkaufszentrum wird jedoch seine Verkehrsanbindung zum Verhängnis, ist ist
doch die Anziehungskraft der Frankfurter Innenstadt zu groß. Bald nachdem die Einkaufsstraße Zeil in eine vom U- und S-Bahnen erschlossene Fußgängerzone verwandelt ist, setzt der Niedergang des Nordwestzentrums ein. Das Einkaufszentrum wech-
selt 1985 die Hand von der in Konkurs gegangenen Neuen Heimat an einen privaten
Betreiber; bei seiner Wiedereröffnung 1989 sind die ursprünglichen Außenräume ver-
glast. Gleiniger (1995) 197

92 VzA (1969.1)

93 Der Vergleich, zu dem ferner ein Entwurf von Team Ten-Mitglied Stefan Wewerka für ein Wohnviertel in Düsseldorf gehört, erfolgt unter der Rubrik „Sonderfall des Wandkonzepts". VzA (1966.3) unpaginiert

94 Ungers, L./Ungers, O. M. (1970) 36

95 VzA (1968.6), VzA (1968.5)

96 Zu Beginn desselben Jahres erscheint in der Zeitschrift *Progressive Architecture Learning to Like it. Co-op City,* ein Bericht, in dem sich Robert Venturi und Denise Scott Brown im New Yorker Stadtteil The Bronx mit einer Großsiedlung auseinandersetzen, die im gleichen Zeitraum wie die Nordweststadt von einer Wohnbaugenossenschaft realisiert wird. Venturi, R./Scott Brown,D. (1970)

97 Ungers, L./Ungers, O. M. (1972)

98 Erste Berichte zu *Kommunen in der Neuen Welt* erscheinen bereits 1970 in der Zeitschriften *Werk* und *Baumeister.*

99 Die italienische Erstausgabe von 1966 dürfte Ungers um 1970 bekannt gewesen sein. Als *Casabella*-Redakteur hat Rossi Ungers 1960 im Zusammenhang mit dessen kurz zuvor fertiggestelltem Wohnhaus in Köln besucht.

100 Ungers, L./Ungers, O. M. (1970) 36

101 Jessop (1995) 15

102 Die „Große Finanzreform" von 1969 schafft die verfassungsrechtliche Grundlage für die finanzielle Beteiligung des Bundes an der Stadtentwicklungspolitik, deren Zielvorgaben im Städtebauförderungsgesetz von 1971 formuliert werden. Karl Schiller, 1966–1972 SPD-Bundeswirtschaftsminister, schafft mit dem Stabilitäts- und Wachstumsgesetz von 1967 im Sinne der Globalsteuerung die Grundlagen zum verstärkten Interventionismus des Staates in die Marktwirtschaft.

103 Stadtbauwelt 31/1971, ARCH+ 16/1972

104 Einen mustergültigen Ausdruck dieses Berufsverständnisses werden 1972 die Olympischen Spiele bilden, wenngleich die Planung des Sportgeländes in München bereits seit den sechziger Jahren erfolgt.

105 Harvey (1989), Hardt/Negri (2000)

106 Gründe sind die Verstaatlichungspolitik der Labour-Regierung unter Clement Attlee (1945–1951), die hohen Kosten des Wiederaufbaus und der gleichzeitige Rückgang der Produktivität im Industriesektor.

107 Der Schwerpunkt dieser Debatten liegt erneut im angelsächsischen Raum, wo der Chicagoer Ökonom Milton Friedman bereits in den fünfziger Jahren mit dem Keynesianismus abrechnet. Einflußreich ist besonders sein Angriff auf den massendemokratischen Wohlfahrtsstaat in *Capitalism and Freedom* von 1962.

108 Harvey (1989) 141f

109 Ebd. 147

110 Ebd. 298

111 „The question of which currency I hold is directly linked to which place I put my faith in." Harvey (1989) 297

112 Als Grenzziehung darf die Schwelle 1971–1973 jedoch nicht überbewertet werden. Verschiedene Entwicklungen weisen bereits während der sechziger Jahre auf eine Überhitzung beziehungsweise auf Modifikationen des Fordismus hin. Die Rezession der Bundesrepublik 1966–1967 wurde bereits erwähnt. Im Hinblick auf die Internationalisierung der Finanzwirtschaft weisen Mark Mizruchi und Gerald Davis auf Maßnahmen der Johnson-Regierung hin, die ab 1965 die Präsenz von US-Banken auf den weltwei-

ten Finanzmärkten erhöhen. Zuvor war die internationale Tätigkeit des Finanzsektors im Unterschied zu anderen Sektoren der US-Wirtschaft nicht nennenswert. Mizruchi/ Davis (2004) 100f

113 Sassen (1991)
114 Esser/Hirsch (1994) 73
115 Ebd. 74
116 Sassen (1999) 119
117 Ursprünglich ‚Boom Banana‘, jedoch nach einer Verwechslung ‚Blue Banana‘. Das Schema einer hochgradig vernetzten Wirtschaftsregion geht aus Brunets Einteilung von Europa in Aktiv- und Passivräume hervor und reicht vom Benelux-Raum über den Rhein, das Schweizerische Mittelland bis in die Lombardei und das Piemont.
118 Esser/Schamp (2001) 9f
119 Baudrillard (1978.1), Jameson (1991)
120 http://webmuseen.de/schirn-kunsthalle-frankfurt-am-main.html [Zugriff 7.3.2011]
121 Das in unmittelbarer Nähe 1991 eröffnete Museum für Moderne Kunst (MMK) mit der Sammlung des Darmstädter Unternehmers Karl Ströher vermindert ebenfalls die Autonomie der Kunst gegenüber der Ökonomie. Im öffentlichen Bewußtsein leistet das MMK einen Beitrag zur Assoziierung zeitgenössischer Kunst mit privatem Mäzenatentum, dessen traditionelle Bedeutung in der Bundesrepublik im Gegensatz zum angelsächsischen Raum gering ist.
122 2007 fiel der politische Beschluß, weitere Teile der Altstadt zwischen Dom und Römer zu rekonstruieren, wozu der Abriß öffentlicher Bauten der sechziger und siebziger Jahre in Kauf genommen wird (Technisches Rathaus, Historisches Museum).
123 Die parallel zur Kulturschirn erfolgende Nachbildung der Römerbergzeile wird von Ernst Schirmacher, Architekt in Bad Soden, betreut und bis 1983 fertiggestellt. Die auf Fotografien basierende Rekonstruktion liegt wegen der bereits erstellten Tiefgarage einen Meter höher als das zerstörte Original. Die schmale Platzfront ist mit zwei zusätzlichen rückwärtigen Zeilenbauten verbunden, die im Erdgeschoß Gewerbe, in den Obergeschossen Wohnungen aufnehmen. Die Zeilenbauten basieren auf Plänen von Bangert, Jansen, Scholz und Schultes.
124 Das „Haus zum Römer", seit 1405 Rathaus der Stadt, ist nach den italienischen Händlern benannt, die hier im 13. Jahrhundert während der Frankfurter Messe abstiegen. Erst im Historismus nach 1870 mit Nachbarhäusern vereint, geht der Name „Römer" auf den ganzen Gebäudekomplex über. Die Krönung fand erst seit 1562, wenige Tage nach der Wahl in Frankfurt, statt, zuvor in Aachen.
125 Stadtbaurat Werner Hebebrand zum Wiederaufbau der Frankfurter Altstadt (1947), zit. in Beyme (1992) 192ff
126 Diese Maßnahmen erfolgen zu einer Zeit, als unweit vom Dom der angemessene Umgang mit den Spuren der mittelalterlichen Judengasse debattiert wird. Beim Neubau des Kundenzentrums der Frankfurter Stadtwerke (Entwurf: Ernst Gisel) kommen am Börneplatz Überreste von Wohnhäusern und Mikwen zum Vorschein. Die gründerzeitliche Börneplatz-Synagoge (1882) war im November 1938 im Zuge der „Reichskristallnacht" in Brand gesetzt, ihre Reste unmittelbar danach abgetragen worden. Nachdem eine Bürgerinitiative zur Konservierung der Spuren des Ghettos 1987 scheitert, beabsichtigt die Stadtregierung unter Oberbürgermeister Wolfram Brück ihr Bauvorhaben fortzusetzen, doch wird die Baustelle besetzt. Im Untergeschoß der Stadtwerke zeigt das ‚Museum Judengasse‘, seit 1992 eine Außenstelle des Jüdischen Museums Frankfurt

am Main, archäologische Zeugnisse des mittelalterlichen Ghettos. Der 1935 in ,Dominikanerplatz' umbenannte Börneplatz heißt seit Juni 1996 Neuer Börneplatz; die Gedenkstätte für die aus Frankfurt deportierten Juden entwarf Nikolaus Hirsch.

127 Ungers (1983) 31
128 Ungers (1983) 36
129 Klotz (1985.1) 117f
130 Klotz (1985.1) 116
131 Unter ihnen namhafte Architekten wie Charles Moore (Los Angeles) und Adolfo Natalini (Florenz)
132 Daß dieser historisierende Typus in der zweiten Hälfte der siebziger Jahre diskutiert wird, zeigt auf S. 132–138 die von Ungers in Berlin entwickelte „Urban Villa".
133 Der didaktische Charakter architektonischer Interventionen in historischen Kontexten ist eine Erscheinung der postmodernen Stadtreparatur. Als deren Manifest ist 1984 die später auf 1987 verschobene Internationale Bauausstellung in Westberlin vorgesehen, wo die Beteiligung prominenter Entwerfer an innerstädtischen Bauaufgaben gefördert wird.
134 Michael Mönninger ist 1986–1994 Redakteur für Architektur bei der FAZ. Mönnninger (1997) 96f
135 Deleuze (1992) 444–447
136 Jessop (2002) 8
137 Ebd. 89
138 Hoffmann (1990) 54
139 Ebd. 54
140 „Der Marsch durch die Institutionen hat auch die CDU erreicht", Jürgen Habermas im Gespräch mit Rainer Erd, in: Frankfurter Rundschau, 11. März 1988. Hoffmann (1990.1) 54
141 Zukin (1991) 202
142 Habermas (1981) 9
143 Prigge/Schwarz (1988) 236
144 Ebd. 235
145 Fredric Jameson paraphrasierend, spricht Rosalind Krauss in ihrem gleichnamigen Essay zur weltweiten Kanonisierung der amerikanischen Minimal Art von einer "Cultural Logic of the Late Capitalist Museum". Krauss (1997)
146 Eine Parallele ließe sich in der Arbeit der Regisseure des deutschen Autorenfilms erkennen. Deren kritische Subjektivität genießt ebenfalls eine verstärkte staatliche Förderung – und die Rezeption durch ein Publikum mit erhöhter Bereitschaft, kulturelle mit gesellschaftspolitischen Fragestellungen zu verknüpfen. Diese Voraussetzungen wären – wie die Frankfurter Kulturpolitik der achtziger Jahre – ohne den um 1968 einsetzenden Prozeß gesellschaftlicher Reflexivisierung nicht denkbar gewesen.
147 Brauerhoch (1991) 119
148 Dröge/Müller (1996)
149 Bis 1986 als Museum Ludwig nach Plänen von Busmann und Haberer errichtet, deshalb nicht identisch mit dem bis 2001 in der Altstadt nach Plänen von Ungers realisierten (ehemals in einem von Rudolf Schwarz untergebrachten) Wallraf-Richartz-Museum
150 Ungers in: Klotz (1977.1) 273
151 Ebd. 274

152 Ungers in: Klotz (1985.1) 112. Ungers ist Autor des kommentierten Werkverzeichnisses in der 1985 von Heinrich Klotz veröffentlichten ersten umfassenden Monographie.

153 Renzo Piano und Richard Rogers gewinnen 1971 den Wettbewerb, der Bau wird 1972–1977 ausgeführt.

154 Ungers in: Klotz (1977.1) 278

155 Ebd. 272

156 Dieser Einfluß schlägt sich noch stärker im Frühwerk von Aldo Rossi nieder, der Ungers' frühe Wohnbauten 1973 im Katalog der Mailänder Triennale als Zeugnisse einer „Architettura razionale" vorstellen wird. Rossi (1973)

157 Ungers in: Klotz (1977.1) 275

158 Spieker (1984) 174

159 Klotz (1977.1) 276ff

160 Schulze (1992) 191

161 Ebd.

162 Zu den ab 1977 unter der CDU-SPD-Koalition neu gegründeten beziehungsweise erweiterten Museen gehören: Deutsches Filmmuseum (Gründung 1978, Eröffnung 1984), Deutsches Architekturmuseum (Gründung 1979, Eröffnung 1984), Museum für Angewandte Kunst (Eröffnung Erweiterungsbau 1985), Schirn Kunsthalle (Wettbewerb Dom/Römerberg-Areal 1979, Eröffnung 1986), Kunsthalle Portikus (Eröffnung 1987), Jüdisches Museum (Eröffnung 1988), Archäologisches Museum (Eröffnung Erweiterungsbau 1988), Museum für Kommunikation (Erneuerung des Bundespostmuseums 1984–1990), Städelsches Kunstinstitut (Eröffnung Erweiterungsbau 1990), Museum für Moderne Kunst (Gründung 1981, Eröffnung 1991), Museum Judengasse (Eröffnung 1992).

163 Der Frankfurter Museumsentwicklungsplan liegt insofern früh vor, als der französische Staatspräsident François Mitterrand erst zwei Jahre später einen „Urbanisme Culturel" verkünden und damit Voraussetzungen für die Baumaßnahmen der „Grands Projets" in Paris schaffen wird. Wenngleich Mitterrands öffentliche Bauten auf spezifisch französische Traditionen in der Repräsentation staatlicher Macht verweisen, liegt ihnen ebenfalls die politische Absicht zugrunde, Kultur im Stadtraum mit emphatischen Gesten sichtbar zu machen.

164 Hoffmann (1987) 35

165 Dazu kann auch ein so umfangreiches Projekt wie die *IBA Emscher Park* gezählt werden, das ab 1989 im Bundesland Nordrhein-Westfalen – unter sozialdemokratischer Leitung – die planerische Auseinandersetzung mit den Folgen des Strukturwandels an die Thematisierung einer nun historischen Industriekultur knüpft.

166 Beck/Giddens/Lash (1994)

167 Prigge/Schwarz (1988) 236

168 Wallmann (2002) 118

169 Ebd. 118

170 Dieses Erbe wird von Walter Wallmann ebenfalls kritisiert: „Große Probleme hatten wir auch mit einer fehlenden, geordneten, überschaubaren Planung in und für Frankfurt. Die SPD hatte auch in diesem Fall die Bürger schlicht hinter das Licht geführt. Es gab in Frankfurt keinerlei Rechtssicherheit für die Stadtplanung. Es wurden keine Bebauungspläne, sondern sogenannte ‚Fingerpläne' beschlossen, die allerdings keinerlei Rechtsverbindlichkeit hatten ... Frankfurt war inzwischen die Stadt der Ausnahmege-

nehmigungen geworden. Im Westend ist das Ergebnis dieser Politik der sechziger und siebziger Jahre zu beobachten." Wallmann (2002) 118f

171 Harvey (1989) 298
172 Eisinger (2006) 116
173 Zukin (1991) 51
174 Hoffman-Axthelm (2000) 232
175 Baudrillard (1978.1)
176 Ebd. 59
177 Ebd. 79f
178 Wallmann (2002) 118
179 Bartsch/Thürwächter/Weber (Architekten des angrenzenden Technischen Rathauses und des unausgeführt gebliebenen Kulturzentrums), Alexander von Branca, Goldapp/ Klumpp, Hans Hollein, Jochem Jourdan, Oswald Mathias Ungers
180 Diese erste Stadterweiterung jenseits der karolingischen Pfalz und des Domstifts markiert den Aufstieg Frankfurts zu einem bedeutenden Fernhandelsplatz. Hier befand sich auch die Alte Börse. Den westlichen Teil eines durch den Abbruch eines Klosters entstandenen Areals besetzt die Paulskirche (1789–1833). Den Südrand des Paulsplatzes bildet die erst 1905 bei der Altstadtsanierung als Straßendurchbruch entstandene Braubachstraße.
181 1981 und 1983 erworbene Sammlungsbestände des Darmstädter Industriellen Karl Ströher (Kunst der Nachkriegszeit mit einem Schwerpunkt in der amerikanischen Pop Art) bilden den Grundstock des Frankfurter Museums für Moderne Kunst (MMK), das 1989 am Rand der Altstadt eröffnet wird. Weil der künftige Bauplatz des Museums nördlich des Doms noch durch Eigentumsverhältnisse blockiert ist, werden von den Teilnehmern des Ideenwettbewerbs auch Überlegungen für ein Szenario mit Museumsnutzung am Paulsplatz erwartet.
182 Als Korrekturmaßnahme an der aufgelockerten Stadt zeigt der Entwurf für den Paulsplatz Analogien zum städtebaulichen Wettbewerb Kulturforum, an dem Ungers im gleichen Jahr im Rahmen der Berliner IBA teilnimmt.
183 Ungers in: Klotz (1985.1) 227–229
184 Durth (1977) 164
185 Scharoun erhält im Wettbewerb von 1963 den dritten Preis. Müller-Raemisch (1996) 343
186 Durth (1977) 207
187 Bourdieu (1982)
188 Dröge/Müller (2005) 87
189 „The framework of the American urban context or landscape makes it as impressive to walk through Wall Street on Sunday as it would be to walk into a realization of one of Serlio's perspective drawings (or of some other Renaissance theoretician)." Rossi, in: Frampton (1979) 15
190 Ungers in: Klotz (1985.1) 227
191 Ungers in: Klotz (1985.1) 229
192 Für Ungers ist der Solitärbau nicht nur aufgrund seines klassizistischen Ursprungs, sondern auch seines weiteren architekturhistorischen Schicksals wegen bedeutend, lag doch der Wiederaufbau der Kriegsruine zum ‚Haus aller Deutschen' in den Händen des Kölner Kollegen Rudolf Schwarz (1897–1961). Seit Schwarz' Intervention tritt die geometrische Reinheit des Zentralbaus noch stärker hervor und verleiht – als archai-

sierende Geste der Sammlung – der geschichtlichen Bedeutung des Bauwerks Nachdruck. Ihre Neuinterpretation als repräsentativer Ort des deutschen Wiederaufbaus machen die Paulskirche zur Antithese der Berliner Kaiser-Wilhelm-Gedächtniskirche, wo Schwarz' Gegenspieler und zugleich Ungers' Lehrer Egon Eiermann wenige Jahre später Gelegenheit zu einer symbolträchtigen Intervention erhält, bei der es um die Ruine eines wilhelminischen Sakralbaus geht.

193 Ungers in: Klotz (1985.1) 229
194 Ungers in: Ebd. 229
195 Wallmann (2002) 99
196 Habermas (1987) 141
197 Kähler (1995)
198 Den 1987 ausgeschriebenen Projektwettbewerb gewinnt Aldo Rossi, doch wird das Projekt nach der Wiedervereinigung eingestellt, um nach dem Hauptstadtbeschluß von 1991 erneut aufgegriffen zu werden. Zum Sitz des Museums wird nun das Königliche Zeughaus von Andreas Schlüter Unter den Linden bestimmt, in dem zuvor das Historische Museum der DDR untergebracht war (Sanierung und Erweiterung bis 2006 nach Plänen von I.M. Pei).
199 Habermas (1987) 141
200 Ebd.
201 Ebd.
202 Habermas' zentraler Bezug ist hier der „Historikerstreit" von 1986, als im Zusammenhang mit der Thematisierung von Geschichte und Identität fallweise polemisch Fronten bezogen werden. Den Anstoß zur Debatte liefert die *Frankfurter Allgemeine Zeitung* mit der Veröffentlichung eines Artikels des rechtskonservativen Historikers Ernst Nolte („Vergangenheit, die nicht vergehen will", FAZ 6. Juni 1986). Noltes Versuch, einen Schlußstrich unter die Holocaust-Debatte zu ziehen, veranlaßt Jürgen Habermas zu seiner Replik („Eine Art Schadensabwicklung. Die apologetischen Tendenzen in der deutschen Zeitgeschichtsschreibung", *Die Zeit*, 11. Juli 1986). Habermas verteidigt hier die strukturellen Ansätze der Frankfurter Schule in der Diskussion um die Nazi-Zeit, worauf wiederum der Historiker, *FAZ*-Mitherausgeber und Hitler-Biograph Joachim Fest Stellung beziehen wird („Die geschuldete Erinnerung", FAZ, 29. August 1986).
203 Assmann/Frevert (1999) 140
204 Mitscherlich (1965), Mitscherlich, A./Mitscherlich, G. (1967)
205 Assmann/Frevert (1999) 145
206 Ebd.
207 Assmann (2006) 277
208 Ebd.
209 Salin (1960). *Urbanität* ist die Überarbeitung eines auf dem Deutschen Städtetag in Augsburg 1960 gehaltenen Referats.
210 Noch früher der Versuch von C.O. Jatho, in Anbetracht der Zerstörung großer Teile Kölns im Zweiten Weltkrieg Urbanität als eine rettende Orientierung darzustellen und dabei eine vormoderne Atmosphäre zu evozieren: Carl Oskar Jatho, Urbanität. Über die Wiederkehr der Stadt, Düsseldorf (1946).
211 Salin (1960) 327
212 Ebd. 328
213 Ebd.
214 Ebd., 327

215 1969, in Adornos Todesjahr, erscheint im (Frankfurter) Fischer Verlag nach längerer Weigerung beider Autoren, ihr Buch wiederzuveröffentlichen, die gemeinsam mit Max Horkheimer verfaßte *Dialektik der Aufklärung*. Horkheimer/Adorno (1969)
216 Eine Schlüsselrolle bei der Verbreitung der Positionen der Kritischen Theorie übernimmt ab 1950 der Suhrkamp-Verlag. Ab 1963 wechseln sich in der Taschenbuchreihe ‚Edition Suhrkamp‘ Belletristik und philosophische-sozialwissenschaftliche Theorie des linken Spektrums ab. In ihrer inhaltlichen Verklammerung von Theorie und Literatur tritt zugleich eine politische Dimension zutage. Da die von deutschen Autoren dominierte Edition seit den sechziger Jahren zunehmend auch Dissidenten aus der DDR aufnimmt, entwickelt sich die Reihe zur inoffiziellen Galerie der Nationalliteratur der geteilten Republik. Albrecht/Behrmann/Bock/Homann/Tenbruck (1999) 306ff.
217 Wallmann in: Prigge/Schwarz (1988) 224
218 Dem Institut für Sozialwissenschaften, dessen Gründung 1923 eine Schenkung des Frankfurter Kaufmanns Felix Weil ermöglichte, verleiht eine marxistisch geprägte Kulturintelligenz seine Prägung: Theodor Adorno, Herbert Marcuse, Erich Fromm, Friedrich Pollock, Leo Löwenthal. Nach der sukzessiven Rückkehr seiner Angehörigen aus dem amerikanischen Exil 1950 neu gegründet
219 Albrecht/Behrmann/Bock/Homann/Tenbruck (1999) 139
220 Seine erste Begegnung mit Klotz findet in Berlin anläßlich des 1974 vom Internationalen Design Zentrum durchgeführten Symposiums „Alt und Neu" statt. Cepl (2007) 324. Während Ungers sein berufliches Territorium neu absteckt, beginnt Klotz damit, das bisherige Werk publizistisch zu begleiten und wissenschaftlich zu bearbeiten. *Architektur der Bundesrepublik – Gespräche mit sechs Architekten* weist Ungers einen prominenten Platz zu, wobei sein Interview mit Klotz auch den Gründen für die damals mangelnde Rezeption seiner Arbeiten im westdeutschen Kontext nachgeht. Klotz (1977.1) 264–316.
221 http://www.dam-online.de/portal/de/Portrait/Start/0/0/0/0/1592.aspx [Zugriff 2.3.2011]
222 Charakteristisch ist die Ambition für ein Architekturmuseum, über die Klotz im Rückblick spricht: „ [...] die Idee eines Ausstellungs- und Sammlungsortes, den die Architektur ebenso nötig hätte wie ein Diskussionszentrum [...] ein Museum aktueller Auseinandersetzung [...], das gleichzeitig in historischen Rückblenden die Architekturgeschichte bis hin zu den Domen des Mittelalters und den griechischen Tempeln dem Publikum erklären sollte." Klotz (1999)
223 Ungers in: Klotz (1985.1) 160
224 Ungers in: Klotz (1977.1) 284
225 Ungers in: Klotz (1985.1) 159
226 Einsprachen verhindern die ursprüngliche Entwurfsabsicht, das implantierte Haus als Laterne den Dachfirst durchdringen zu lassen.
227 Ungers in: Klotz (1985.1) 161
228 Ungers (1983) 55ff
229 Hier ist auch die Lehrstuhl-Exkursion nach Moskau von 1966 zu erwähnen.
230 Klotz/Krase (1985) 23
231 Magali Sarfatti Larson weist darauf hin, daß die 1932 vom Museum of Modern Art realisierte Ausstellung *The International Style* die europäische Moderne von ihrem gesellschaftlichen und politischen Programm befreit und somit eine neue Rezeption vorgegeben habe: „aesthetics and social purpose remained divorced. " Sarfatti Larson (1993) 74.

Bemerkenswert ist, daß Klotz selbst 1987 als möglicher Leiter der Abteilung Architektur und Design am MOMA im Gespräch ist. Er wird 1988 als Gründungsdirektor an das Zentrum für Kunst und Medientechnologie in Karlsruhe (ZKM) wechseln

232 Ungers (1983) 125

233 Ungers in Klotz (1985.1) 125

234 Ungers, in: Ebd. 161

235 Ebd.

236 Bourdieu (1970) 105, 124

237 Klotz/Krase (1985) 16

238 Klotz (1984)

239 Klotz (1987) 312. Als ZKM-Direktor bemüht sich Klotz – erfolglos – um einen Entwurf, den OMA 1989 für den Sitz der neuen Institution in Karlsruhe vorlegt.

240 Darunter: *Architektur im Widerspruch. Bauen in den USA von Mies van der Rohe bis Andy Warhol* (Klotz/Cook 1974), *Architektur in der Bundesrepublik. Gespräche mit sechs Architekten* (Klotz 1977.1), *Die röhrenden Hirsche in der Architektur: Kitsch in der modernen Baukunst* (Klotz 1977.2), *Gestaltung einer neuen Umwelt: kritische Essays zur Architektur der Gegenwart* (Klotz 1978)

241 Ungers (1977) 170

242 Cepl (2007) 317

243 Wenngleich als Unternehmen im Besitz der öffentlichen Hand (Stadt Frankfurt: 60 Prozent, Land Hessen: 40 Prozent), hat die Messe gewerblichen Charakter.

244 Ungers in: Klotz (1985.1) 200

245 In der bepflanzten Treppenfigur lassen sich aber auch indirekte Referenzen zur Architektur des deutschen Expressionismus und zum Motiv des ‚Stufenbergs‘ sehen, wie es im Werk des Poelzig-Schülers Rudolf Schwarz weiterwirkt.

246 Klotz (1985.1) 194

247 „Selbst reine Ingenieur-Bauwerke kann man nicht nur technischen Zwängen und Forderungen überlassen. Sie brauchen – mehr noch als andere Bauten, die nach Programm und Funktionen differenziert sind – neben klar ablesbaren Gliederungen eine gestalterische Ordnung." Klotz (1985.1) 194

248 Dem Londoner Kristallpalast widmet der Lehrstuhl Ungers auch die siebte seiner *Veröffentlichungen zur Architektur*. VzA (1967.2)

249 Augé (2000)

250 Koolhaas (2004)

251 Ungers in: Klotz (1985.1) 194

252 „Der Hochhausteil besteht, typologisch gesehen, aus zwei ineinandergestellten Baukörpern, einem inneren Glashaus und einem äußeren Steinhaus. Zusammen erscheinen beide Häuser als ein großes Tor oder ein überdimensioniertes Fenster." Ungers in: Klotz (1985.1) 248

253 Der untere Kernbereich des Schafts ist in den ersten Entwurfsfassungen tatsächlich Außenraum und damit ein ‚Tor‘.

254 Ungers spricht gar von einer „bewußten Kollision" mit dem Bahnkörper, der den Planungsperimeter durchschneidet. (Klotz 1977.1) 278

255 VzA (1969.4)

256 VzA (1968.5, 1969.2, 1969.3)

257 Ungers, L./Ungers, O. M. (1970)

258 Diese Fernwirkung hat allerdings nur bis 1991 Bestand, als der eigentliche Messeturm, Helmut Jahns „Campanile" (seinerzeit das höchste Gebäude Europas), vollendet wird.

259 So etwa polemisch-karikierende Kommentare wie Michael Graves' Public Service Building in Portland (1982), Philip Johnsons AT&T Tower in Manhattan (1984), aber schon die Untersuchung der Hochhausarchitektur zwischen Historismus und Art Déco in *Delirious New York*, dessen Anhang zudem frühe Hochhaus-Studien von OMA enthält (Hotel Sphinx und Welfare Island Hotel). Koolhaas *(1978)*

260 Ungers (1983) 10

261 Klotz (1985.1) 248

262 Ungers (1985.1)

263 http://www.messefrankfurt.com/frankfurt/de/messe/messegelaende/design_architektur.html [Zugriff 7.3.2011]

264 Nicht nur motivisch erscheint hier eine Analogie zum Londoner Kristallpalast, sondern auch im übertragenen Sinn: Während Paxton seine Großform der existierenden Parklandschaft im Londoner Hyde Park überstülpt, landet Ungers' Glastonne in einer urbanen Landschaft, die aus generischen Zweckbauten besteht.

265 Diesen Zustand beschreibt Jameson als „latest mutation in space – postmodern hyperspace – [which] has finally succeeded in transcending the capacities of the individual human body to locate itself, to organize its immediate surroundings perceptually [...] that even sharper dilemma which is the incapacity of our minds, at least at present, to map the great global multinational and decentered communicational network in which we find ourselves caught as individual subjects." Jameson (1991) 44

266 Ebd. 39f

267 Ebd. 39

268 Oswald Mathias Ungers: *City Metaphors;* in: *Man transForms*; Hrsg. Hans Hollein, New York 1976
Oswald Mathias Ungers, Rem Koolhaas, Peter Riemann, Hans Kollhoff. Arthur Ovaska: *Die Stadt in der Stadt. Berlin, das grüne Stadtarchipel. Ein stadträumliches Planungskonzept für die zukünftige Entwicklung Berlins*, Köln 1977
Oswald Mathias Ungers, Rem Koolhaas, Peter Riemann, Hans Kollhoff, Arthur Ovaska: *Cities within the City*, in: *The urban Block*, Lotus 19/1978
Oswald Mathias Ungers: *Architecture of the collective Memory. The infinite Catalogue of urban Forms*, in: *Unity and Fragments*, Lotus 24/1979
Oswald Mathias Ungers: *Für eine visionäre Architektur der Erinnerung*, in: Werk-Archithese 25–27/1979

269 Koolhaas (2006) 68

270 Klotz (1985.1) 105

271 „Die Stadt wird von den gleichen Bildungsgesetzen beherrscht wie das einzelne Haus, aus dessen Summierung sie sich zusammensetzt. In der Struktur des Hauses liegt gleichzeitig die Struktur der Stadt begründet." Ungers (1963.1) 281

272 Als Hauptfragen thematisiert Ungers in seinen Museumsbau-Vorlesungen Komposition und Raumerlebnis. So finden sich unter den Vorlesungen Titel wie „Einräumige, richtungslose Bauten, Einräumige Gebilde mit einem bestimmten Umraum, Mehrräumige Gebilde in gleichwertiger Anordnung, Einfach und komplex zusammengesetzte Anlagen." Ungers (2006.1) 20–120

273 Bei der Entwurfsübung handelt es sich zugleich um einen an der Architekturfakultät der TU Berlin ausgeschriebenen Wettbewerb für ein Architekturmuseum. Auf diesem

Grundstück entsteht 1976–1979 nach Plänen des 1969 verstorbenen von Walter Gropius das Bauhaus-Archiv.

274 Reissingers Diplomarbeit ist mit einer 1967 am Lehrstuhl durchgeführten und daselbst veröffentlichten Studie zum öffentlichen Raum in der Städtebaugeschichte von Berlin verknüpft. VzA (1967.3)

275 Rem Koolhaas beschreibt die Spannung zwischen „extravagantem Romantizismus" und „strenger Präzision" der Entwurfsarbeiten am Lehrstuhl Ungers und erwähnt dabei auch Reissingers Entwurf für den Leipziger Platz. Koolhaas beschreibt den tiefen Eindruck, den 1971 die Veröffentlichungen zur Architektur auf ihn machen und die seine erste Begegnung mit Ungers sind. Koolhaas (2006) 68

276 Ungers/Kollhoff/Ovaska (1977), Ungers/Koolhaas/Riemann/Kollhoff/Ovaska (1977), Ungers/Koolhaas/Riemann/Kollhoff/Ovaska (1978), Ungers/Goehner/Ovaska/Kollhoff (1978), Ungers/Kollhoff/Ovaska (1979)

277 Ein in Zusammenhang mit dem städtebaulichen Wettbewerb für Welfare Island (1975) sowie Koolhaas' eigener Forschung für *Delirious New York* (1978) zu sehendes Thema. Ungers/Goehner/Kollhoff/Ovaska (1978)

278 4. Ring für Berlin-Lichterfelde. Der von Rem Koolhaas unterstützte Ungers erhält in diesem unausgeführt gebliebenen Wettbewerb den ersten Preis. Den Jury-Vorsitz hat der zur ersten Generation der Ungers-Schüler gehörende ehemalige Mitarbeiter Jürgen Sawade.

279 „The Multi-family Housing type", in: Ungers/Kollhoff/Ovaska (1977)

280 So etwa *Großformen im Wohnungsbau*, VzA (1966.3), *Wohnungssysteme in Stahl*, VzA (1968.2); *Wohnungssysteme in Großtafeln*, VzA (1968.6); *Wohnungssysteme in Raumzellen*, VzA (1969.5); *Die Wiener Superblocks*, VzA (1969.1). 1983 veröffentlicht Liselotte Ungers eine Publikation zum Arbeiterwohnungsbau der Zwischenkriegszeit, die auch den seinerzeitigen Zustand der Anlagen analysiert. Ungers, L. (1983)

281 Die Stadtvilla bezeichnet Grassi gar als „typologisches Absurdum".Grassi (2001) 283

282 „Not only is the influence of new ideas and innovations completely lacking with big corporations, but also the individualization and democratization of the housing market.", in: Ungers/Kollhoff/Ovaska (1977) Punkt3.9. (unpag.) Punkt3.9. (unpag.). Ungers' Kritik dürfte hier auch jüngere Erfahrungen mit dem geförderten Wohnungsbau reflektieren, so sein nichtausgeführtes Siegerprojekt in Berlin-Lichterfelde (1974) sowie der Konkurs der Behörde, die in New York den Wettbewerb für Welfare Island (heute: Roosevelt Island) ausgelobt hatte (1975).

283 „A Prototype for Inner City Residence", in: Ungers/Kollhoff/Ovaska (1977) unpag.

284 Ebd. Punkt 3.9, (unpag.)

285 VzA (1969.2)

286 Die Lehrstuhl-Mitarbeiter Hans Kollhoff und Arthur Ovaska gründen im Anschluß an die Sommerakademie in Berlin ein Büro und verarbeiten bei ihren IBA-Wohnungsbauprojekten die mit Ungers gemachten Erfahrungen.

287 So die Vorankündigung: „The tentative theme for the Summer Academy 1978 will be: Art and Architecture in the Public Space." Ungers/Kollhoff/Ovaska (1977), Vorwort (unpag.)

288 1978 wird die Sommerakademie erneut von einer Vortragsserie begleitet, in der u.a. folgende Referenten sprechen: Raimund Abraham Aymonino, Bazon Brock, Lucius Burckhardt, Peter Cook, Peter Eisenman, Antoine Grumbach, Haus Rucker Co. (Laurids & Manfred Ortner, Günther Zamp Kelp), Heinrich Klotz, Rem Koolhaas, Bernard

Lassus, Alfred Lorenzer, Eduardo Paolozzi, Ettore Sottsass, Anthony Vidler, Stefan Wewerka, James Wines (Site)

289 Ungers/Kollhoff/Ovaska (1979)

290 „International architects and planners should be invited to stay for long periods in Berlin to work on these projects." Ungers/Koolhaas/Riemann/Kollhoff/Ovaska (1978) 97

291 Am Internationalen Design Zentrum Berlin mit Teilnehmern wie Alison und Peter Smithson, Aldo Rossi, Denise Scott Brown, Robert Venturi, Charles Moore, Vittorio Gregotti, James Stirling und Ungers

292 Ungers (2006.2) 176

293 Indem die IBA unterschiedliche Stadtteile als städtebauliche Demonstrationsgebiete ausweist, unterscheidet sich ihr Zuschnitt von bisherigen Berliner Wohnbauausstellungen, die wie 1931 die Deutsche Bauausstellung im Messegelände oder 1957 die Interbau im Hansaviertel jeweils auf isolierte Areale oder einzelne Stadtgebiete begrenzt waren.

294 Cepl (2007) 375

295 Ab 1984 werden hier Stadtvillen u.a. von Aldo Rossi, Giorgio Grassi, Klaus-Theo Brenner und Benedict Tonon, Rob Krier und Hans Hollein errichtet, während Ungers in unmittelbarer Nähe am Lützowplatz einen mit Stadtvillen versetzten Wohnriegel realisiert.

296 Klotz (1977.1) 270

297 „Mit dem Planungsansatz der Stadt als Folie soll ein Instrument und zugleich ein Vokabular geschaffen werden, mit dem das chaotische Konglomerat der aktuellen Stadt – bei Beibehaltung und wenn möglich Erweiterung eines hohen Komplexitätsgrades – in eine geordnete, überschaubare Struktur verwandelt werden kann. Die Methode soll darüber hinaus den diskursiven Charakter der Stadt herausstellen, indem durch das Aufstellen von Hypothesen und deren Überprüfung in einer experimentellen Arbeitsweise die Entwicklung der Stadt in planerisch geordnete Bahnen gelenkt und fortgeschrieben werden kann." Ungers/Vieths (1999) 19f

298 Hannemann/Sewing (1998) 76

299 Dieter Hoffmann-Axthelm in: Der Architekt 7/97, zit. in Sewing (2003.3) 121

300 Ebd. 72

301 „If Bologna has been a reference point in these years for the policy of European historic centres, West Berlin will probably be so, too, as regards the improvements of its nineteenth century urban fabric", zit. Nach „The urban Block" (Editorial), in: Lotus 19/1978, 4

302 Hannemann/Sewing (1998) 73

303 Die Rede ist von der Krise und dem drohenden Abbruch der IBA beim Wechsel der Senats von SPD zu CDU, da sich die 1981 gewählte CDU-Regierung mit der Innovation im Städtebau vorerst nicht identifiziert und sich von der in ökonomische Schwierigkeiten geratenen IBA GmbH distanziert.

304 1983 stimmt das Berliner Abgeordnetenhaus den „12 Punkten der behutsamen Stadterneuerung" zu, wodurch die Abrißpolitik offiziell beendet und die von der IBA angeregte Idee der „Innenstadt als Wohnort" zur politischen Realität wird.

305 Erst jüngeren Datums ist die Beauftragung von Büros wie Kohn Pederson Fox, Helmut Jahn, Norman Foster.

306 Der Stadtstaat Frankfurt wird erst 1866 von Preußen annektiert.

307 Die Schaffung des Kulturforums am Kemperplatz in den sechziger Jahren muß im Zusammenhang mit dem Wiederaufbau und der politischen Teilung der Stadt gesehen

werden, so auch die Rehabilitation von Mies van der Rohe, der mit der Neuen Nationalgalerie den ersten Auftrag seit der Emigration aus Deutschland im Kulturforum erhält.

308 Hannemann/Sewing (1998) 70
309 So etwa im Gespräch mit Hanno Rauterberg über die Reaktionen auf die fertiggestellte
1994 Residenz des deutschen Botschafters in Washington D.C.: „War doch nur Hetze.
Da ging es nicht um Architektur. [...] Uns ging es nur um die Form." in: http//www.
zeit.de/2006/28/Ungers
310 Ungers (1999.1) 29
311 „Ich wollte auch nicht mehr bauen, weil ich mich zu stark den Manipultionen der Institutionen ausgesetzt sah." Ungers in Klotz (1977.1) 303
312 Aureli (2008.2) 108
313 Ebd. 119
314 Ebd. 119
315 Ebd. 108, 118
316 Ungers/Neumeyer (1991) 7
317 Einführung, Ungers/Kollhoff/Ovaska (1977) unpag.
318 Ebd.
319 Ungers in: Klotz (1977.1) 272
320 Ungers (1983) 125
321 „ ... the concept of architecture as an environment or, as one could also put it, the urban
characteristics of architecture [...] the object-character of architecture can be dimi-
nished ..." O.M. Ungers, „Planning Criteria", Lotus 11/1976, 14
322 „ ... an urban element which is conditioned to incorporate environmental functions. This
kind of architecture as an environment can become a street, a bridge, a plateau, a wall, a
hole in the ground, a plaza, a stair, a terrace, a pedestrian-system, a roof." O.M. Ungers,
„Planning Criteria", Lotus 11/1976, 14
323 Klotz (1977.1) 272
324 Ungers thematisiert Umwelt damals auch unmittelbar als Frage der ökologischen Ressourcen, als er 1979 einen Entwurf für ein Solar-Wohnhaus in Landstuhl verfaßt.
325 Klotz (1978) 8
326 Oechslin (1992) 78
327 Pevsner (1960) 757–764
328 Ungers (2009) 61
329 Cepl (2008) 115
330 Ungers (1963.2)
331 Cepl (2007) 150
332 Cepl (2007) 68
333 „Zu einer neuen Architektur". Der Text erscheint im Dezember 1962 in der Kulturzeit-
schrift *Der Monat*, bevor er 1964 Eingang in Ulrich Conrads'Anthologie *Programme
und Manifeste zur Architektur des 20. Jahrhunderts* findet. Ungers/Gieselmann (1964)
159
334 Schwarz (1957) 150–156
335 „Was ist Architektur?", in: Ungers (2006.1) 15
336 Schweizer (1957)
337 „Every period has the impulse to create symbols in the form of monuments, which,
according to the Latin meanig are ‚things that remind', things to be transmitted to later

generations. This demand for monumentality cannot, in the long run, be suppressed. It will find an outlet at all costs." Giedion (1958.1) 28

338 Nach der Auflösung des CIAM im Anschluß an den Kongreß von Otterlo (1959) trifft sich die Team-Ten-Gruppe bis 1981 weiterhin. Ungers lädt Mitglieder wiederholt an die TU zu Präsentationen ein (desgleichen später in Cornell, wo verschiedene Mitglieder die von ihm geleitete Architekturabteilung zu Entwurfskritiken und zur Durchführung kompakter *teach in*-Seminare besuchen). Den Kongreßbericht des 1965 an der Berliner Akademie der Künste stattfindenden Treffens des Team Ten weiß Ungers als Publikation seines Lehrstuhls zu veröffentlichen, VzA (1966.2). Alison und Peter Smithson, Mitglieder des Team Ten, beteiligen sich 1966 und 1968 am Inhalt weiterer Publikation der Reihe: *Without Rhetoric*, VzA (1966.1), *Mies van de Rohe*, VzA (1968.4). Ungers' – informelle – Zugehörigkeit zum Team Ten wird heruntergespielt, als die historische Kontextualisierung seines Werkes in den achtziger Jahren einsetzt – vor allem in der durch ihn als Autor betriebenen nachträglichen Theoretisierung seiner entwerferischen Ansätze, doch auch durch das Interesse von Autoren wie Fritz Neumeyer (1991) sowie Anja Sieber-Albers und Martin Kieren (1999). Eine differenzierte Sicht auf die lange Beziehung zwischen Ungers und den Mitgliedern des Team Ten, insbesondere den ebenfalls in Berlin aktiven Shadrach Woods, legt erst Jasper Cepls *Intellektuelle Biographie* vor. Cepl (2007) 192–195

339 Lynch (1960). In deutscher Übersetzung bereits 1965 vorliegend, kann Lynchs *Das Bild der Stadt* (Lynch 1965) als Fortsetzung der Debatte um Otto Ernst Schweizers *Großform* gesehen werden. Schweizer (1957)

339b Lynch (1960) 101

340 Ungers (1983) 125

341 Ungers/Gieselmann (1964) 159

342 VzA (1969.1)

343 Die Modulation architektonischer Form bestimmt auch die Cluster-Grundrißtypologien des Märkischen Viertels oder das allgegenwärtige Quadratraster, in dem Ungers später unfreiwillig sein Markenzeichen erhält.

344 Ungers spricht im Gespräch mit Rem Koolhaas vom „retrospective manifesto": „Glienicke was practically the textbook for my theoretical work in Berlin." Ungers (2009) 77

345 Unmittelbar mit Schinkels Werk wird Ungers bereits nach der Verlagerung seiner Tätigkeit nach Berlin 1963 konfrontiert. Als Architekt des kanonischen Alten Museums in Berlin ist Schinkel nicht nur im Rahmen von Ungers' Beschäftigung mit der Bauaufgabe Museum wichtig. Der über Schinkel entstehende Zugang zu Architektur, Architekturtheorie und Metaphorik des frühen 19. Jahrhunderts wird mittelfristig Ungers' Entwicklung beeinflussen. Mitte der sechziger Jahre fungieren Schinkel und die Architektur des 19. Jahrhunderts hauptsächlich als Gegenpol zum deutschen Expressionismus, mit dem sich Ungers in den frühen sechziger Jahren intensiv auseinandergesetzt und auch entwerferisch identifiziert hatte.

346 Ungers (1979.2) 9f

347 VzA (1969.4)

348 Ungers (1983) 10

349 So der gleichnamige Titel des Buches des Zürcher Architekten Rolf Keller. Keller (1973)

350 Aureli (2008) 15–21

351 Ungers in: Klotz (1985.1) 105

352 Ebd.

353 Basierend auf den Straßenblocks von Manhattan beziehungsweise der unter Ungers in Cornell begonnenen *Master Thesis.* Koolhaas (1978)

354 „Was in der englischen, amerikanischen, aber auch in der italienischen Architektur mitschwingt, nämlich der Verfremdungseffekt, die Tendenz, [...] den praktischen Ernst der Realität im Spiel aufzulösen, das stößt hier auf Ablehnung." Klotz (1977.1) 272

355 Unter Eisenman als Direktor (1967–1982) publiziert das IAUS in New York einen Katalog mit Ungers' seinerzeit jüngsten Projekten sowie einer Einführung von Kenneth Frampton: „O. M. Ungers: Works in Progress". Frampton (1981)

356 Ungers (1976.2) 105

357 Ebd.

358 Vgl. die Einführung „Multi-Family Dwelling Type" in Ungers/Kollhoff/Ovaska (1977)

359 Ungers (1979.1) 5

360 Ungers (1983) 125

361 Ungers in: Klotz (1985.1) 35f

362 Rowe/Koetter (1984)

363 Hardt/Negri (2000)

364 Hasse (1998)

365 Dröge/Müller (2005) 88

366 Kuhnert/Neitzke (1980) 10ff

367 Ungers (1963.2), Ungers/Gieselmann (1964)

368 Sewing (2003) 29

369 „[…]vedere tutto questo come problema architettonico." Rossi (1973) 20

370 „In der Ausstellung wurde versucht, besonders das gestalterische Moment der Architektur hervorzuheben: Dabei wurde gerade der autonome Wert des architektonischen Entwurfs als eigenes Produkt berücksichtigt." Rossi (1973) 20

371 In diesem Kontext ist Ungers' Bedeutung als Vermittler nicht zu unterschätzen, wie insbesondere die 27 bis 1969 veröffentlichten Lehrstuhlpublikationen zeigen. In den *Veröffentlichungen zur Architektur* werden auch gezielt Positionen von Zeitgenossen verbreitet und Diskursgemeinschaften ausgebaut, die, wie im Fall des Team Ten, den westdeutschen Raum überschreiten.

372 An der TU Berlin bereits 1969 vollzogen, als es zur Aufteilung der Fakultät auf einen Fachbereich für Gesellschafts- und Planungswissenschaften, einen Fachbereich für Umwelttechnik sowie einen Fachbereich für Bauplanung und Fertigung kommt.

373 1975 hat Ungers' Beitrag zum städtebaulichen Wettbewerb für Welfare Island eher den Charakter einer akademischen Replik auf den Raster von Manhattan als einer vertieften Auseinandersetzung mit den Problemen der amerikanischen Städte.

374 Ihre Quintessenz ist die *Thematisierung der Architektur.* Ungers (1983)

375 Ungers (1979.2) 5

376 Für die umfangreiche Bibliothek und als persönliches Studiolo errichtet er 1989 den ‚Kubusbau' als Anbau an sein Wohn- und Bürohaus von 1959.

377 Bideau (1998)

378 Programmatisch hier Rossis *Wissenschaftliche Selbstbiographie* von 1981, deren deutsche Übersetzung sein ehemaliger Zürcher Student Heinrich Helfenstein besorgt. Rossi (1988)

379 Darunter figurieren Ricardo Bofill, Frank Gehry, Hans Hollein, Arata Isozaki, OMA, Christian de Portzamparc, Franco Purini, Venturi Scott Brown. Portoghesi (1980.1)

380 Frampton (1981). Klotz betont noch Mitte der achtziger Jahre, daß die *New York Five* sowohl Ungers als auch Rossi zum engeren Kreis ihrer Sympathisanten in Europa zählten. Klotz (1987) 315

381 Martina Düttmann in: Burkhardt (1979) 7

382 Sontag (1966), Jencks (1973) 218

383 Anonymer Teilnehmer an einem Podiumsgespräch mit Ungers in Stuttgart. Ungers (1982) 132

384 Habermas (1990) 70

385 Ebd. 32

386 Ebd. 47

387 Ebd. 51

388 Ebd. 49

389 Ebd. 51

390 Harvey (1989); Esser/Steinert (1991); Lash (1990); Lash/Urry (1994); Urry (1995); Hardt/Negri (2000)

391 Niethammer (2000) 480

392 Besonders die von Alexander Mitscherlich entwickelten Ansätze. Ebd. 59

393 Lefebvre (1972) 184

394 Prigge/Schwarz (1988) 234

395 Ebd. 233

396 Prigge (1991) 109

397 Zukin (1995) 265

398 Ebd. 279f

399 Klotz (1984)

400 „Die Existenz sanktionierter Produkte und eines ganzen Systems von Regeln, das die Form des sakramentalen Zugangs festlegt, setzt eine Institution voraus, deren Aufgabe sich nicht nur auf Vermittlung und Verbreitung, sondern auch auf Legitimation richtet." Bourdieu (1970) 106

401 Ungers, L./Ungers, O.M. (1970) 36

402 Sieverts/Volwahsen (1977) 323

403 Lynch (1960) 9

404 Ebd. 120

405 Habermas (1990) 70

406 Ebd. 73f

407 Häussermann/Siebel (1993)

408 Häussermann/Siebel (1987) 214

409 Ebd. 210

410 Bohrer (1998)

411 Der Essay bildet ein Kapitel innerhalb der gemeinsam mit Max Horkheimer verfaßten *Dialektik der Aufklärung*, die 1944 auszugsweise unter dem Titel *Philosphische Fragmente* im amerikanischen Exil erstmals veröffentlicht wird und als ein Hauptwerk der kritischen Theorie gilt. Horkheimer/Adorno (1969)

412 Klaus Harpprecht in: Der Spiegel: http://www.spiegel.de/spiegel/print/d-8670730.html

413 So die Einleitung zu Ungers' 1991 veröffentlichter Monographie, in der Fritz Neumeyer mit dem Begriff der „unbedingten Architektur" eine charakteristische Exegese

vornimmt: „Die Wiedergewinnung künstlerischer Autonomie und die Selbstbestimmung des Architektonischen bilden das Orientierungszentrum einer Architektur, die unter dem Postulat des Zurückholens der Baukunst in den geistigen Verantwortungsbereich des Architekten angetreten ist." Ungers/Neumeyer (1991) 7

414 Norberg-Schulz (1980.1). Norberg Schulz' Beitrag im Katalog der (ersten) Architekturbiennale Venedig trägt 1980 den programmatischen Titel „Towards an authentic Architecture". Norberg-Schulz (1980.2) 21–29

415 „A ‚contextual' building ‚belongs' to its context in some sense. But what is the context in this new cross-border strategic geography for global capital? […] the local now transacts directly with the global – the global installs itself in locals, and the global is itself constituted through a multiplicity of locals." Sassen (1999) 121

Literaturverzeichnis

Adorno (1967) Theodor W. Adorno, Funktionalismus heute, in: ders., Ohne Leitbild. Parva Aesthetica, Frankfurt am Main 1967

Adorno (1999) Theodor W. Adorno, Funktionalismus heute, in: Theorien der Gestaltung, hg. von Volker Fischer, Anne Hamilton, Frankfurt am Main 1999

Albers/Kieren (1999) Anja Sieber-Albers, Martin Kieren (Hg.), Betrachtungen zum Werk von O. M. Ungers, Köln 1999

Albrecht/Behrmann/Bock/Homann/Tenbruck (1999) Clemens Albrecht, Günter Behrmann, Michael Bock, Harald Homann, Friedrich Tenbruck, Die intellektuelle Gründung der Bundesrepublik. Eine Wirkungsgeschichte der Frankfurter Schule, Frankfurt am Main 1999

Arrighi (1994) Giovanni Arrighi, The Long Twentieth Century. Money, Power, and the Origins of Our Times, London 1994

Assmann/Frevert (1999) Aleida Assmann, Ute Frevert, Geschichtsversessenheit: Vom Umgang mit deutschen Vergangenheiten nach 1945, Stuttgart 1999

Assmann (2006) Aleida Assmann, Der lange Schatten der Vergangenheit. Erinnerungskultur und Geschichtspolitik, München 2006

Augé (2000) Marc Augé, Orte und Nicht-Orte der Stadt, in: Stadt und Kommunikation im digitalen Zeitalter, hg. von Helmut Bott, Christoph Hubig, Franz Pesch, Gerhart Schröder, Stuttgart 2000

Aureli (2008.1) Pier Vittorio Aureli, The Project of Autonomy. Politics and Architecture within and against Capitalism, New York 2008

Aureli (2008.2) Pier Vittorio Aureli, Toward the Archipelago, in: Log 11/2008

Bachelard (1960) Gaston Bachelard, Poetik des Raumes, München 1960

Bahrdt (1975) Hans Paul Bahrdt, Umwelterfahrung. Soziologische Betrachtungen über den Beitrag des Subjekts zur Konstitution von Umwelt, München 1974.

Balser (1994) Frolinde Balser, Regionalstadt-Idee, in: Region (Die Zukunft des Städtischen/ Frankfurter Beiträge, Band 5), hg. von Martin Wentz, Frankfurt am Main 1994

Bartetzko (1992) Dieter Bartetzko, Ein Symbol der Republik. Geschichte und Gestalt der Frankfurter Paulskirche, in: Architektur und Demokratie. Bauen für die Politik von der amerikanischen Revolution bis zur Gegenwart, hg. von Ingeborg Flagge, Wolfgang Jean-Stock, Stuttgart 1992

Baudrillard (1978.1) Jean Baudrillard, Kool Killer oder Der Aufstand der Zeichen, Köln 1978

Baudrillard (1978.2) Jean Baudrillard, Der Beaubourg-Effekt – Implosion und Dissuasion, in: Kool Killer oder Der Aufstand der Zeichen, Köln 1978

Beck (1986) Ulrich Beck, Risikogesellschaft: Auf dem Weg in eine andere Moderne, Frankfurt am Main 1986

Beck/Giddens/Lash (1994) Scott Lash, Reflexivity and its Doubles: Structure, Aesthetics,Community, in: Reflexive Modernization. Politics, Tradition and Aesthetics in the Modern Social Order, hg. von Ulrich Beck, Anthony Giddens, Scott Lash, Cambridge 1994

Bell (1974) Daniel Bell, The Coming of Post-Industrial Society. A Venture in Social Forecasting, London 1974

Georges Benko/Lipietz (2000) Georges Benko, Alain Lipietz, Géographie socio-économique ou économie géographique?, in: La richesse des régions, G.Benko/A.Lipietz (Hg.), Paris 2000

Beyme (1992) Klaus von Beyme, Frankfurt am Main. Stadt mit Höhendrang, in: Neue Städte aus Ruinen. Deutscher Städtebau der Nachkriegszeit, hg. von Klaus v.beyme, Werner Durth, Niels Gutschow, Winfried Nerdinger, Thomas Topfstedt, München 1992

Bideau (1996) André Bideau, Koolhaas' Katharsis, in: Werk, Bauen+Wohnen 5/1996

Bideau (1998), André Bideau, Viele Mythen, ein Maestro. Eine Umfrage zur ZürcherLehrtätigkeit von Also Rossi, in: Werk, Bauen+Wohnen 1–2/1998

Blaschko/Dick (1990) Horst Blaschko, Beatrice Dick, Planung ohne Urbanität oder Urbanität ohne Planung, in: Urbane Zeiten – Lebensstilentwürfe und Kulturwandel in einer Stadtregion, hg. von H.Schilling, Frankfurt am Main 1990

Bodenschatz (1992) Harald Bodenschatz, Berlin West: Abschied von der „steinernen Stadt", in: Neue Städte aus Ruinen. Deutscher Städtebau der Nachkriegszeit, hg. von Klaus v. Beyme, Werner Durth, Niels Gutschow, Winfried Nerdinger, Thomas Topfstedt, München 1992

Boeddinghaus (1995) Gerhard Boeddinghaus (Hg.), Gesellschaft durch Dichte. Kritische Initiativen zu einem neuen Leitbild für Planung und Städtebau 1963/1964, Braunschweig/Wiesbaden 1995

Bohlender (2005) Matthias Bohlender, Die historische Wette des Liberalismus. Die Geburt der sozialen Marktwirtschaft, in: Ästhetik & Kommunikation, Nr.129/130, 2005

Böhme (1998) Gernot Böhme, Die Atmosphäre einer Stadt, in: Gerda Breuer (Hg.), Neue Stadträume zwischen Musealisierung, Medialisierung und Gestaltlosigkeit, Frankfurt am Main 1998

Bohrer (1998) Karl Heinz Bohrer: Hat die Postmoderne den historischen Ironieverlust der Moderne aufgeholt?, in: Merkur 9–10/1998

Bourdieu (1970) Pierre Bourdieu, Zur Soziologie der symbolischen Formen, Frankfurt am Main 1970

Bourdieu (1982) Pierre Bourdieu, Die feinen Unterschiede. Kritik der gesellschaftlichen Urteilskraft, Frankfurt am Main 1982

Bourdieu (1988) Pierre Bourdieu, Homo Academicus, Frankfurt am Main 1988

Bourdieu (1998) Pierre Bourdieu, Ortseffekte, in: Kultur in der Stadt. Stadtsoziologische Analysen zur Kultur, hg. von Volker Kirchberg, Albrecht Göschel, Opladen 1998

Boyer (1994) M. Christine Boyer, The City of Collective Memory. Its Historical Imagery and Architectural Entertainments, Cambridge 1994

Brauerhoch (1991) Franz-Olaf Brauerhoch, Das Prinzip Museum. Wechselwirkungen zwischen Institution und Kulturpolitik, in: Frankfurt am Main – Stadt Soziologie und Kultur, hg. von Franz-Olaf Brauerhoch, Frankfurt am Main 1991

Breuer (1998) Gerda Breuer, Die Straße als Historien-Bild. Vom Prozess der Musealisierung des Städtischen, in: dies. (Hg.), Neue Stadträume zwischen Musealisierung, Medialisierung und Gestaltlosigkeit, Frankfurt am Main 1998

BDA/Frankfurt (1977) Bund Deutscher Architekten in Zusammenarbeit mit der Stadt Frankfurt am Main (Hg.), Bauen in Frankfurt seit 1900, Frankfurt am Main 1977

Burkhardt (1979) François Burkhardt (Hg.), 5 Architekten zeichnen für Berlin. Ergebnis des IDZ-Symposiums Stadtstruktur, Stadtgestalt vom Herbst 1976, Berlin 1979

Castells (1989) Manuel Castells, The Informational City, Oxford 1989

Castells (1999) Manuel Castells, The Power of Identity, Oxford 1999

Cepl (2007) Jasper Cepl, Oswald Mathias Ungers. Eine intellektuelle Biographie, Köln 2007

Calvino (1977) Italo Calvino, Die unsichtbaren Städte, München 1977 (urspr. Torino 1972)

Christaller (1968) Walter Christaller, Die zentralen Orte in Süddeutschland: eine ökonomisch-geographische Untersuchung über die Gesetzmäßigkeit der Verbreitung und Entwicklung der Siedlungen mit städtischen Funktionen, Darmstadt 1968

Le Corbusier (1950) Le Corbusier, Le Modulor, Boulogne 1950 (deutsch: Stuttgart 1953)

Dauer/Maury (1953) Hans Dauer, Karl Maury, Frankfurt baut in die Zukunft, Frankfurt am Main 1953

Debord (1996) Guy Debord, Die Gesellschaft des Spektakels, Berlin 1996

Deleuze (1992) Gilles Deleuze, Postcript on the Societies of Control in: October Nr.59/1992

Demisch (1990) Irmelin Demisch, W/Orte – T/Räume, Heimaten seit Achtundsechzig, in: Urbane Zeiten – Lebensstilentwürfe und Kulturwandel in einer Stadtregion, hg. von Heinz Schilling, Frankfurt am Main 1990

Dosse (2002) François Dosse, L'utopie de Beaubourg, in ders. (Hg.): Michel de Certeau. Le marcheur blessé, Paris 2002

Dröge/Müller (1996) Franz Dröge, Michael Müller, Musealisierung und Mediatisierung, in: Werk, Bauen+Wohnen 7–8/1996

Dröge/Müller (1997) Franz Dröge, Michael Müller, Museum als urbaner Raumknoten, in: Werk, Bauen+Wohnen 12/1997

Dröge/Müller (2005) Franz Dröge, Michael Müller, Die ausgestellte Stadt. Zur Differenz von Ort und Raum, Basel 2005

Dubiel (1988) Helmut Dubiel, Kritische Theorie der Gesellschaft. Eine einführende Rekonstruktion von den Anfängen im Horkheimer-Kreis bis Habermas, Weinheim 1988

Durth (1977) Werner Durth, Die Inszenierung der Alltagswelt. Zur Kritik der Stadtgestaltung, Braunschweig 1977

Durth (1992) Werner Durth, Deutsche Architekten. Biographische Verflechtungen 1900–1970, München 1992 (ursp. 1986)

Eisenman (1995) Peter Eisenman, Postfunktionalismus, in ders.: Aura und Exzess, Wien 1995

Eisinger (2006) Angelus Eisinger: Die Stadt der Architekten. Anatomie einer Selbstdemontage, Basel 2006

Elsässer (2001) Thomas Elsässer, Frankfurt, Deutsche und Juden, in ders.: Rainer Werner Fassbinder, Berlin 2001

Esser/Steinert (1991) Josef Esser, Heinz Steinert, ‚Dienstleistungsgesellschaft' – ‚Scheinbürgertum', in: Frankfurt am Main – Stadt Soziologie und Kultur, Hg. von Franz-Olaf Brauerhoch, Frankfurt am Main 1991

Esser/Schamp (2001) Josef Esser, Eike Schamp, Metropolitane Region in Vernetzung. Der Fall Frankfurt/Rhein-Main, Frankfurt am Main 2001

Esser/Hirsch (1994) Josef Esser, Joachim Hirsch, The Crisis of Fordism and the Dimensions of a ‚Post-Fordist' Regional and Urban Structure, in: Post-Fordism. A Reader, hg. Von Ash Amin, London 1994

211

Fainstein/Campbell (1996) Susan S. Fainstein and Scott Campbell (Hg.), Readings in Urban Theory, Cambridge 1996

Fischer (2004) Volker Fischer, Soviel Werden war noch nie. Heinrich Klotz und sein Architekturmuseum, in: Die Revision der Postmoderne, Hrsg. Ingeborg Flagge, Hamburg 2004

Frampton (1979) Kenneth Frampton (Hg.), Aldo Rossi in America (Katalog zur Ausstellung am IAUS New York), New York 1979

Frampton (1981) Kenneth Frampton, O.M. Ungers and the Architecture of Coincidence, in: O.M. Ungers: Works in Progress, Catalogue 6 – IAUS (Hg.) New York 1981

Giedion (1958.1) Sigfried Giedion, The Need for a New Monumentality, in: ders. (Hg.), Architecture, you and me, Cambridge 1958

Giedion (1958.2) Sigfried Giedion, The Humanization of Urban Life Habitat, in: ders. (Hg.), Architecture, you and me, (Hrsg.:ders.), Cambridge 1958

Gleiniger (1995) Andrea Gleiniger, Die Frankfurter Nordweststadt. Geschichte einer Großsiedlung, Frankfurt am Main 1995

Göschel (1998) Albrecht Göschel, Kultur in der Stadt – Kulturpolitik in der Stadt, in: Kultur in der Stadt. Stadtsoziologische Analysen zur Kultur, hg. von Volker Kirchberg, Albrecht Göschel, Opladen 1998

Grassi (2001) Giorgio Grassi, Ausgewählte Schriften 1970–1999, Luzern 2001

Gregotti (1966) Vittorio Gregotti, Il territorio dell'architettura, Milano 1966

Gude (1971) Sigmar Gude, Der Bedeutungswandel der Stadt als politischer Einheit, in: Hermann Korte (Hg.): Zur Politisierung der Stadtplanung, Düsseldorf 1971

Habermas (1973.1) Jürgen Habermas, Öffentlichkeit, in: ders., Kultur und Kritik, Frankfurt am Main 1973

Habermas (1973.2) Jürgen Habermas, Über einige Bedingungen der Revolutionierung spätkapitalistischer Gesellschaften, in: ders., Kultur und Kritik, Frankfurt am Main 1973

Habermas (1987) Jürgen Habermas, Eine Diskussionsbemerkung, in Hilmar Hoffmann (Hg.), Gegen den Versuch, die Vergangenheit zu verbiegen, Frankfurt am Main 1987

Habermas (1990) Jürgen Habermas, „Die Moderne – Ein unvollendetes Projekt", Frankfurt am Main 1990

Hall (2002) Peter Hall: Cities of Tomorrow. An Intellectual History of Urban Planning and Design in the Twentieth Century, Oxford 2002

Hammerstein (1989) Notker Hammerstein: Die Johann-Wolfgang-Goethe-Universität Frankfurt am Main: von der Stiftungsuniversität zur staatlichen Hochschule, Neuwied 1989

Hannemann/Sewing (1998) Christine Hannemann, Werner Sewing, Gebaute Stadtkultur: Architektur als Identitätskonstrukt, in: Kultur in der Stadt. Stadtsoziologische Analysen zur Kultur, hg. von Volker Kirchberg, Albrecht Göschel, Opladen 1998

Hardt/Negri (2000) Michael Hardt, Antonio Negri, Empire, Cambridge 2000

Harvey (1989) David Harvey, The Condition of Postmodernity, Oxford 1989

Hasse (1998) Jürgen Hasse: Zum Verhältns von Raum und Körper in der Informationsgesellschaft, in: Geographica Helvetica. Schweizer Zeitschrift für Geographie und Völkerkunde 2/1998

Häussermann/Siebel (1987) Hartmut Häussermann, Walter Siebel, Neue Urbanität, Frankfurt am Main 1987

Häussermann/Siebel (1993) Hartmut Häussermann, Walter Siebel, Die Festivalisierung der Stadtentwicklung, Opladen 1993

Hebebrand (1969) Werner Hebebrand, Zur Neuen Stadt, Berlin 1969

Herlyn (1974) Ulfert Herlyn (Hg.), Stadt- und Sozialstruktur, München 1974

Heynen (1999) Hilde Heynen, The Venice School, or the Diagnosis of Negative Thought, in: Hilde Heynen, Architecture and Modernity. A Critique, Cambridge 1999

Heins/Hirsch (1991) Volker Heins, Joachim Hirsch, Auf welchem Mist wächst Grün? Sozialstruktur und Politik in einem ,tertiarisierten Dienstleistungszentrum', in: Frankfurt am Main – Stadt Soziologie und Kultur, hg. von Franz-Olaf Brauerhoch, Frankfurt am Main 1991

Herczog/Hubeli (1995) Andreas Herczog, Ernst Hubeli, Öffentlichkeit und öffentlicher Raum. Von der Öffentlichkeit zur Koexistenz von Öffentlichkeiten – Vom öffentlichen Raum zu öffentlichen Orten, hg. Nationales Forschungsprogramm ,Stadt und Verkehr' – Bericht 48, Zürich 1995

Hitz/Keil/Lehrer/Ronneberger/Schmid/Wolff (1995) Hansruedi Hitz, Roger Keil, Ute Lehrer, Klaus Ronneberger, Christian Schmid, Richard Wolff (Hg.), Capitales Fatales: Urbanisierung und Politik in den Finanzmetropolen Frankfurt und Zürich, Zürich 1995

Hoffmann (1987) Hilmar Hoffmann, Politische Kultur – heute?, in ders. (Hg.): Gegen den Versuch, die Vergangenheit zu verbiegen, Frankfurt am Main 1987

Hoffman (1990.1) Hilmar Hoffmann, Kultur als Lebensform. Aufsätze zur Kulturpolitik, Frankfurt am Main 1990

Hoffman (1990.2) Hilmar Hoffman, Der kulturpolitische Aufbruch der 70er Jahre und seine Folgen. Econ-Epochenbücher Bd. VI, Düsseldorf 1990

Hoffman-Axthelm (1993) Dieter Hoffmann-Axthelm, Die Dritte Stadt. Bausteine eines neuen Gründungsvertrages, Frankfurt am Main 1993

Hoffman-Axthelm (2000) Dieter Hoffmann-Axthelm, Aufforderung zur Stadt. Über Stadtkultur, in: Ursula Keller (Hg.): Perspektiven metropolitaner Kultur, Frankfurt am Main 2000

Horkheimer/Adorno (1969) Max Horkheimer, Theodor W. Adorno, Dialektik der Aufklärung. Philosophische Fragmente, Frankfurt am Main 1969

Horx (1989) Matthias Horx, Die wilden Achtziger: eine Zeitgeist-Reise durch die Bundesrepublik, München 1989

Huyssen (2001) Andreas Huyssen, Present Pasts: Media, Politics, Amnesia, in: Globalization, hg. von Arpad Appadurai, Durham 2001

Jameson (1998) Fredric Jameson, Postmodernism and the Consumer Society, in: TheCultural Turn – Selected Writings on the Postmodern 1983–1998, London 1998

Jameson (1991) Fredric Jameson, Spatial Equivalents in the World System, in: Postmodernism or the Cultural logic of Late Capitalism, Durham 1991

Jatho (1946) Carl Oskar Jatho, Urbanität. Über die Wiederkehr einer Stadt, Düsseldorf 1946

Jencks (1973) Charles Jencks: Recent American Architecture. Camp – Non Camp, in ders., Modern movements in architecture, Oxford 1973

Jencks (1980) Charles Jencks, Towards radical Eclecticism, in: Paolo Portoghesi (Hg.), ThePresence of the Past. First international Exhibition of Architecture, Venedig 1980

Jessop (2002) Bob Jessop, The Future of the Capitalist State, Cambridge 2002

Jessop (1995) Bob Jessop, Die Zukunft des Nationalstaats. Erosion oder Reorganisation? Grundsätzliche Überlegungen zu Westeuropa, in: Europäische Integration und politische Regulierung, hg. Forschungsgruppe Europäische Gemeinschaften FEG, Marburg 1995

Kähler (1995) Gert Kähler (Hg.), Einfach schwierig. Eine deutsche Architekturdebatte. Ausgewählte Beiträge 1993–1995, Braunschweig/Wiesbaden 1995

Keller (1973) Rolf Keller, Bauen als Umweltzerstörung. Alarmbilder einer Un-Architektur der Gegenwart, Zürich 1973

Keller (2000) Ursula Keller (Hg.), Perspektiven metropolitaner Kultur, Frankfurt am Main 2000

Kleihues/Klotz (1987) Josef Paul Kleihues, Heinrich Klotz (Hg.): Internationale Bauausstellung Berlin 1987: Beispiele einer neuen Architektur, Frankfurt am Main 1987

Kleihues (1992) Josef Paul Kleihues, Der Potsdamer Platz hätte einen elitären Prozess verdient. Gespräch mit Werner Oechslin, in: archithese 2/1992

Klotz/Cook (1974) Heinrich Klotz, John W. Cook, Architektur im Widerspruch. Bauen inden USA von Mies van der Rohe bis Andy Warhol, Zürich 1974

Klotz (1977.1) Heinrich Klotz, Architektur in der Bundesrepublik. Gespräche mit sechs Architekten, Frankfurt am Main 1977

Klotz (1977.2) Heinrich Klotz, Die röhrenden Hirsche in der Architektur: Kitsch in der modernen Baukunst, Luzern/Frankfurt am Main 1977

Klotz (1978) Heinrich Klotz, Gestaltung einer neuen Umwelt: kritische Essays zur Architektur der Gegenwart, Luzern/Frankfurt am Main 1978

Klotz (1984) Heinrich Klotz (Hg.), Revision der Moderne: postmoderne Architektur 1960–1980, München/Frankfurt am Main 1984

Klotz (1985.1) Heinrich Klotz (Hg.), O. M. Ungers 1951–1984. Bauten und Projekte, Braunschweig/Wiesbaden 1985

Klotz (1985.2) Heinrich Klotz, The Founding of the German Architecture Museum, in: Architectural Design 3–4/1986

Klotz/Krase (1985) Heinrich Klotz, Waltraud Krase, Neue Museumsbauten in der Bundesrepublik Deutschland, hg. Deutsches Architekturmuseum, Frankfurt am Main 1985

Klotz (1987) Heinrich Klotz, Moderne und Postmoderne, Architektur der Gegenwart 1960–1980, Braunschweig / Wiesbaden 1987

Klotz (1994) Heinrich Klotz (Gespräch mit Nikolaus Kuhnert und Angelika Schnell), Bloß nicht diese Hauptstadt!, in: Arch+ 122/1994

Klotz (1999) Heinrich Klotz, Weitergegeben: Erinnerungen, Köln 1999

Kollhoff (1992) Hans Kollhoff, Hans Kollhoff zu Berlin – Texte von 1988 bis heute, in: archithese 2/1992

Koenen (2001) Gerd Koenen, Das Rote Jahrzehnt. Unsere kleine deutsche Kulturrevolution 1967–77, Köln 2001

Koolhaas (1978) Rem Koolhaas, Delirious New York, London 1978

Koolhaas (1995) Rem Koolhaas, What ever happened to Urbanism?, in Rem Koolhaas, Bruce Mau: S,M,L,XL, Rotterdam 1995

Koolhaas (2004) Rem Koolhaas, Junkspace, in Rem Koolhaas/AMO: Content, Köln 2004

Koolhaas (2006) Rem Koolhaas, Berliner Geschichten, in: Arch+ 181/182, 2006

Krauss (1997) Rosalind Krauss, The Cultural Logic of the Late Capitalist Museum, in: October – The Second Decade 1986–1996, urspr. in: October 54/1994, Cambridge (1997)

Kuhnert/Neitzke (1980) Nikolaus Kuhnert, Peter Neitzke, Befriedete Tradition, in: Jahrbuch für Architektur. Neues Bauen 1980/1981, hg. Deutsches Architekturmuseum, Frankfurt am Main/Heinrich Klotz, Braunschweig/Wiesbaden 1980

Lampugnani (1979) Vittorio Magnago Lampugnani, Einer faschistischen Architektur entgegen?, in: Der Architekt, 10–1979

Lampugnani (1984) Vittorio Magnago Lampugnani (Hg.), Das Abenteuer der Ideen. Architektur und Philosphie seit der industriellen Revolution, Berlin 1984

Lampugnani (1999) Vittorio Magnago Lampugnani (Hg.), Museen für ein neues Jahrtausend: Ideen, Projekte, Bauten, München 1999

Lash (1990) Scott Lash, Sociology of Postmodernism, London 1990

Lash/Urry (1994) Scott Lash, John Urry, Economies of Signs & Space, London 1994

Lefebvre (1972) Henri Lefebvre, Die Revolution der Städte, München 1972

Lefebvre (1991) Henri Lefebvre, The Production of Space, Malden 1991

Löw (2001) Martina Löw, Raumsoziologie, Frankfurt am Main 2001

Lübbe (2005) Hermann Lübbe, Eine andere Vergangenheit lässt sich nicht erfinden, in: Ästhetik & Kommunikation, 129–130/2005

Lynch (1960) Kevin Lynch, The image of the City, Cambridge 1960

Lynch (1965) Kevin Lynch, Das Bild der Stadt, Gütersloh 1965

Marcuse (1967) Herbert Marcuse, Der eindimensionale Mensch, Berlin 1967

Miles/Miles (2004) Steven Miles, Malcolm Miles, Consuming Cities, Basingstoke 2004

Mitscherlich (1965) Alexander Mitscherlich, Die Unwirtlichkeit unserer Städte. Anstiftung zum Unfrieden, Frankfurt am Main 1965

Mitscherlich, A./Mitscherlich, M. (1967) Alexander und Margarete Mitscherlich, Die Unfähigkeit zu trauern, Zürich 1967

Mizruchi/Davis (2004) Mark Mizruchi, Gerald Davis, The Globalization of American Banking 1962–1991, in: Frank Dobbins (Hg.), The Sociology of the Economy, New York 2004

Mönnninger (1997) Michael Mönnninger, Der Aufstieg der Architektur zum kulturellen Leitmedium, in: Ingeborg Flagge (Hg.): Streiten für die menschliche Stadt. Texte zur Architekturkritik, Hamburg 1997

Müller-Armack (1947) Alfred Müller-Armack, Wirtschaftslenkung und Marktwirtschaft, Hamburg 1947

Müller-Raemisch (1996) Hans-Reiner Müller-Raemisch, Frankfurt am Main. Stadtentwicklung und Planungsgeschichte seit 1945, Frankfurt am Main 1996

Niethammer (2000) Lutz Niethammer, Kollektive Identität: heimliche Quellen einer unheimlichen Konjunktur, Hamburg 2000

Noller (1994) Peter Noller (Hg.), Stadt-Welt. Über die Globalisierung städtischer Milieus, Frankfurt am Main 1994

Noller/Prigge/Ronneberger (1994) Peter Noller, Walter Prigge, Klaus Ronneberger (Hg.), Stadt-Welt – Die Zukunft des Städtischen, Frankfurt am Main 1994

Noller/Ronneberger (1997) Peter Noller, Klaus Ronneberger, Metropole und Hinterland. Zur Formierung der Rhein-Main-Region in den 90er Jahren, in: Documenta X (Katalog), Kassel 1997

Noller (1999) Peter Noller, Globalisierung, Stadträume und Lebensstile. Kulturelle und lokale Repräsentationen des globalen Raumes, Opladen 1999

Nolte (2004) Paul Nolte, Von der Klassischen Moderne zur Revision der Postmoderne? Der Wandel der deutschen Gesellschaft im 20.Jahrhundert, in: Die Revision der Postmoderne, hg. von Ingeborg Flagge, Hamburg 2004
Norberg-Schulz (1980.1) Christian Norberg-Schulz, Genius Loci. Towards a Phenomenology of Architecture, London 1980
Norberg-Schulz (1980.2) Christian Norberg-Schulz, Towards an authentic Architecture, in: Paolo Portoghesi (Hg.),The Presence of the Past. First international Exhibition of Architecture, Venedig 1980

Ockman (1995) Joan Ockman, Venice and New York, in: Casabella 619–620/1995
Oechslin (1992) Werner Oechslin, The Darmstädter Gespräche, in: Rassegna 52–4/1992:
Offe (1990) Claus Offe, Smooth consolidation in the West German welfare State: Structural Change, fiscal Policies, and populist Politics, Bremen 1990
Offe (2005) Claus Offe, Die Bundesrepublik als Schattenriss zweier Lichtquellen, in: Ästhetik & Kommunikation, Nr.129–130/2005
Oswalt (2000) Philipp Oswalt, Berlin – Stadt ohne Form, München 2000

Peters (1984) Paulhans Peters, Deutsches Architekturmuseum in Frankfurt, in: Baumeister 8/1984
Peters (1986) Paulhans Peters, Ritualisierung des Raumes. Die Kulturschirn am Römerberg in Frankfurt, in: Bauwelt 17/1986
Pevsner (1960) Nikolaus Pevsner, Moderne Architektur und der Historiker oder Die Wiederkehr des Historizismus, in: Deutsche Bauzeitung 10/1960
Portoghesi (1980.1) Paolo Portoghesi, The End of Prohibitionism, in: Paolo Portoghesi (Hg.), The Presence of the Past. First international Exhibition of Architecture, Venedig 1980
Portoghesi (1980.2) Paolo Portoghesi u.a. (Hg.), Il riemergere degli archetipi, Controspazio 1–6/1980
Portoghesi/Zevi (1980) Paolo Portoghesi, Bruno Zevi, Facciatisti e facciatosti, Controspazio 1–6/1980
Posener (1976) Julius Posener, Critique of the Critique of Functionalism, in: Lotus 11/1976
Prigge (1991) Walter Prigge, Die Revolution der Städte lesen – Raum und Präsentation, in: Stadt-Räume, hg. von Martin Wentz, Frankfurt am Main 1991
Prigge (1996) Walter Prigge, Urbanität und Intellektualität im 20.Jahrhundert. Wien 1900, Frankfurt 1930, Paris 1960, Frankfurt am Main 1996
Prigge (1992) Walter Prigge, Reflexive Urbanität, in: Planungskulturen, hg. von Martin Wentz, Frankfurt am Main 1992
Prigge (1986) Walter Prigge, Zeit, Raum und Architektur. Zur Geschichte der Räume, Köln 1986
Prigge/Schwarz (1988) Walter Prigge, Hans-Peter Schwarz (Hg.), das Neue Frankfurt – Städtebau im Modernisierungsprozess 1925–1988, Frankfurt am Main 1988
Prigge (1998) Walter Prigge (Hg.), Peripherie ist überall, Frankfurt am Main 1998

Raban (1988) Jonathan Raban, Soft City, London 1988
Rauterberg (2006) Hanno Rauterberg, Ein deutscher Prinzipienritter, in: Die Zeit, 6.7.2006
Rebentisch (1994) Dieter Rebentisch, „Rhein-Main" im 19. und 20. Jahrhundert, in: Martin Wentz (Hg.), Region (Die Zukunft des Städtischen/Frankfurter Beiträge, Band 5), Frankfurt am Main 1994

Ronneberger (1990) Klaus Ronneberger, Metropolitane Urbanität – Der ‚Pflasterstrand‘ als Medium einer in die städtische Elite aufsteigenden Subkultur, in: Urbane Zeiten – Lebensstilentwürfe und Kulturwandel in einer Stadtregion, hg. von Heinz Schilling, Frankfurt am Main 1990

Rowe (1972) Colin Rowe, Five Architects (Einleitung Ausstellungskatalog), New York 1972

Rowe/Koetter (1984) Colin Rowe, Fred Koetter, Collage City, Cambridge 1978

Rosenfeld (1997) Gavriel Rosenfeld, The Architects‘ Debate. Architectural Discourse and the Memory of Nazism in the Federal Republic of Germany, 1977–1997, in: History and Memory 9/1997

Rossi (1960) Aldo Rossi, Un giovane architetto tedesco: Oswald Mathias Ungers, in: Casabella-Continuità, Nr.244 1960

Rossi (1973) Aldo Rossi, Architettura Razionale – introduzione, in Ezio Bonfanti, Rosaldo Bonicalzi, Aldo Rossi, Massimo Scolari, Daniele Vitale (Hg.): Architettura razionale, Mailand 1973

Rossi (1973) Aldo Rossi, Die Architektur der Stadt, Düsseldorf 1973 (urspr. Padova 1966)

Rossi (1988) Aldo Rossi, Wissenschaftliche Selbstbiografie, Bern 1988 (urspr. Milano 1981)

Rowe/Koetter (1978) Colin Rowe, Fred Koetter, Collage City, Cambridge 1978

Ruby (2000) Andreas Ruby, Für eine Rehabilitierung des Vorbildlichen, in: Werk, Bauen+Wohnen 12/2000

Salin (1960) Edgar Salin, Urbanität, in: Der Städtetag. Zeitschrift für kommunale Praxis und Wissenschaft, Nr.13 1960

Sarfatti Larson (1993) Magali Sarfatti Larson, Behind the Postmodern Facade. Architectural Change in Late Twentieh-Century America, Berkeley 1993

Sassen (1991) Saskia Sassen, The Global City, Princeton 1991

Sassen (1999) Saskia Sassen, Juxtaposed Territorialities, in: Anytime, hg. von Cnythia Davidson, Cambridge 1999

Schilling (1990) Heinz Schilling, Die Bedeutung des Städtischen bei Bürgermeistern in der Rhein-Main-Region, in: Urbane Zeiten – Lebensstilentwürfe und Kulturwandel in einer Stadtregion, hg. von Heinz Schilling, Frankfurt am Main 1990

Schönborn (2008) Susanne Schönborn, The New Börneplatz Memorial and the Nazi Past in Frankfurt am Main, in: Gavriel Rosenfeld, Paul Jaskot (Hg.), Beyond Berlin. Twelve German Cities Confront the Nazi Past, Ann Arbor 2008

Schulze (1992) Gerhard Schulze, Die Erlebnisgesellschaft: Kultursoziologie der Gegenwart, Frankfurt am Main 1992

Schwagenscheidt (1949) Walter Schwagenscheidt, Die Raumstadt. Hausbau für jung und alt, für Laien und was sich Fachleute nennt: Skizzen mit Randbemerkungen zu einem verworrenen Thema, Heidelberg 1949

Schwarz (1938) Rudolf Schwarz, Vom Bau der Kirche, Würzburg 1938

Schwarz (1957) Rudolf Schwarz, Architektur als heiliges Bild, in: Baukunst und Werkform 3/1957

Schweizer (1957) Otto Ernst Schweizer, Die architektonische Großform. Gebautes und Gedachtes, Karlsruhe 1957

Sewing (1994) Werner Sewing, Berlinische Architektur, in: Arch+ 122/1994

Sewing (2003.1) Werner Sewing, Die Gesellschaft der Häuser, in, ders: Bildregie. Architektur zwischen Retrodesign und Eventkultur, Basel 2003

Sewing (2003.2) Werner Sewing, Reflexive moderne. Das Erbe des Team Ten, in ders: Bildregie. Architektur zwischen Retrodesign und Eventkultur, Basel 2003
Sewing (2003.3) Werner Sewing, Next Generation. Neue deutsche Architekten?, in ders: Bildregie. Architektur zwischen Retrodesign und Eventkultur, Basel 2003
Sieverts/Volwahsen (1977) Thomas Sieverts, Andreas Volwahsen, Zum Verhältnis von Planen und Entwerfen in der Gestaltung des Siedlungsraums, in: Bauwelt 47–48/1977
Sieverts (1994) Thomas Sieverts, Region ist mehr als eine Ansammlung von Zweckverbänden, in: Martin Wentz (Hg.): Region (Die Zukunft des Städtischen / Frankfurter Beiträge, Band 5), Frankfurt am Main 1994
Simmel (1903) Georg Simmel, Die Großstädte und das Geistesleben, in: Thomas Petermann (Hg.): Die Großsstadt. Vorträge und Aufsätze zur Städteausstellung, Jahrbuch der Gehe-Stiftung Dresden, Band 9, Dresden 1903
Sontag (2001) Susan Sontag, Notes on Camp, in: Against Interpretation, London 2001 (urspr. New York 1966)
Spieker (1980) Helmut Spieker, Totalitäre Architektur – Programme und Ergebnisse – Bauten und Entwürfe – Einzel- und Prachtobjekte, Stuttgart 1980
Steets/Lange (2001) Silke Steets, Bastian Lange, Cool Frankfurt?, in: Regine Bittner (Hg.), Die Stadt als Event, Frankfurt am Main 2001
Stegers (2000) Rudolf Stegers, Räume der Wandlung. Wände und Wege. Studien zum Werk von Rudolf Schwarz, Braunschweig 2000
Stracke (1980) Ernst Stracke, Stadtzerstörung und Stadtteilkampf: innerstädtische Umstrukturierungsprozesse, Wohnungsnot und soziale Bewegungen in Frankfurt am Main, Köln 1980

Tafuri (1976) Manfredo Tafuri, Architecture and Utopia, Design and Capitalist Development, Cambridge 1976
Tafuri (1987) Manfredo Tafuri, L'Architecture dans le Boudoir/The Ashes of Jefferson, in ders.: The Sphere and the Labyrinth, Cambridge 1987

Ungers (1963.1) Oswald Mathias Ungers, Zum Projekt ‚Neue Stadt', in Köln, in: Werk 7/1963
Ungers (1963.2) Oswald Mathias Ungers, Udo Kultermann (Hg.), Die gläserne Kette. Visionäre Architekturen aus dem Kreis um Bruno Taut 1919–1920 (Ausstellungskatalog),Berlin 1963
Ungers/Gieselmann (1964) Oswald Mathias Ungers/Reinhard Gieselmann, Zu einer neuen Architektur, in: Programme und Manifeste zur Architektur des 20. Jahrhunderts, hg. von Ulrich Conrads, Gütersloh 1964
Ungers (1970) Oswald Mathias Ungers, Umfrage zur Architektenausbildung, in: Werk 10/1970
Ungers, L./Ungers, O.M. (1970) Liselotte und Oswald Mathias Ungers, Nordwestzentrum. Ad-hoc Heart for a City?, in: Architectural Forum, Oct. 1970
Ungers/Heyde (1970) Oswald Mathias Ungers, Tilman Heyde, Lysander New City, Ithaca1970
Ungers, L./Ungers, O.M. (1972) Liselotte und Oswald Mathias Ungers, Kommunen in der Neuen Welt 1740–1972, Köln 1972
Ungers (1976.1) Oswald Mathias Ungers, Vittorio Gregotti, Planning Criteria, in: Lotus 11/1976

Ungers (1976.2) Oswald Mathias Ungers, City Metaphors; in: MAN transFORMS, hg. von Hans Hollein, New York 1976

Ungers (1977) Oswald Mathias Ungers, Projekte als typologische Collagen, in: Dortmunder Architekturtage 1975, hg. von Josef-Paul Kleihues, Heide Berndt, Dortmund 1977

Ungers/Kollhoff/Ovaska (1977) Oswald Mathias Ungers, Hans Kollhoff, Arthur Ovaska, The Urban Villa. A Multi-family Dwelling Type (Cornell Summer Academy 77 in Berlin), Köln 1977

Ungers/Koolhaas/Riemann/Kollhoff/Ovaska (1977) Oswald Mathias Ungers, Rem Koolhaas, Peter Riemann, Hans Kollhoff, Arthur Ovaska: Die Stadt in der Stadt. Berlin, das grüne Stadtarchipel. Ein stadträumliches Planungskonzept für die zukünftige Entwicklung Berlins, Köln 1977

Ungers/Goehner/Ovaska/Kollhoff (1978) Oswald Mathias Ungers, Werner Goehner, Arthur Ovaska, Hans Kollhoff, The Urban Block and Gotham City. Metaphors and Metamorphosis. Two Concurrent Projects (Cornell Summer Academy 76 in New York), Ithaca 1978

Ungers/Koolhaas/Riemann/Kollhoff/Ovaska (1978) Oswald Mathias Ungers, Rem Koolhaas, Peter Riemann, Hans Kollhoff, Arthur Ovaska, Cities within the City, Proposals by the Summer Academy for Berlin, in: Lotus 19/1978

Ungers/Kollhoff/Ovaska (1979) Oswald Mathias Ungers, Hans Kollhoff, Arthur Ovaska, The Urban Garden. Student Projects for the Südliche Friedrichstadt Berlin. (Summer Academy for Architecture 78 in Berlin), Köln 1979

Ungers (1979.1) Oswald Mathias Ungers, Für eine visionäre Architektur der Erinnerung, in: Werk-Archithese 25–27/1979

Ungers (1979.2) Oswald Mathias Ungers, Architecture of the collective Memory. The infinite Catalogue of urban Forms, in: Lotus 24/1979

Ungers (1981) Oswald Mathias Ungers, Works in Progress, hg. von IAUS, New York, 1981

Ungers (1982.1) Oswald Mathias Ungers: Über das Recht der Architektur auf eine autonome Sprache, in: Architektur der Zukunft, Zukunft der Architektur, hg. von Jürgen Joedicke, Egon Schirmbeck, Stuttgart 1982

Ungers (1982.2) Oswald Mathias Ungers, Morphologie. City Metaphors, Köln 1982

Ungers (1983) Oswald Mathias Ungers, Die Thematisierung der Architektur, Stuttgart 1983

Ungers, L. (1983) Liselotte Ungers, Die Suche nach einer neuen Wohnform. Siedlungen der Zwanziger Jahre damals und heute, Stuttgart 1983

Ungers (1984.1) Oswald Mathias Ungers, zit. in: Deutsches Architektur Museum in Frankfurt. Architektur des Hauses im Haus; in: Baumeister 6/1984

Ungers (1985) Oswald Mathias Ungers, Die Stadt in der Stadt, in: Ein Städtebauliches Konzept für Frankfurt am Main, hg. Magistrat Frankfurt, Dezernat Planung, Frankfurt am Main 1985

Ungers/Neumeyer (1991) Oswald Mathias Ungers, Fritz Neumeyer, Oswald Mathias Ungers. Architektur 1950–1991, Stuttgart 1991

Ungers/Vieths (1999) Oswald Mathias Ungers, Stefan Vieths, Die dialektische Stadt, in: ders., Was ich schon immer sagen wollte über die Stadt, wie man sich seine eigenen Häuser baut, und was andere über mich denken, Braunschweig/Wiesbaden 1999

Ungers (1999.1) Oswald Mathias Ungers, Aphorismen zum Häuserbauen, in: ders., Was ich schon immer sagen wollte über die Stadt, wie man sich seine eigenen Häuser baut, und was andere über mich denken, Braunschweig/Wiesbaden 1999

Ungers (1999.2) Oswald Mathias Ungers, 10 Kapitel über Architektur. Ein visueller Traktat, Köln 1999

Ungers (2004) Oswald Mathias Ungers, Wir stehen am Anfang, in: Ingeborg Flagge (Hg.), Die Revision der Postmoderne, Hamburg 2004

Ungers (2006.1) Oswald Mathias Ungers, Architekturlehre. Berliner Vorlesungen 1964–65, in: Arch+ 179/2006

Ungers (2006.2) Erika Mühlthaler (Hg.), Lernen von O.M. Ungers, in: Arch+ 181–182/2006

Ungers (2009) An Interview with O.M. Ungers, Gespräch mit Rem Koolhaas und Hans-Ulrich Obrist, in: Log 16/2009

Urry (1995) John Urry, Consuming Places, London 1995

Venturi, R./Scott Brown, D. (1970) Robert Venturi, Denise Scott Brown, Learning to like it. Coop City, Progressive Architecture, 2/1970

VzA (1966.1) Without Rhetoric, Veröffentlichungen zur Architektur Nr.2, hg. TU Berlin, Lehrstuhl für Entwerfen VI, Berlin 1966

VzA (1966.2) Team X Treffen, Veröffentlichungen zur Architektur Nr.3, hg. TU Berlin, Lehrstuhl für Entwerfen VI, Berlin 1966

VzA (1966.3) Grossformen im Wohnungsbau, Veröffentlichungen zur Architektur Nr.5, hg. TU Berlin, Lehrstuhl für Entwerfen VI, Berlin 1966

VzA (1967.1) Schwarze Architektur, Veröffentlichungen zur Architektur Nr.6, hg. TU Berlin, Lehrstuhl für Entwerfen VI, Berlin 1967

VzA (1967.2) Paxton Kristallpalast, Veröffentlichungen zur Architektur Nr.7, hg. TU Berlin, Lehrstuhl für Entwerfen VI, Berlin 1967

VzA (1967.3) Plätze und Straßen, Veröffentlichungen zur Architektur Nr.8, hg. TU Berlin, Lehrstuhl für Entwerfen VI, Berlin 1967

VzA (1967.4) Gutachten Ruhwald, Veröffentlichungen zur Architektur Nr.9, hg. TU Berlin, Lehrstuhl für Entwerfen VI, Berlin 1967

VzA (1968.1) Architekturtheorie, Veröffentlichungen zur Architektur Nr.14, hg. TU Berlin, Lehrstuhl für Entwerfen VI, Berlin 1968

VzA (1968.2) Wohnungssysteme in Stahl, Veröffentlichungen zur Architektur Nr.17, hg. TU Berlin, Lehrstuhl für Entwerfen VI, Berlin 1968

VzA (1968.3) Ithaca, Veröffentlichungen zur Architektur Nr.18, hg. TU Berlin, Lehrstuhl fürEntwerfen VI, Berlin 1968

VzA (1968.4) A.+P.Smithson. Mies van der Rohe, Veröffentlichungen zur Architektur Nr. 20, hg. TU Berlin, Lehrstuhl für Entwerfen VI, Berlin 1968

VzA (1968.5) Schnellbahn und Gebäude, Veröffentlichungen zur Architektur Nr. 21, hg. TU Berlin, Lehrstuhl für Entwerfen VI, Berlin 1968

VzA (1968.6) Wohnungssysteme in Grosstafeln, Veröffentlichungen zur Architektur Nr. 22, hg. TU Berlin, Lehrstuhl für Entwerfen VI, Berlin 1968

VzA (1969.1) Die Wiener Superblocks, Veröffentlichungen zur Architektur Nr. 23, hg. TU Berlin, Lehrstuhl für Entwerfen VI, Berlin 1969

VzA (1969.2) Berlin 1995. Planungsmodelle für eine Fünfmillionenstadt im Übergang zu den siebziger Jahren, Veröffentlichungen zur Architektur Nr. 25, hg. TU Berlin, Lehrstuhl für Entwerfen VI, Berlin 1969

VzA (1969.3) Blocksanierung und Parken, Veröffentlichungen zur Architektur Nr.26, hg. TU Berlin, Lehrstuhl für Entwerfen VI, Berlin 1969

VzA (1969.4) Berliner Brandwände, Veröffentlichungen zur Architektur Nr.27, hg. TU Berlin, Lehrstuhl für Entwerfen VI, Berlin 1969

VzA (1969.5) Wohnungssysteme in Raumzellen, Veröffentlichungen zur Architektur Nr. 24, hg. TU Berlin, Lehrstuhl für Entwerfen VI, Berlin 1969

Wallmann (2002) Walter Wallmann, Im Licht der Paulskirche, Potsdam 2002

Wentz (1994) Martin Wentz (Hg.), Region (Die Zukunft des Städtischen/Frankfurter Beiträge Band 5), Frankfurt am Main 1994

Welz (1996) Gisela Welz, Inszenierungen kultureller Vielfalt; Frankfurt am Main und New York City, Berlin 1996

Wielens (1994) Hans Wielens (Hg.), Martin Heidegger/Bauen Wohnen Denken (Diskussionbeitrag Darmstädter Gespräch 1951), Münster 1994

Wirth (1964) Louis Wirth, Urbanism as a Way of Life, in: ders., On Cities and Social Change, Chicago 1964

Wirth (1974) Louis Wirth, Urbanität als Lebensform, in: Ulfert Herlyn (Hg.): Stadt- und Sozialstruktur, München 1974

Zukin (1991) Sharon Zukin, Landscapes of Power – from Detroit to Disney World, Berkeley 1991

Zukin (1995) Sharon Zukin, The Cultures of Cities, Cambridge 1995

Bildnachweis

1, 7, 62, 66, 84, 87, 96
Martin Kieren (Hg.), Oswald Mathias Ungers, Bologna 1997

2, 51, 82
Jürgen Engelhardt, Frankfurt: ein Jahrhundert Stadtgestaltung im Vergleich, München 1990

3, 91
Rassegna 52–4/1992

4, 6, 88, 89
Heinrich Klotz, Architektur in der Bundesrepublik. Gespräche mit sechs Architekten, Frankfurt am Main 1977

5, 80
Jürgen Roth, Z.B. Frankfurt, Gütersloh 1975

8
http://glennkenny.premiere.com/photos (18.3.2011)

10, 12, 14, 15, 18, 40, 41, 42, 47, 50, 78, 98, 101
Heinrich Klotz (Hg.), O.M. Ungers 1951–1984. Bauten und Projekte, Braunschweig/Wiesbaden 1985

11, 35
Hans-Reiner Müller-Raemisch, Leitbilder und Mythen in der Stadtplanung 1945–1985, Frankfurt am Main 1990

13
Lehrstuhl für Entwerfen VI (Hg.), Veröffentlichungen zur Architektur Nr.9, Gutachten Ruhwald, Berlin 1967

16
courtesy of OMA, Image by Madelon Vriesendorp

17
http://de.academic.ru/dic.nsf/dewiki/609498 (18.3.2011)

19
Walter Schwagenscheidt, Die Raumstadt, Heidelberg 1949

20
de.wikipedia.org/ wiki/U-Bahn_Frankfurt, Engelbert Reineke (18.3.2011)

21
Walter Christaller, Die zentralen Orte in Süddeutschland, Darmstadt 1968

22, 24, 25, 26, 97
Andrea Gleiniger, Die Frankfurter Nordweststadt. Geschichte einer Großsiedlung, Frankfurt am Main 1995

23
Baerbel Becker (Hg.), Unbekannte Wesen. Freuen in den sechziger Jahren, Berlin 1987

27, 38, 39, 43
Roland Burgard, Jörg Husman, Günther Bender, Schirn am Römerberg (Hg.), Frankfurt am Main 1986

28, 30, 33, 34, 49, 67
Kurt E. Becker, Martin Wentz, Frankfurt am Main, Köln 1992

29
Lothar Juckel, Diedrich Praeckel (Hg.), Stadtgestalt Frankfurt, Stuttgart 1996

32, 64, 65, 71, 79, 86, 95, 105
Oswald Mathias Ungers, 10 Kapitel über Architektur. Ein visueller Traktat, Köln 1999

36, 69
Magistrat Frankfurt, Dezernat Planung (Hg.) Die Stadt in der Stadt. Ein städtebauliches Konzept für Frankfurt am Main, hg., Frankfurt am Main 1985

37, 107
Architectural Design 3–4/1986

48
http://www.edres.it/immagini/scheda/schioppi.jpg (18.3.2011)

5
http://upload.wikimedia.org/wikipedia/commons/7/7f/Skyline_Frankfurt_am_Main, Nicolas Scheuer (18.3.2011)

58, 59, 60, 61, 77, 81, 106
Oswald Mathias Ungers, Fritz Neumeyer, Oswald Mathias Ungers. Architektur 1950–1991, Stuttgart 1991

69, 70, 72, 90, 94, 102
Arch+ 181–182/2006

73, 74, 75
Oswald Mathias Ungers, Hans Kollhoff, Arthur Ovaska, The Urban Villa. A Multi-family Dwelling Type, Köln 1977

83
http://alt.cityforum-profrankfurt.de (18.3.2011)

85
http://www.cosmicinspirocloud.com (18.3.2011)

92, 93
Lehrstuhl für Entwerfen VI (Hg.), Veröffentlichungen zur Architektur Nr.25, Planungsmodelle für eine Fünfmillionenstadt im Übergang zu den siebziger Jahren, Berlin 1969

99
http://www.archphoto.it (18.3.2011)

100
http://c0573862.cdn.cloudfiles.rackspacecloud.com

103
http://www.hansebubeforum.de

104
http://www.pro-altstadt-frankfurt.de

Bauwelt Fundamente (lieferbare Titel)